자기계발과 PR의 선구자들

자기계발과 PR의 선구자들

그들은 대중을 어떻게 유혹했는가?

강준만 지음

인물과
사상사

머리말

자기계발과 자기 PR을
하지 않는 사람도 있나?

자기계발은 불황을 타지 않는 영원한 성장 산업이다. 미국에서 이 산업의 시장 규모는 2000년대 초에 25억 달러였는데, 2006년에 90억 달러를 돌파하더니, 2012년엔 120억 달러에 이르렀다.[1] 한국의 시장 규모는 집계된 통계가 없어 알 수 없지만, 자기계발 열풍의 뜨거움이 미국 못지않다는 건 분명하다. 자기계발 열풍과 생존 경쟁의 치열함은 정비례하기 마련인데, 한국은 '헬조선'의 절규가 터져나오는 곳이 아닌가.

2007년 8월 온라인 취업사이트 '사람인'이 직장인 1,254명을 대상으로 강박증에 대한 설문조사를 실시한 결과, 74.6퍼센트가 '강박증이 있다'고 응답했으며, 강박증 종류로는(복수응답) '자기계발에 대한 강박증'이 59.6퍼센트로 가장 많았다.[2] 직장인들의 자기계발 강박증은 2016년 10월 『세계일보』와 취업포털사이트 잡코리아가 직장인 1,287명을 대상으로 실시한 설문조사(복수응답)에선 10명 중 9명이나 갖고 있는 것

자기계발과 PR의 선구자들

으로 나타났다.[3] 자기계발의 내용과 방식은 좀 다를망정, 20대의 자기계
발 강박증 역시 "닥치고 자기계발!"이라는 한마디로 표현될 수 있을 만
큼 심하다.[4] 교보문고가 2010년 지난 11년간의 누적 도서 판매량을 집
계했더니, 1~3위(『시크릿』, 『연금술사』, 『마시멜로 이야기』)가 모두 자기계발
서적이었다. 이런 자기계발 강박증을 새로운 '종교 현상'의 하나로 보는
논문이 나올 정도로,[5] 자기계발은 우리의 일상적 삶을 지배하고 있다.

그럼에도, 아니 어쩌면 그렇기 때문에, 자기계발에 대한 지식인들의
시선은 곱지 않다. 거의 대부분 비판과 비난 일변도다. 국내에도 번역
출간된 바버라 에런라이크Barbara Ehrenreich의 『긍정의 배신』이나 미키 맥
기Micki McGee의 『자기계발의 덫』은 자기계발 열풍의 어두운 면을 날카
롭게 지적하고 있다.[6] 물론 우리 지식인들의 평가도 "실용 포르노그래
피"[7], "정신적 마약"[8], "우리의 눈을 가리기 위한 일종의 안대"[9], "자기계
발서를 읽었다는 건 '낚였다!'의 다른 말"[10], "거대한 사기극"[11], "요망한
궤변"[12] 등과 같은 표현이 말해주듯이, 가혹할 정도로 비판적이다.

물론 그런 비판의 취지와 선의엔 얼마든지 동의할 수 있지만, 자기계
발서나 기법의 도움을 받았다는 사람들의 진심 어린 증언을 접할 때마
다 불편해지는 건 어쩔 수 없다. 내가 하는 건 괜찮지만 당신이 하는 건
위험하거나 어리석다고 보는 건 너무 엘리트주의적인 게 아닌가 하는
생각 때문이다.

말이야 바른 말이지만, 자기계발과 자기 PR을 하지 않는 사람도 있
나? 자기계발서로 분류되지만 않을 뿐 사회적으로 존경받는 인사들이
쓴 교양서적에도 자기계발을 위한 조언은 철철 흘러넘치지 않나? 서동

진이 잘 지적했듯이, 자기계발서들을 경멸하는 이들도 "자기계발이란 용어를 경유하지 않은 채, '삶에 도움이 되는', '나의 경력 개발에 유용한', '내가 누구인지 깨닫게 하는', '나의 진정한 자유를 발견하고 성찰하게 한' 등의 이야기를 통해 자기계발 담론을 열정적으로 소비한다".[13]

아니 독자로선 모든 책이 다 자기계발을 위한 것이라고 해도 과언이 아니다. 자기계발이 도대체 왜 문제가 된단 말인가? 서강대학교 사회학과 교수 전상진의 다음과 같은 논문 제목을 음미해보는 건 어떨까? "자기계발의 사회학: 대체 우리는 자기계발 이외에 어떤 대안을 권유할 수 있는가?" 비교적 예외적인 연구로 자기계발의 소비·실천 과정에 주목한 전상진은 자기계발 담론을 '협잡이거나 기만'으로 보는 것은 '무리이자 오만'이라면서, 한 자기계발 수행자가 "'성공'에 연연하기보다 자기계발의 실천에서 얻을 수 있는 소소한 만족을 중시한다"는 점을 지적한다.[14] 의외로 많은 사람이 그러는 게 아닐까? 지식인들은 자기계발서들의 과장과 허황됨을 꾸짖지만, 일반 소비자들은 광고의 주장을 그대로 믿진 않듯이 자기계발 담론도 자신의 필요에 따라 적당한 수준에서 능동적으로 소비하고 있는 건 아닐까?

이런 문제 제기가 시사하듯이, '자기계발과 PR의 선구자들'을 다룬 이 책은 자기계발에 대해 일방적으로 비판적인 책은 아니다. 그냥 있는 그대로 담담하게 자기계발 전문가들의 주장과 삶을 기록하고 중립적 평가를 내리는 데에 주력했다. 그들의 삶이 재미있기도 했지만, 나의 전공인 커뮤니케이션을 공부한다는 기분으로 한 일이다.

자기 PR이 자기계발의 일부이듯이, 자기계발과 PR의 거리는 멀지 않다. PR은 개인보다는 조직 단위로 이루어지는 자기계발이라고 봐도 무방하다. 물론 한국에선 아직도 PR을 '언론플레이'로 여기는 사람들이 적잖을 정도로 PR이 제 궤도에 오르진 못했지만, 궁극적으론 PR을 조직의 자기계발로 여기는 때가 올 것이라 믿는다.

이 책에서 다룬 인물들은 조지 갤럽George H. Gallup, 1901~1984, 데이비드 오길비David Ogilvy, 1911~1999, 에드워드 버네이스Edward L. Bernays, 1891~1995, P. T. 바넘P. T. Barnum, 1810~1891, 앤드루 카네기Andrew Carnegie 1835~1919, 레이 크록Ray Kroc, 1902~1984, 브루스 바턴Bruce Barton, 1886~1967, 데일 카네기Dale Carnegie, 1888~1955, 노먼 빈센트 필Norman Vincent Peale, 1898~1993, 나폴레온 힐Napoleon Hill, 1883~1970 등 모두 10명이다.

P. T. 바넘은 내가 이미 별도의 단행본으로 다룬 인물이기에 축약된 형태로나마 여기에 싣는 게 망설여지긴 했지만,[15] 현대적 자기계발과 PR의 원조 격 인물인 데다 그의 삶이 워낙 재미있어 싣게 되었음을 이해해주시기 바란다. 모쪼록 독자들께서 이 책을 재미있게 즐겨주시길 바라 마지않는다.

2017년 6월
강준만

차례

조지 갤럽

1901~1984

1

왜 여론조사를 '현상 유지를 위한 매춘'이라고 하는가?

조지 갤럽의 '여론 민주주의'

"이대로면 내년 대선 때 여론조사 결과는 쓰레기"

2016년 4·13 총선을 앞둔 마지막 주말 여론조사 기관들은 새누리당은 157~175석, 더불어민주당는 83~100석, 국민의당은 25~32석을 얻을 것으로 예상했다. 그러나 실제 결과는 더불어민주당 123석, 새누리당 122석, 국민의당 38석, 정의당 6석, 무소속 11석으로 나타났다.

여론조사 결과가 여론을 반영하지 못하는 데에는 집 전화에 의존한 조사 방식이 가장 큰 원인으로 꼽혔다. 집 전화가 없는 가구가 40퍼센트에 달하고 스마트폰 이용자가 4,000만 명을 넘지만, 총선 여론조사는 대부분 집 전화를 대상으로 이루어졌다. 휴대전화는 전화번호부가 없어 지역구별로 거주자를 찾아낼 수 없기 때문이다. 낮은 응답률도 문제였다. 중앙선거여론조사공정심의위원회가 2014년 실시된 지방선거 관련 여론조사 자료 총 816건을 분석한 결과 응답률이 10퍼센트가 안 되는

경우가 50퍼센트를 넘었으며, 응답률이 3퍼센트 미만인 것도 76건이나 되었다.[1]

그 사실을 뒤늦게 알게 된 것일까? 그렇지 않았다. 이미 잘 알고 있던 것이었다. 그럼에도 언론은 그런 여론조사 결과를 신주단지 모시듯이 열심히 보도했고, 이런 수요에 부응하느라 선거 직전까지 엄청난 양의 여론조사가 양산되었다. 중앙선거여론조사공정심의위원회에 따르면 선거 한 달 전인 3월부터 등록된 여론조사 결과만 934건에 달했다.[2] 그런 여론조사 결과를 정치 저널리즘의 주식主食으로 삼았던 언론은 스스로 낯이 뜨거워진 탓인지 뒤늦게 여론조사를 공격하기 시작했다.

『중앙일보』는 사설을 통해 "4·13 총선은 여론조사의, 여론조사에 의한, 여론조사를 위한 선거란 오명을 뒤집어썼다"고 했고,[3] 『조선일보』는 사설을 통해 이렇게 말했다. "특정 선거구에서는 같은 날 실시한 2개 회사의 조사가 30%포인트 가까이 차이가 났다. 하루 이틀 사이에 10~20%포인트 오가면서 순위가 바뀐 조사는 셀 수도 없이 많았다. 이런 엉터리 조사들이 거꾸로 국민의 뜻을 왜곡하고 경선과 선거 결과를 조작하며 사실상 정치를 조종하는 지경에 이르렀다."[4]

한국보다 정도는 덜할망정 선진 민주주의 국가들도 여론조사의 정확성 문제로 몸살을 앓고 있다. 2012년 미국 대선에서 밋 롬니Mitt Romney 공화당 후보의 승리를 예측했다가 실패한 여론조사 기관 갤럽은 2016년 대선에선 예측 조사를 하지 않겠다고 선언했다. 미국 갤럽과 비슷한 고민을 하고 있는 한국 여론조사 업체들도 "이대로면 내년 대선 때는 여론조사 결과가 쓰레기가 될 것"이라고 우려했다.[5]

여론조사의 아버지라 할 조지 갤럽George H. Gallup, 1901~1984이 이 모습을 보고 있다면 어떤 생각을 할까? 사실 문제의 핵심은 정확성이 아니다. 여론조사의, 여론조사에 의한, 여론조사를 위한 선거와 더불어 선거가 아닌 평상시의 정치마저 여론조사에 휘둘리고 있다는 게 문제의 본질이다.

갤럽이 원했던 민주주의는 그런 게 아니었다. 엘리트주의적 이상이 미국 민주주의를 훼손한다고 본 갤럽은 여론조사가 그 견제책이라고 생각했다. 즉, 여론조사가 있어야 정치적 의사 결정을 엘리트 마음대로 할 수 없다는 것이었다.[6] 여론조사가 민주주의 발전과 공익 증진을 위해 기여한다고 생각한 갤럽의 이상은 유효한가? 갤럽의 삶과 사상을 살펴보면서 그 의문에 답해보기로 하자.

최초의 여론조사는 언제 이루어졌을까?

프랑스 계몽 사상가 장 자크 루소Jean Jacques Rousseau, 1712~1778는 "여론이야말로 세계 최고의 여왕이며 그것은 국왕의 권력에도 복종하지 않는다. 국왕들은 바로 이 여왕에게 직접 시중을 들어야 하는 노예이다"라고 주장했다.

하지만 그 여왕은 '선동demagoguery'에 취약했다. 미국 건국의 아버지들은 선동을 염려해서 대통령 권력을 헌법에 명문화했다. 추상적이어서 별 도움은 되지 않았지만, 선동을 경계해야 한다는 공감대는 널리 자리잡고 있었다. 당시 여론 측정 방법은 신문이었기에, 정치인과 정치 세력들 사이에선 신문의 호의를 얻으려는 쟁탈전이 벌어졌으며, 주요 신문 1~2개를 장악하는 것은 대통령 후보들의 필수로 여겨졌다.[7]

최초의 여론조사는 언제 이루어졌을까? 역사가들은 1824년 존 퀸시 애덤스John Quincy Adams, 1767~1848와 앤드루 잭슨Andrew Jackson, 1767~1845이 격돌한 미 대통령 선거를 꼽는다. 당시 조사는 사람들을 모아 모의 투표를 하는 것이었는데, 이 일을 『해리스버그펜실베이니안Harrisburg Pennsylvanian』 신문이 주관했다.

straw poll이라는 말도 이때에 최초로 사용되었다. 왜 여론조사에 '밀 짚straw'이란 말이 쓰였을까? 풍향을 알아볼 때에 공중에 밀짚을 던져보던 관행에서 비롯되었다는 설이 유력하다. 오늘날엔 엄격한 통계적 샘플 방법을 거치지 않은 여론조사를 가리켜 straw poll이라고 하는데, 인터넷 여론조사가 이에 속한다고 볼 수 있다. 그래서 영어로 take a straw poll은 "비공식 여론조사를 하다"는 뜻이다. straw vote라고도 한다.

'국민의, 국민에 의한, 국민을 위한 정부'를 말하고 "투표는 총알보다 강하다The ballot is stronger than the bullet"고 한 제16대 대통령 에이브러햄 링컨Abraham Lincoln, 1809~1865은 "여론은 전부다. 여론의 지지를 받으면 실패할 수 없고, 여론의 지지를 받지 못하면 그 어떤 것도 성공할 수 없다Public Opinion is everything. With it nothing can fail. Without it nothing can succeed"고 했다.

대선과 무관하게 자주 거론되는 초기의 여론조사 사례는 제17대 대통령 앤드루 존슨Andrew Johnson, 1808~1875에 대해 보도한 『클리블랜드리

『Cleveland Leader』의 1866년 기사다. 의회에서 통과된 민권 관련법을 존슨 대통령이 반대했는데, 어느 기차 승객들을 대상으로 한 straw poll에서 47대 12로 의회를 지지한 사람이 많았다는 내용의 기사였다. 겨우 59명을 상대로 한 조사였지만, 이 민심은 제법 정확한 것으로 나중에 드러났다.[8]

미국 민주주의는 '여론에 의한 정치 통제'

재선을 노린 민주당의 그로버 클리블랜드Grover Cleveland, 1837~1908와 이에 도전한 공화당의 벤저민 해리슨Benjamin Harrison, 1833~1901의 대결 구도로 치러진 1888년 대선은 코카콜라와 백화점들이 선도한 광고 마케팅을 정치 분야에도 도입한 선거였다.

이 선거를 미국에서 지켜본 영국 학자이자 정치가인 제임스 브라이스 James Bryce, 1838~1922는 미국의 선거운동은 3개월 동안 브라스밴드를 앞세우고 깃발과 배지가 난무하는 퍼레이드와 이에 환호하는 구경꾼들이 미국 전역을 뒤덮는 기간이라고 관찰 소감을 썼다. 이런 선거는 참여자들로 하여금 자신들이 무언가를 만들고 있다고 믿게 만들고, 구경하는 사람들에게는 열성적인 모습을 보게 함으로써 강한 인상을 남기며, 대도시에서 일어나는 일을 읽는 시골 사람들의 상상력을 자극한다고도 했다. 즉, 미국의 선거는 붐을 고조시키고 지속시키는 비즈니스라는 것이다.[9]

브라이스는 바로 그해에 출간한 『미국 공화국The American Commonwealth』(1888)이라는 책에서 미국은 '여론에 의해 움직이는 정부

government by public opinion'와 '여론에 의한 지배rule of public opinion'가 실현된 나라며, 미국의 절대적 지배자는 여론이라고 주장했다. 그러나 그는 그렇게 중요한 여론의 형성 근거는 박약slim하다고 지적했다. 브라이스는 여론 측정의 '기술적 어려움mechanical difficulty'을 지적했는데, 그로부터 50년 후 '면대면 민주주의face-to-face democracy'에 대한 이상을 품고 있던 갤럽이라는 젊은이가 바로 그 어려움을 극복하려는 일에 도전하면서 브라이스의 말을 즐겨 인용하게 된다.[10]

1909년에서 1933년까지 하버드대학 총장으로 재임한 애벗 로런스 로웰Abbott Lawrence Lowell, 1857~1943은 매우 보수적인 인물이었음에도 1909년에 출간한 『여론과 대중 정부Public Opinion and Popular Government』라는 책에서 미국 민주주의를 "여론에 의한 정치 통제the control of political affairs by public opinion"로 정의할 정도로 여론은 미국 민주주의에서 중요한 위상을 누리고 있었다.

그러나 제1차 세계대전(1914년 6월~1918년 11월)을 거치면서 프로파간다에 놀아나는 국민과 광신적 애국주의 등 부정적인 모습이 드러나자 여론에 대해 비판적인 목소리가 고개를 들기 시작했다. 정치인이자 작가인 프레더릭 하우Frederic C. Howe, 1867~1940는 1921년에 출간한 『혁명과 민주주의Revolution and Democracy』에서 "우리는 믿으라고 주어지는 것을 믿는다We believe the things we are told to believe"고 개탄했다.[11]

여론에 대한 결정적인 일격은 그다음 해에 출간된 저널리스트 월터 리프먼Walter Lippmann, 1889~1974의 『여론Public Opinion』(1922)을 통해 이루어졌다. 리프먼은 흔히 여론으로 간주되는 것은 번쩍이는 이미지들의 결합, 표피적인 인상, 스테레오타입, 편견, 이기심의 반영에 지나지 않는 다고 했다.[12] 이 주장에 설득당한 로웰도 1923년 결국 리프먼의 의견에 동조하는 쪽으로 바뀌었다.[13] 그러나 이런 변화는 어디까지나 지식계에 서만 일어난 것일 뿐 일반 대중 사이에서 여론은 민주주의의 냄새를 잔 뜩 풍기는 아름다운 단어였다.

여론조사에 큰 흥미를 느낀 조지 갤럽의 등장

갤럽은 1901년 11월 18일 미국 아이오와주의 작은 마을인 제퍼슨 Jefferson에서 가난한 낙농업자의 아들로 태어났다. 학생들을 대상으로 철학을 가르치는 일도 했던 그의 아버지는 집안 경제엔 별 관심이 없었 다. 그래서 갤럽은 고교 시절부터 스스로 소를 키우면서 경제적 자립을 시도했다.

갤럽은 아이오와대학University of Iowa에 진학해 독립적인 대학 신문인 『데일리아이오완The Daily Iowan』의 편집장을 지냈다. 그는 매우 유능한 편집장이었다. 캠퍼스 밖의 소식도 알차게 보도함에 따라 학교 외부에 서 구독자도 늘어나 광고 수입을 크게 증가시켰다.

갤럽은 도대체 어떤 종류의 독자들이 어떻게 왜 신문을 읽는지에 대 해 무척 알고 싶어 했다. 그가 처음으로 실시한 조사는 누가 대학에서 가장 아름다운 미녀인지를 여론조사를 통해 뽑는 일이었다. 그는 나중 에 이 조사에서 1등으로 뽑힌 오필리아 스미스 밀러Ophelia Smith Miller, 1898~1988와 결혼해 2남 1녀를 낳았다.

갤럽의 학생 시절 통계조사 기법은 광고 분야에 막 도입되기 시작하고 있었다. 1924년 광고주들의 연례 총회에서 컬럼비아대학 경제학 교수 웨슬리 미첼Wesley C. Mitchell, 1874~1948은 "통계조사는 원가 계산에서부터 시장조사에 이르기까지 현대 비즈니스의 필수가 되어야 한다"고 역설했다.[14]

갤럽은 여론조사에 큰 흥미를 느껴 그 분야를 계속 공부했으며 그가 27세에 아이오와대학에서 취득한 박사학위의 논문은 「신문 독자의 관심 측정에 관한 객관적 연구 방법의 새로운 기법A New Technique for Objective Methods for Measuring Reader Interest in Newspaper」(1928)이었다. 그는 이후 드레이크대학를 거쳐 노스웨스턴대학의 저널리즘 교수로 일했다.

갤럽이 노스웨스턴대학에 재직하던 1931년 여름에 실시한 잡지 독자 조사 결과는 놀라운 발견들을 담고 있었다. 그는 1만 5,000가구를 방문 면접하는 방법으로 어떤 광고가 기억에 남는지 물었는데, 그 결과 남성은 품질 소구가 1위, 그다음은 섹스 소구였다. 여성은 섹스, 허영, 품질의 순으로 나타났다. 광고인들이 가장 적게 사용하는 소구 방법이 실제로는 대중의 주목을 가장 많이 끈 것으로 나타났으니, 이 어찌 놀라운 일이 아니랴.

이 조사 결과 발표에 광고계가 화들짝 놀란 건 당연한 일이었다. 『애드버타이징앤드셀링Advertising & Selling』 1932년 봄호에 따르면, "그의 이름은 놀라운 속도로 대중의 인식 속에 파고들었다. 광고와 마케팅 분야에서 이 신인의 활동은 당시에 가장 많이 논의되던 주제였다". 여러 대행사들이 그를 스카우트하려고 나섰는데, 뉴욕의 유명한 광고회사인 영앤드루비컴^{Young and Rubicam}의 공동 창설자인 레이먼드 루비컴^{Raymond} Rubicam, 1892~1978이 가장 적극적이었다.

갤럽은 자신을 만나기 위해 시카고로 온 루비컴에게 설득당하고 말았다. "루비컴은 내가 만난 누구보다도 광고가 어떻게 작동하는지 지적으로 흥미로워했습니다. 그는 현업에서는 가능하지 않을 거라고 생각한 완전한 자유를 약속했습니다." 갤럽은 1932년 컬럼비아대학으로 일터를 옮겨 교수직을 유지한 채 영앤드루비컴의 리서치 책임자로 일하기 시작했다.[15]

그해 여름 미국 아이오와주 민주당은 올라 바브콕 밀러^{Ola Babcok Miller,} 1871~1937라는 환갑의 여성을 선거로 뽑는 부지사^{secretary of state} 후보로 지명했지만, 남북전쟁 이래 한 번도 주지사를 내지 못한 민주당으로선 큰 기대를 걸긴 어려웠다. 그녀는 대학교수이자 광고 회사 임원인 사위에게 지원을 요청했다. 그 사위는 자신이 개발한 '과학적인 방법'으로 유권자들이 원하는 걸 조사한 다음 선거 운동에 활용함으로써 밀러의 승리에 결정적인 기여를 했다. 그 사위는 바로 갤럽이었다.

갤럽은 1937년 컬럼비아대학 교수직을 사임하고 영앤드루비컴의 부사장이 되어 1947년까지 16년 동안 일했다. 그는 영앤드루비컴에서 특별대우를 받았기에 학교를 떠난 것을 결코 후회하지 않았다. "나는 내가 하고 싶은 조사를 하는 데 필요한 돈을 마음대로 쓸 수 있었고, 도덕적이지 않은 일을 하라는 부탁도 받지 않았습니다."[16]

영앤드루비컴은 갤럽에게 리서치를 맡기면서 대외적으로 라디오와 신문 수용자에 대한 과학적 조사를 한다고 자랑했다.[17] 그렇게 뼈

길 만도 했다. 갤럽의 밑에서 일한 바 있는 데이비드 오길비David Ogilvy, 1911~1999는 당시 갤럽이 광고의 열독률만 측정한 것이 아니라 그 수치를 축적해 분석하기도 했다며 다음과 같이 말했다.

"그는 어떤 분석 기법들은 다른 기법들보다 지속적으로 뛰어난 기능을 했다는 것을 알아냈다. 본 플래너리Vaughn Flannery라는 아트 디렉터는 갤럽이 발견한 결과들을 그의 작업에 적용했다. 수개월 만에 영앤드루비컴이 만든 광고는 다른 대행사에서 만든 광고보다 높은 열독률을 자랑했고 광고주에게는 헤아릴 수 없는 큰 이익을 주었다."[18]

영앤드루비컴의 매출액은 1927년 600만 달러에서 1935년 1,200만 달러, 1937년 2,200만 달러로 계속 증가했으니, 갤럽을 고용한 덕을 단단히 본 셈이었다.[19] 갤럽은 영앤드루비컴에서 일하면서도 동시에 자신의 이름을 내세운 프로젝트를 추진했는데, 그 대표적인 것이 1935년 뉴저지주 프린스턴에 설립한 '미국여론연구소American Institute of Public Opinion'였다. 그는 매주 「미국이 말한다!America Speaks!」로 이름 붙인, 여론조사 내용을 담은 칼럼을 발표했다.

갤럽은 1936년 영앤드루비컴에 제출한 보고서에서 뉴욕 『데일리뉴스Daily News』의 성공은 여성이 신문 헤드라인만 읽는 습관과 관련이 있다고 밝혔다. 여성은 저속하고 센세이셔널한 기사들만 좋아하며 흥미진진한 범죄 스토리가 아니라면 신문의 헤드라인만 읽는다는 이야긴데, 갤럽은 여성 독자의 너무도 낮은 취향 수준에 경악했다고 실토했다.[20]

여론조사의 분수령이 된 1936년 대선

1936년 대선은 갤럽의 등장으로 미국 여론조사의 분수령이 된 사건이기도 했다. 당시 여론조사 업계는 춘추전국시대였는데, 선두주자는 『리터러리다이제스트Literary Digest』라는 잡지였다. 이 잡지사는 1916년 이래 여론조사를 통해 매번 정확히 선거 결과를 예측한 걸로 유명했다. 당시의 여론조사는 오늘날의 기준에선 미련해 보일 정도의 물량 공세 위주였다. 이 잡지는 1924년 대선에서 1,600만 명의 유권자에게 설문지를 우송했고 1928년에는 1,800만 명한테 인기 투표 용지를 보냈으며, 1936년 대선에서도 1,000만 명에게 설문지를 발송해 230만 장을 반송 받았다.[21]

그렇게 엄청난 공을 들여 얻어낸 설문지를 집계한 결과에 따라 『리터러리다이제스트』는 1936년 대선 전망에서 현직 대통령으로 민주당 후보인 프랭클린 루스벨트Franklin Delano Roosevelt, 1882~1945가 42대 57로 공화당의 앨프리드 랜던Alfred M. Landon, 1887~1987 후보에게 패배할 것이라는 예측을 내놓은 반면, 갤럽은 54대 46으로 루스벨트의 승리를 예측했다.

『리터러리다이제스트』와 갤럽의 대결은 골리앗과 다윗의 싸움으로 여겨졌기에, 갤럽의 예측은 엄청난 비난 공세에 시달렸다. 신생 업체가 이름을 알리기 위해 '노이즈 마케팅'을 하는 게 아니냐는 질책이었다. 갤럽은 자신의 칼럼을 싣는 신디케이트 신문사들에게 자신의 예측이 틀리면 그간 받은 돈을 환불하겠다고 선언하는 대담한 도박을 감행했다.

당시 갤럽의 여론조사 표본은 오늘날의 10배에 이르는 1만 5,000명 수준이었는데, 제대로 된 표본의 추출 방법보다는 표본 크기의 다다익선多多益善을 굳게 믿고 있던 『리터러리다이제스트』는 갤럽의 표본이 적다고 비웃었다. 그렇게 비웃음을 당한 수준의 표본이었지만 1만 5,000명을 상대로 여론조사를 하는 데엔 비용이 많이 들었다.

물론 그 비용은 신디케이트 신문사들에서 나오지만 환불할 경우 파산으로 내몰릴 수밖에 없었다. 그런 상황에서 갤럽의 긴장은 극도로 고조되었고, 이를 보다 못한 부인이 쉬면서 긴장을 풀라고 갤럽을 일부러 플로리다 사라소타Sarasota로 데려갔다. 당시엔 선거일을 앞둔 막판 조사는 없었기에 갤럽이 휴양지에서 할 수 있는 일은 선거 결과를 기다리는 것 이외엔 없었다.[22]

승리의 여신은 갤럽의 손을 들어주었다. 갤럽의 예측대로 루스벨트가 61대 37로 승리했으며, 이 충격으로 『리터러리다이제스트』는 1938년에 폐간되고 말았다. 갤럽의 완전한 승리였지만, 갤럽은 자신의 예측이 실제 결과와 7퍼센트포인트의 격차가 난 것에 대해 불만족스러워했다.[23]

『리터러리다이제스트』는 어떤 실수를 저질렀던 걸까? 갤럽은 이 잡지의 조사가 자동차와 전화를 가진 부자들을 대상으로 이루어진 것이라며 루스벨트의 우세를 주장했는데, 그의 말이 맞았다. 이 잡지는 구독자 주소록과 전화 가입자, 자동차 보유자 명단을 토대로 조사를 했는데, 이들은 대부분 부유층이며 공화당 지지자였다. 표본 크기가 아니라 표본 추출 방법이 중요하다는 점을 모르고, 특정 계층만 상대로 조사하는 잘못을 저지른 것이다.[24]

1936년 대선 예측에 성공하면서 갤럽의 명성은 전국적으로 알려졌으며, 이제 여론조사 산업은 전시戰時의 프로파간다 산업을 계승하는 동시에 압도할 정도로 성장하기 시작했다. 1937년엔 『여론 연구Public Opinion Quarterly』가 창간되었으며, 1935년 미국으로 건너온 오스트리아계 유대인 폴 라자스펠트Paul F. Lazarsfeld, 1901~1976는 미국의 미디어 효과 연구를 주도하기 시작했다.[25]

'여론조사 역사상 최악의 날'이 된 1948년 대선

갤럽은 1939년의 어느 강연에서 라디오 기술, 신문의 광범위한 보급, 그리고 그 자신이 대중화시킨 새로운 조사 기법에 의해 나타날 가능성들을 검토하면서 전국적 규모의 '타운 미팅town meeting'의 도래를 예측했다. 이웃끼리 공동체의 문제를 논의하는 것처럼 새로운 기술은 그런 전국적 토론을 가능케 하리라는 것이었다.[26]

갤럽은 1940년에 출간한 『민주주의의 맥박The Pulse of Democracy』에서 그런 꿈을 재차 피력하면서 여론조사가 민심을 반영해 엘리트 중심의 정치와 행정을 견제할 수 있는 메커니즘이라는 평소의 지론을 역설했다. 여론조사가 민주주의의 맥박을 측정하고 감시할 수 있다는 것이다.[27]

애초의 취지가 그러했던 만큼 갤럽의 여론조사는 처음엔 유권자들의 큰 인기를 끌었다. 한 소작농부가 "내 생각을 묻는다구? 내 생각이 중요하단 말이요? 아직 그 누구도 내 생각을 물어본 적이 없었는데!"라고 말한 데에서도 드러나듯이, 당시 생소했던 여론조사에 대한 호응도는 썩

괜찮은 편이었다.

갤럽은 여론조사에 대한 그런 호감도를 이용해 영화 주제와 줄거리의 결정에도 가담하는 등 다방면의 활동을 했다. 1946년 아카데미 작품상을 비롯해 아카데미 10개 부문을 수상하며 대히트한 윌리엄 와일러William Wyler, 1902~1981 감독의 영화 〈우리 생애 최고의 해The Best Years of Our Lives〉는 갤럽이 32개 후보 가운데 여론조사를 통해 고른 제목이었다. 이런 성공은 마케팅으로까지 나아갔다. 갤럽은 『타임』 1948년 5월 3일자 표지 인물에 등장해 '누구나 아는 이름household name'이 되면서 '여론'과 동일시되었다.[28]

그러나 그런 유명세가 오히려 갤럽의 발목을 잡을 줄 누가 알았으랴. 1948년 11월 2일에 치러진 대선은 미국 여론조사 역사상 최악의 날the most disastrous day in polling history을 낳은 선거였다. 갤럽을 포함한 주요 여론조사 업체들의 예측이 모두 빗나갔기 때문이다.

당시 물가 상승과 노동자들의 파업으로 인한 사회불안이 높아져 이미 1946년의 중간선거에서 공화당이 압승, 여소야대 정국이 초래되었다. 1948년 마셜플랜이 본격적으로 시작되면서 미국 내 반대 세력이 늘어갔으며 또한 민주당 내 분열이 심화되어 여론조사 업체와 언론 대부분은 대통령 선거에서 공화당의 토머스 듀이Thomas E. Dewey, 1902~1971 후보가 현직 대통령인 해리 트루먼Harry Truman, 1884~1972 후보를 5~15퍼센트 격차로 누르고 당선할 것이라고 예측했다.

그러나 트루먼은 그런 예측에 굴하지 않고 그 유명한 약 5만 킬로미터 전국 유세를 통해 유권자에 직접 호소하고 나섰다. 600만 이상의 사람들에게 300번 이상의 연설을 했다. 그는 아내와 딸을 동반하고 다니면서 대중의 마음을 파고들었다. 그는 선거 유세에서 이런 논평으로 청중들을 웃기기도 했다. "제너럴 모터스, 제너럴 일렉트릭, 제너럴 푸드, 제너럴 맥아더. 제가 아는 모든 제너럴이 다 공화당 명단에 들어가 있습니다. 그런데 제너럴 웰페어general welfare(공공복지)가 빠졌군요."[29]

『시카고트리뷴』이 그 유명한 오보「듀이, 트루먼을 물리치다」라는 제목의 기사를 내보낼 정도로 막판까지 듀이의 우세가 확연해 보였지만, 결과는 트루먼의 승리로 나타났다. 일반 투표에서 트루먼 49.9퍼센트 대 듀이 45.1퍼센트, 선거인단 투표에서 303대 189의 결과였다. 그야말로 극적인 승리였다. 트루먼은 공화당계 신문인 『시카고트리뷴』을 군중들 앞에서 신나게 흔들어 보이면서 승리를 자축했다. 트루먼의 승리를 예측하지 못한 갤럽도 여론조사 업체들을 대표해 조롱거리가 되었다.

전 세계적으로 여론조사의 대명사가 된 갤럽

자신의 조사를 확신했던 갤럽은 선거 결과에 대해 "무슨 일이 일어난 건지 모르겠다"고 실토했다. 그는 그런 당혹감으로 인해 뇌물이나 투표용지 조작 등이 있었을지 모른다는 의혹까지 제기했으나 곧바로 철회하고 실수를 인정했다. 갤럽은 실수를 저지른 이유가 최종 여론조사가 선거일 3주 전에 이루어졌기 때문인 것으로 보았다. 유권자 7명 중 1명꼴로 선거 마지막 2주 동안 결심했는데, 이들의 4분의 3이 트루먼을 지지한 것으로 밝혀진 것이다.[30] 그는 대선 직후 가진 한 연설에서 자신의 새로운 각오를 다음과 같이 밝혔다.

"저는 트루먼 대통령에 대해 대단한 존경심을 품고 있습니다. 왜냐하면 그는 자신이 믿는 것을 위해 싸웠기 때문이죠. 저도 마찬가지의 일을 하려고 합니다. 이 나라에 여론조사의 중요성이 있는 한, 그리고 누군가가 더 나은 방법을 발견할 때까지, 저는 사람들이 그들의 복지에 있어 아주 중요한 이슈들에 대해 어떤 견해를 갖고 있는지 알리는 일을 하며 계속 전진해나갈 것입니다."[31]

실제로 갤럽의 전진은 성과를 거두었다. 1948년 대선만 제외하고 갤럽은 이후 1980년대까지 11차례의 대통령 선거 결과를 정확히 예측해 명예 회복을 하게 된다. 그는 1958년 갤럽연구소Gallup Organization를 설립했고, 1937년 영국 갤럽을 시작으로 한국(1974년)을 비롯한 63개국에 갤럽이란 이름의 여론조사 기관이 갤럽국제조사연구소Gallup International Research Institute 회원사의 형식으로 독자적으로 운영되면서 그의 이름은 전 세계적으로 여론조사의 대명사가 된다.[32]

갤럽은 1984년 83세의 나이로 사망하기까지 미국 언론에 각종 여론 현상을 설명해주는 현인賢人으로 자주 등장했다. 가장 널리 알려진 사건은 케네디 행정부에서 이루어진 피그스만Bay of Pigs 침공이다. 1961년 1월 20일 대통령에 취임한 존 F. 케네디John F. Kennedy, 1917~1963는 아이젠하워 행정부 시절부터 CIA에 의해 계획되었던, 쿠바의 카스트로 정권을 전복시키기 위한 일련의 작전 시행을 승인했다. 물론 미국에서 96킬로미터밖에 떨어지지 않은 쿠바에 사회주의 혁명 정권이 들어선 것을 내버려둘 수는 없다는 이유에서였다.

1961년 4월 17일 훈련도 제대로 받지 못하고 장비도 허술한 쿠바인 1,400여 명이 쿠바 피그스만 해안에 상륙했다. 이들은 미국에 망명 중인 반反카스트로 세력으로 카스트로 정권을 전복하기 위해 미 해군·공군·CIA의 지원을 받아 나선 것이었지만, 상륙 이틀 만에 쿠바군에 의해 진압당하고 말았다. 쿠바군의 인명 손실이 더 많긴 했지만, 침공 대원 114명이 죽고, 1,189명은 생포되어 포로로 억류되었다(이들은 1년 반 뒤에 쿠바 측에 5,300만 달러 상당의 식량과 의료품을 주는 조건으로 풀려났다). 미국 보급선 2척이 쿠바 전투기에 의해 격침되었으며, 미군 조종사 4명이 사망했다. 어이없는 대실패였다.

케네디는 피그스만 침공 사건이 실패로 돌아간 다음 날 TV 방송에 출연해 자신의 실수를 인정하고 책임을 지겠다고 했는데, 방송이 나간 뒤 케네디의 지지율은 수일 만에 72퍼센트에서 83퍼센트로 뛰었다. 케네디를 포함해 모든 이들이 이 결과에 깜짝 놀랐다. 이걸 어떻게 설명할 것인가? 갤럽은 이런 설명을 내놓았다. "사람들은 목표가 무엇이며 무엇을 하려고 애썼는지에 의해 어떤 사람을 평가하려는 경향이 있다. 꼭 그 사람이 무엇을 성취하고 어떻게 성공했는지에 의해 평가하는 건 아니다."[33]

단기적인 선거 유세로 전락한 지도자의 통치행위

갤럽의 원대한 꿈과는 달리 여론조사는 그의 뜻대로 이루어지진 않았다. 갤럽은 원래 여론에 순응하는 정부를 만들겠다는 이상 아래 그의 사업을 시작했으나 여론조사에 대한 호감도가 떨어지면서 1952년부터 무응답nonresponse 비율이 올라가기 시작했다. 게다가 기술 발전으로 전화의 자동 응답 장치answering machine, 발신자 확인 시스템caller identification system이 광범위하게 사용되면서 여론조사는 더욱 힘들어졌다.[34]

도무지 종잡을 수 없는 게 여론인지라, 대통령은 물론 대통령 후보들은 공식 여론조사와는 별도로 내부용 여론조사private polls를 했는데, 케네디 시대에 이르러 이런 내부 여론조사가 급증하기 시작했다. 케네디는 예선에서 50번, 본선에서 27번, 집권 후 16번을 했고, 린든 존슨Lyndon B. Johnson 1908~1973은 1964 대선 전 39번, 1965년 30번, 1966년 49번, 1967년 3번, 1968년 9번을 했으며, 리처드 닉슨Richard M. Nixon, 1913~1994은 1969년 7번, 1970년 29번, 1971년 44번, 1972년 153번을 했다.[35]

저널리스트 시드니 블루먼솔Sidney Blumenthal, 1948~은 『영원한 캠페인Permanent Campaign』(1980)이라는 책에서 오늘날 미국 대통령의 통치행위가 영원한 선거 캠페인 체제로 접어들었다고 주장했다. 대통령의 통치행위가 늘 선거를 염두에 둔 선거 유세와 다를 바 없게 되었다는 것이다.[36]

블루먼솔이 그렇게 말한 근거 중의 하나가 바로 여론조사였다. 예컨대, 닉슨이 대통령 재임 시 쓴 여론조사 비용은 1995년 기준으로 환산해서 500만 달러나 되었고, 대통령 당선자가 여론조사에만 쓴 비용은 1972년 160만 달러에서 1992년 400만 달러로 급증했다.[37]

1970년대 초반까지도 여론조사는 여론조사 업체들의 주관하에 이루어졌지만, 1975년『뉴욕타임스』와 CBS News가 공동 여론조사를 실시한 것이 계기가 되어 언론사 자체 여론조사로 발전하기 시작했다. 1976년 대선에선 네트워크 방송사들이 모두 자체 인하우스in-house 여론조사 기능을 갖춰서 보도했다.[38]

1980년대 들어 거대 미디어들은 모두 자체 여론조사 기능을 갖거나 자기들만의 보도용으로 여론조사를 의뢰하는 관행을 정착시켰는데, 이는 적잖은 윤리 문제를 야기했다. 언론사가 뉴스를 보도하는 게 아니라 뉴스를 스스로 만들어내는, 즉 '의사사건pseudo-event'을 양산해도 괜찮은가 하는 의문이었다. 여론조사 비용을 써서 뉴스를 만들어낸다는 의미에서 취재원에게 돈을 지불하는 이른바 '수표 저널리즘checkbook journalism'이라는 비판까지 제기되었다. 여론조사가 주요 뉴스 아이템으로 경쟁 국면에 접어들면서 자사 외의 다른 언론사들의 여론조사 결과는 무시한다거나 이미 다 지적한 흐름인데도 자기들이 처음 밝혀낸 것처럼 판촉하는 일도 일어났다.[39]

여론조사 업체들도 편향성 시비에 휘말렸는데, 그 대표적 사례가 바로 루이스 해리스Louis Harris였다. 여론조사 업체인 엘모로퍼Elmo Roper에서 10년간 일하다가 1956년에 독립한 루이스 해리스는 선거에 적극 개입함으로써 윤리 문제를 야기했다. 그는 존 F. 케네디를 포함해 240명의 후보를 위해 일했는데 대부분 민주당 후보들이었다. 1979년 에드워드 케네디Edward M. Kennedy, 1932~2009가 대선에 도전하자 그는 직원들에게 "다음 대통령을 만들 거야I'm going to make the next president"라고 하면서, 케네디에게 좋은 뉴스만 여론조사를 한 반면, 경쟁자인 지미 카터

자기계발과 PR의 선구자들

Jimmy Carter, 1924~에 대해선 정반대로 여론조사를 하는 편파성을 저질러 논란이 되었다.[40]

'갤럽 여론조사 멘털리티'에 대한 비판

여론조사에 대한 근본적인 문제 제기는 이미 1940년대부터 제기되었다. 1948년 사회학자 허버트 블루머Herbert Blumer, 1900~1987는 여론은 상호작용interactions과 커뮤니케이션의 산물인데, 이를 '개인 의견의 총합aggregations of individual opinions'으로 수량화하는 건 잘못되었다고 비판했다. 1949년 린지 로저스Lindsay Rogers는 에드먼드 버크Edmund Burke, 1729~1797의 말을 인용하면서 선거로 뽑힌 사람의 양심과 현명한 판단을 믿어야지 대중적 열정의 순간들에 노예가 되어선 안 된다고 비판했다.[41]

"민심은 천심이다The voice of the people is the voice of God"는 말처럼 여론은 신성시되지만, 문제는 여론을 정확히 알 수 있느냐 하는 것이다. 이와 관련, 『여론과 미국 민주주의Public Opinion and American Democracy』(1968)의 저자인 미국 정치학자 V. O. 키V. O. Key, 1908~1963는 이렇게 말했다. "여론에 대해 정확히 말한다는 건 성령聖靈을 이해하는 것과 다르지 않은 일이다."[42] 독일 건축가 발터 그로피우스Walter Gropius, 1883~1969는 이렇게 우려했다. "현대인은 질質보다는 양量에 의존하고, 새로운 믿음을 만드는 대신 편의주의에 굴복하는 일종의 '갤럽 여론조사 멘털리티'를 개발해냈다."

커뮤니케이션 학자 닐 포스트먼Neil Postman, 1931~2003은 『테크노폴

리: 기술에 정복당한 오늘의 문화Technopoly: The Surrender of Culture to Technology』(2001)에서 여론조사의 문제를 다음 4가지로 정리해 제시했다.

첫째, 거의 모든 이슈에 대한 대중의 '여론'은 질문의 제기 방식에 달려 있다. 어떻게 묻느냐에 따라 결과는 크게 달라질 수 있다는 것이다. 둘째, 사람들은 '의견 형성 과정'에 있음에도 여론조사는 사람들이 의견을 갖고 있다고 전제한다. 셋째, 여론조사는 측정과 서열화에 집착한 나머지 설문 주제에 대해 사람들이 잘 알고 있다고 간주한다. 넷째, 여론조사는 정치 지도자와 유권자 사이의 책임 소재를 뒤바꿔 놓았다. 지도자들이 자신의 결정에 책임을 지는 대신 판단을 보류하고 유권자들의 의견을 추종한다는 것이다.[43]

논픽션 작가 수잔나 레저드Suzannah Lessard는 『워싱턴먼슬리The Washington Monthly』(1996년 1~2월호)에 기고한 「여론조사가들을 추방하라 Banish the Pollsters」는 글에서 지도자 지망생들의 정신은 여론조사 기술에 의해 식민화되고 있다면서 다음과 같이 말했다.

"오늘날 여론조사의 과학적 방법론은 지금까지 알려지지 않은 정도로 제약적이고 정신을 파괴하는 노예화의 한 형태를 만들어내고 있다. 이전에 정치가들은 사람들이 무엇을 원하는지를 추측해야만 했다. 그러한 불확실성은 정치가로 하여금 자신의 신념에 더 가까운 어떤 입장을 취할 수 있게 하였다. 그러나 현재의 상황하에서는 불확실성이란 거의 없다."[44]

데이비드 셍크David Shenk는 『데이터 스모그Data Smog: Surviving the Information Glut』(1997)에서 "만약 미국인들이 지도력의 자질을 판단할 수

있는 능력을 가졌다면, 추종심은 그렇게 나쁜 일은 아닐 것이다"며 다음과 같이 말했다.

"그러나 그들은 대체로 자신들의 복잡하고 혼란스러운 삶으로 너무나도 바쁘며 그리고 그들의 지식은 너무 전문화되고 파편화되어 있어, 폭넓은 쟁점들에 관한 지적인 결정을 내리기에는 부적절하다. 그러므로 우리는 기술의 두 가지 불행한 결과, 즉 더 적은 이해를 하면서 더 많은 권력을 가진 시민들을 접하고 있다."[45]

진보적 정치 컨설턴트 조 트리피Joe Trippi는 『혁명은 TV로 중계되지 않는다The Revolution Will Not Be Televised: Democracy, the Internet, and the Overthrow of Everything』(2004)에서 다음과 같이 개탄했다.

"여론조사와 이를 위한 초점 집단에 의존하는 것이야말로 정치에서 최악의 트렌드다. 이는 후보의 신념을 흐리멍텅한, 시장 테스트를 거친, 중도적 입장으로 대체해버린다. 정말이지 바보 같은 짓이라고 말하고 싶다. 여론조사는 정치에 필요한 용기를 없애버렸다는 것이 내 생각이다."[46]

'인간의 얼굴을 가진 여론조사'는 가능한가?

이렇듯 비판자들은 지도자들이 여론조사의 노예가 되었다고 비판하고, 일부 학자들은 여론조사에 의존하는 정치를 가리켜 냉소적인 의미로 '서베이 민주주의survey democracy'라는 신조어新造語를 만들었지만,[47] 미국인들이 여전히 여론조사를 지지하는 걸 어이하랴.

1996년 미국인의 70퍼센트가 여론조사가 민주주의 발전과 공익 증진을 위해 기여한다며 지지하는 것으로 나타났다.[48] 미국인들은 정치적 이슈들을 결정하는 데 여론조사의 역할에 대해 낙관적이며, 민주 생활의 기초로 여론조사가 갖는 능력에 대해 신뢰한다. 이렇듯 포퓰리즘과 여론조사는 상호 친화적이다.[49]

포퓰리즘이 나쁜가? 꼭 그렇진 않다. "정치인이 여론에 순응하는 걸 가리켜 '인기영합pandering'이라고 하는데, 이게 과연 온당한가? 무엇이 문제란 말인가? '정치적 대응성political responsiveness'이라고 부르는 게 온당하다"는 반론을 감안할 필요가 있겠다.[50] 그럼에도 여론을 추종하는 정치에 많은 문제가 있다는 것도 분명한 사실이다.

가장 중요한 문제는 대중의 무지public ignorance에 관한 것이다. 대중을 깔보거나 얕잡아보는 게 아니라, 유식한 사람이라 할지라도 자기 할 일에 바쁘다 보면 공적 이슈들에 대해 잘 모르는 경우가 많다. 그 문제가 매우 심각한데도 이걸 모른 척하고 여론조사를 지금처럼 계속 해야 하는가? 이런 의문이 지속적으로 제기되면서, 어떤 이슈에 대한 여론조사와 더불어 그 이슈에 대한 응답자의 지식수준, 그리고 그 이슈가 응답자에게 중요한지, 투표에 영향을 미치는지 그것도 같이 조사하자는 대안이 제시되기도 했다.[51]

스탠퍼드대학 커뮤니케이션학자이자 정치학자인 제임스 피시킨James S. Fishkin, 1948~은 1988년 '숙의 여론조사deliberative poll'를 제안했다. 전국적인 랜덤 샘플을 통해 고른 사람들이 한곳에 모여 토의한 뒤 그들을 대상으로 여론조사를 하자는 것이다. 그는 1995년 자신의 주장을 체계화시킨 『국민의 목소리: 여론과 민주주의The Voice of the People: Public Opinion & Democracy』의 출간 이후 미국은 물론 세계 각국에서 '숙의 여론조사' 프로젝트를 진행했다. 1996년 1월 최초로 랜덤 샘플 미국인이 오스틴 텍사스대학에 모여 '숙의 여론조사'를 시도했는데, 이는 "인간의 얼굴을 가진 여론조사poll with a human face"로 명명되었다.[52]

숙의 여론조사의 장점 중 하나는 응답자들의 이른바 '의견없음non-attitude'의 문제를 넘어설 수 있다는 것이었다. 응답자가 진정한 의견이 없음에도 무식하게 안 보이려고 설문에 응답함으로써 여론을 왜곡시키는데, 숙의 여론조사는 이 문제를 확실하게 교정할 수 있다는 것이다.[53]

같은 맥락에서 심리학자이자 여론조사 전문가pollster인 대니얼 양켈로비치Daniel Yankelovich, 1924~는 『공적 판단을 위하여Coming to Public Judgment: Making Democracy Work in a Complex World』(1991)에서 "public opinion"이 너무 많은 것을 의미한다며 최소한 '대중 의견mass opinion'과 '공적 판단 public judgment'은 구분해서 조사하자고 제안했다. 그는 자신은 "숙의적 판단full deliberative judgment"을 원했지만, 미디어는 "스냅샷snapshot"을 원했다면서, 기존 조사 방식이 대중의 여론조사에 대한 불신을 가져올까 봐 걱정했다.[54]

여론조사 결과를 흥미 위주의 뉴스 상품으로 팔기 바쁜 언론이 그런 대안과 제안을 수용할 리는 만무했고, 그래서 여전히 심각한 결함이 교정되지 않은 채로 여론조사가 이루어지고 있는 게 현실이다.

1996년 칼럼니스트 아리아나 허핑턴Arianna Huffington, 1950~은 "여론조사가 정치 환경을 오염시켜서, 하루 빨리 이를 정화시켜야 한다"며 '여론조사에서 자유로운 미국을 위한 연대Partnership for a Poll-Free America'라는 단체를 만들었다. 그녀는 "최신 여론조사를 어깨너머로 계속 살피면서, '나는 여러분의 리더로서 여러분의 뜻을 따를 것이다'라는 좌우명을 가진 정치인들이 오늘날의 정치 환경을 흐려놓고 있다"고 주장했다.[55]

여론조사 비판엔 좌우가 없다. 조지 부시George W. Bush, 1946~는 2000년 대통령 선거 운동 중 "나에게 어떻게 생각하라고 말하는 여론조사는 필요가 없다. 재선에 성공한다면, 대중의 의견을 반영하기 위해 국정을 수행하지는 않을 것이다"고 했다.[56] 좌파 언론학자 허버트 실러Herbert I. Schiller, 1919~2000는 "여론조사는 현상 유지를 위한 매춘"이라고까지 주장했다.[57]

한국의 얄팍한 '여론조사 포퓰리즘'

그럼에도 오늘날 민주주의를 하는 나라들은 '여론 민주주의'를 위한 방법론인 여론조사를 왕성하게 실시하고 있다. 무엇보다도 여론조사는 여론 민주주의의 한 기둥이라 할 언론 매체의 주요 영업 수단이기 때문에, 언론의 자유를 보장하는 한 여론조사를 통제한다는 건 기대하기 어렵게 되었다. 기껏해야 여론조사 방법을 검증하는 수준의 공적 규제만 있을 뿐이다.

많은 이들이 한국처럼 여론조사 결과에 따라 정치판이 요동치는 나라도 없다고 말한다. 그래서 '여론조사 공화국'이라는 말까지 나왔다. 물론 좋은 의미는 아니다. 여론조사의 오·남용이 심하고, 국민 역시 여론

자기계발과 PR의 선구자들

조사 결과에 너무 휘둘리고 있다는 뜻이다.

여론조사를 아무리 엄격하게 과학적·윤리적으로 한다 해도 여론조사 자체에 너무 많은 의미를 부여해버리면 더욱 위험한 일이 벌어질 수 있다. 다른 문제들을 제쳐놓더라도 질문 순서만 바꿔도 여론조사 지지율이 전혀 '딴판'으로 나타나는데,[58] 이런 여론조사에 절대적으로 의존한다는 건 그 얼마나 위험한가 말이다. 그런 과도한 의존의 대표적 사례가 정당 내 여론조사 경선이다. 이에 대해 전문가들의 의견은 대부분 부정적이다.

국민대학교 교수 이명진은 "당원들이 해야 하는 후보 선출에 여론조사를 활용하는 것은 정당정치를 포기한 얄팍한 포퓰리즘"이라고 했다.[59] 서울대학교 교수 박찬욱도 "지금과 같은 정당의 후보 선출 방식은 여론조사의 본질을 모르는 '조사 문맹Research Illiteracy' 현상이자, 정치적 선택이 가요 인기투표와 같다고 여기는 포퓰리즘"이라며 "노선과 이념에 관계없이 누구든 지지율만 높으면 된다는 풍조는 민주주의를 후퇴시킬 것"이라고 주장했다.[60] 한국사회여론연구소장 김헌태는 "(여론조사 경선은) 세계적 망신거리"라고 했다.[61] 『조선일보』 기자 주용중은 "당 후보를 여론조사로 뽑는 나라는 우리나라와 대만뿐이다. 대만은 국민당의 일당통치에서 벗어난 지 10년도 되지 않는 민주정치의 후발국이다. 우리가 구태여 그런 나라의 제도를 본받을 이유는 없다. 여야는 여론조사를 여론조사 본연의 자리로 되돌려 놓아야 한다"고 주장했다.[62]

정당 내 여론조사 경선의 원조는 2002년 대선 직전 여론조사로 성사된 노무현·정몽준 후보 단일화였다. 당시 단일화의 드라마적 가치가 위낙 커 대충 넘어가긴 했지만, 그건 여론조사 오·남용의 극치를 보여준 사건이었다. 지금도 '드라마적 가치'에만 집착해 그 사건을 재현하려는 시도만 왕성하게 이루어질 뿐, 왜 그게 문제였는지에 대해선 아무런 성찰도 찾아볼 수 없다.

왜 그럴까? 전문가와 일반 민심의 괴리가 크기 때문이다. 전문가들은 정당정치의 원리를 내세워 여론조사 경선을 비판하지만, 정당을 포장마차보다도 수명이 짧은 것으로 알고 있거니와 실제로 그렇게 경험해온 유권자들로선 별 문제의식을 느끼지 못하기 때문일 것이다.

여론조사 자체를 못하게 했던 독재정권 시절의 상흔이 유권자들의 뇌리에 '여론조사=민주주의'라는 등식을 성립시킨 점도 있다. 선거에 여론조사가 도입된 것은 1987년에 치러진 제13대 대통령선거 이후였으니, 이제 겨우 30년의 역사를 갖고 있는 셈이다. 자유롭게 자기 의사 표현을 해도 괜찮더라는 걸 알고 솔직하게 여론조사에 임한 건 1990년대 말부터라고 보아야 하지 않을까?

여론조사 경선을 선호하는 정치인들에게도 비슷한 상흔이 있다. 당내 민주화가 안 되어 있던 시절 여론조사는 이른바 '보스 정치'를 타파할 수 있는 최상의 수단이었다. 여론에 따른 '상향식' 공천과 의사 결정은 무슨 개혁의 보증수표인 양 떠받들어지던 시절이 꽤 길었던 것이다. 그런 의식 때문에 정치적 열세를 순식간에 만회해 보려는 한탕주의 심리가 작동하고 있다고나 할까.

국회의원들의 직업적 문화 또는 행태는 그 속성상 늘 한탕주의 심리로 가득하다. 그들은 뜨지 않으면 죽는다는 강박에 시달리고 있다. 이 강박은 국정감사 때에 잘 드러난다. '언론플레이'라는 표현도 점잖은 말이다. '필사적 몸부림'이라는 게 더 적합한 표현이다. 언젠가 모 의원은 국정감사 전에 보좌진 전원에게서 '각서'를 받았는데, 그 내용은 "의원의 국감 활동이 언론에 제대로 부각되지 않으면 해고를 감수한다"는 내용이었다. "TV 9시 주요 뉴스에 보도되면 10점, 신문 1면 톱에 실리면 10점" 등 구체적인 '성적표 작성 방식'까지 정했다고 한다.

그런 언론플레이에 취약한 언론도 문제가 있지만, 이런 문제는 의원이나 언론 탓만 할 일은 아니다. 유권자들에게도 문제가 있다. 별 업적이나 실적이 없는 정치인이라도 언론 매체를 타서 유명해지면 금방 여론조사에서 유력 정치인 리스트에 오르는 세태에선 의원들이 언론 보도에 목숨을 걸 수밖에 없기 때문이다.

한국 여론 형성 구조의 10가지 특성

그런데 또 알고 보면 유권자들도 구조의 포로다. 무슨 구조인가? 한국의 독특한 여론 형성 구조다. 그 구조의 가장 큰 특성은 잦은 '변심'이다. 전여옥은 "변심은 유권자의 기본이자 특권"이라고 했다.[63] 정치인으로선 백번 옳은 말이다. 민심은 무조건 위대한 것이며 그래야만 한다. 유권자의 표가 정치인의 존재근거기 때문이다. 그러나 변심의 이유는 알아야 할 것 아닌가. 청춘 남녀 사이의 변심에도 이유는 있는 법인데, 여론조사나 투표에서 변심의 이유가 없을 리 없다.

그런데 우리는 사회적 차원에서도 무조건 유권자의 변심을 정당화·미화하는 쪽으로만 치닫고 있다. 모두 다 '대중의 지혜'의 신봉자들 같다. 그렇지만 '대중의 지혜'는 하나마나 한 소리다. 구조적으로 대중은 늘 지혜롭게 되어 있기 때문이다. 대중은 그 자체의 힘(머리 수 파워) 때문에 대중의 선택은 정당화되고 지혜가 되게끔 되어 있다. 대중은 이미 '지혜'라는 답을 내장하고 있는 개념인 것이다. 예컨대, 대중이 선거에서 아주 어리석은 선택을 했을망정 그걸 무슨 수로 꾸짖을 것이며 바로잡을 수 있겠는가? 게다가 그런 선거에서 과실을 챙긴 사람들이 앞다투어 '대중의 지혜'를 역설할 게 뻔한데 말이다.

우리는 여론의 변심 이유를 캐는 데에 너무 게으르거나 아니면 너무 선거 전문가 같은 냉소로 대응하고 있다. 누군가가 이벤트 한 건을 잘 올려 지지율이 좀 오르면, 너무도 쉽게 편승해 곧 눈덩이 효과를 만들어 내고야 만다. 대중을 폄하하는 건가? 아니다. 오히려 정반대다. 한국 여론 형성 구조의 10가지 특성을 지적하면서 이야기를 해보자.

첫째, 미디어의 1극 중앙집권 구조로 인해 '쏠림'이 심하다. 우리는 자연스럽게 여기지만, 전 국민의 미디어 이용 시간의 90퍼센트 이상을 점유하는 미디어가 한 도시에 집중되어 있다는 건 놀랍게 생각해야 할 사실이다. 그런 지리적 집중성과 더불어 학연·학벌주의로 인해 미디어 종사자들의 동질성이 매우 높아 '쏠림'을 악화시킨다.

둘째, 강한 외부 지향성과 타인 지향성으로 인해 '편승'이 심하다. 그래서 "지지율이 높기 때문에 지지한다"는 동어반복 현상이 상례화되어 있다. 이는 각 개인의 신념 구조나 그 어떤 사실적 기반에 의해 형성된 여론이 아니기 때문에 여론의 불안정성과 휘발성을 낳는 주요 이유가 되고 있다.

셋째, '반감의 정치'로 인한 반사적 성격이 강하다. 정치에 대한 냉소·불신이 강해 정치적 지지는 지지 대상에 대한 '포지티브' 심리보다는 반대 대상에 대한 '네거티브' 심리에 의해 형성된다. 이 또한 여론의 불안정성과 휘발성을 낳는 주요 이유가 되고 있다.

넷째, 정당정치의 기반이 부실해 일관성이 약하다. 일종의 악순환이라고나 할까. 정치에 대한 불신·혐오 때문에 기존 정당보다는 늘 신진 세력을 선호하는 여론이 정당정치의 부실화를 가져오는 역설을 낳고 있다.

다섯째, 인물 중심주의 문화가 강해 지속성이 약하다. 기득권 세력에 대한 총체적 불신과 반감으로 인해 새로운 인물을 대안으로 모색하는 성향이 농후하다. 물론 그로 인한 좋은 점도 있겠지만, 여론의 불안정성과 휘발성은 피할 길이 없다.

여섯째, 지역주의적 고려가 이슈·정책 파워를 약화시킨다. 지역주의적 고려는 바람직하지 않다는 걸 모든 사람이 당위적으론 인정하기 때문에 이는 기존 여론조사 방식으론 잡아내기 어렵다. 그래서 더욱 문제가 된다.

일곱째, 드라마와 이벤트에 약한 감성 체질이다. 타고난 감성 체질도 있겠지만, 앞에 지적한 이유들이 감성 파워를 키워 드라마와 이벤트의 가치를 증대시킨다. 드라마와 이벤트의 바탕엔 그 어떤 시대정신이 깔려 있을 수도 있기 때문에 부정적으로만 볼 일은 아니지만, 여론 형성의 안정성을 해치는 건 분명하다.

여덟째, 여론 선도자의 기능이 강해 조작에 취약하다. 이 문제는 인터넷과 SNS 시대에 이르러 증폭되고 있다. 앞서 지적한 '쏠림'과 '편승'은 여론 형성 초기에 이른바 '작전 세력'이 활개 칠 수 있는 가능성이 크다는 걸 의미하는 것이기도 하다.

아홉째, 바람에 약하고 바람을 사랑한다. 이는 그간 한국 정치에서 대체적으로 보아 긍정적 영향을 미쳐왔다. 기득권 구조를 일시에 허물어버릴 수 있는 물갈이를 가능케 한다거나 기득권 세력에 경고의 의미를 보내왔다는 점에서 그렇다.

열째, 성찰을 어렵게 만든다. 이는 바람에 약하고 바람을 사랑하는 여론 형성 구조의 치명적인 약점이다. 바람기는 유권자의 특권이라지만, 그게 지나치면 대접받지 못한다. 정치인들은 여론을 무서워하는 동시에 여론을 깔보기 때문이다. 언제든 바람 한 번 불면 쉽게 뒤집어질 수 있다고 보기 때문에, 자신의 과오를 심각하게 성찰하기보다는 바람을 만들 수 있는 드라마·이벤트를 연출하는 데에 집중한다. 이는 정치인들의 한탕주의를 창궐케 하고 성찰의 씨를 마르게 하는 결과를 초래한다. 선거나 여론조사에서 자기 입맛에 맞는 결과가 나오면 '대중은 위대'하고, 자기 입맛에 맞지 않으면 '반대편의 음모와 방해' 때문에 또는 유권자가 어리석거나 탐욕스럽기 때문에 그렇다는 식의 이중 잣대가 만연해 있는 것도 바로 그런 대중 폄하에서 비롯되는 것이다.

여론조사는 게임이자 엔터테인먼트다

이제 이야기를 정리해보자. 사람들의 '면대면 관계old face-to-face

relationships'와 '마을 회의the small-town meeting'에 대한 강한 향수를 갖고 있던 갤럽은 엘리트주의적 이상이 미국 민주주의를 훼손한다고 보았으며 여론조사가 그 견제책이라고 생각했다. 정치적 의사 결정을 엘리트 마음대로 하지 말라는 것이다.[64]

자신이 지식인이자 전문가이면서도 지식인과 전문가를 불신한 갤럽은 엘리트 지배와 민주적 정부는 양립 불가하다고 생각했다. 그래서 갤럽을 가리켜 시민들의 일상에서 집단지성을 신뢰한 '대초원 포퓰리스트Prairie populist'라고 말하는 이들도 있다.[65]

그러나 방법이 문제지, 갤럽의 꿈을 어찌 포퓰리즘이라고 폄하할 수 있겠는가. 다만 한 가지 분명한 사실은 오늘날 갤럽의 꿈은 사라지고 없다는 점이다. 여론조사가 돈벌이가 된다는 것을 눈치 챈 사람들이, 또 여론조사를 정치적 목적으로 이용할 사람들이 여론조사를 양산해내고 또 언론이 비교적 생산원가가 싸게 먹히는 뉴스의 일종으로 여론조사 결과를 함부로 이용함에 따라 여론조사는 그 본래의 목적을 상실한 채 오히려 매우 무책임하고 변덕스런 정부를 만들어내는 데에 일조했을 뿐만 아니라 여론조작을 더욱 쉽게 만들어주는 결과까지 초래하고 말았다.

대중은 여론조사를 일종의 게임으로 즐길 뿐이기 때문에 바람 따라 노는 것에 별 문제의식을 갖고 있지 않다. 여론조사는 범국민적 오락인 셈이다. 일종의 '바람 놀이'다. 굳이 좋게 말하자면, 정열과 소신의 부질없음을 깨달은 체념과 냉소의 지혜라고나 할까. 가벼운 인상 비평의 수준에서 자신의 선택을 게임으로 여기는 기존 '여론조사 공화국' 체제는 신축성·융통성·역동성 등과 같은 그 나름의 장점이 있으므로 부정적으로만 볼 일은 아니지만, 그 사회적 비용은 성찰의 고갈과 더불어 정치적 불확실성·불안정성의 증대다.

하긴 그게 엔터테인먼트의 묘미긴 하다. 그런데 엉뚱한 의문이 든다. 한국인은 진정 정쟁政爭을 혐오하는가? 혹 욕하면서 즐기는 건 아닌가? 싸움 구경만큼 재미있는 게 어디 있겠는가만서도 정치를 엔터테인먼트 산업으로 여겨도 좋을 만큼 세상이 편안하지 않은 게 문제다.

여론조사는 SNS 시대에 어떻게 바뀔까? 송인혁·이유진은 "트위터의 메시지 전파력과 소통성에 의거해서 주고받고 있는 서비스 중의 하나가 소셜 설문조사 시스템이다. 소위 '실시간 여론조사' 방법이다"며 이렇게 말한다. "앞으로 갤럽과 같은 여론조사 기업이 망할 수도 있겠다는 생각을, 트위터를 하는 사람들이라면 한 번쯤 해보았을 것이다. 게다가 단순한 설문조사뿐만 아니라 전문 여론조사 기관 뺨칠 수준의 여론조사 툴을 무료로 제공하는 서비스들도 속속 등장하고 있기 때문에 앞으로의 추이가 주목된다."[66] 그러나 그 어떤 변화가 일어나든 여론조사 결과가 미디어의 상업적 목적으로 활용되는 현 체제하에선 갤럽의 꿈은 꿈으로만 머무를 가능성이 크다.

그렇게 당해 놓고도 또 당하겠다는 걸까? 그건 아닌 것 같다. 망신을 당하는 것도 팔아먹을 수 있는 뉴스가 된다. 그렇다면 당한 게 아니라 알면서도 장사를 위해 같이 미쳐 돌아가는 것으로 보는 게 옳을 것 같다. 실러는 "여론조사는 현상 유지를 위한 매춘"이라고 했지만, 그런 거친 표현보다는 여론조사는 "여론조사로 먹고사는 사람들을 위한 게임이자 그 게임을 즐기는 사람들을 위한 엔터테인먼트"라고 하는 게 어떨

자기계발과 PR의 선구자들

까? 여론조사 결과에 일희일비一喜一悲하지 않고 긴 안목과 호흡으로 세
상을 살아가는 건 결코 쉬운 일이 아니다.

데이비드 오길비

데이비드 오길비

1911~1999

2

왜 소비자는 바보가 아니라
당신의 부인인가?

데이비드 오길비의 '광고 철학'

'광고에서 사기꾼, 야바위, 약장수 분위기를 벗겨낸 인물'

"자, 상인의 나라가 됩시다. 그렇다고 광고인의 나라가 될 필요는 없습니다Let us be a nation of shopkeepers as much as we please, but there is no necessity that we should become a nation of advertisers."

1848년 영국의 풍자 전문 잡지 『펀치Punch』에 실린 글이다. 영국 출신으로 미국에서 활동한 광고인 데이비드 오길비David Ogilvy, 1911~1999가 1963년에 출간한 『어느 광고인의 고백Confessions of an Advertising Man』에서 광고인에 대한 영국인의 혐오를 말하기 위해 소개한 것이다. 이어 그는 "영국에서 지금까지 살아 있는 5천 5백 명의 기사, 준남작baronets, 그리고 귀족들 중 광고인은 단 한 명뿐이다"고 개탄했다.[1]

영국인만 광고를 혐오했던 건 아니다. 프랑스인들 역시 마찬가지였다. "내가 광고회사에서 일한다는 걸 엄마에겐 말하지 마세요. 엄만 내가 창녀촌에서 피아노를 친다고 생각할 거예요." 프랑스의 프랑수아 미테랑Francois Mitterrand, 1916~1996 대통령 선거 캠페인을 담당한 파리의 한 광고대행사 사장이 쓴 자서전의 제목이다. 1983년에 출간한 『오길비의 광고론Ogilvy on Advertising』에서 이걸 소개한 오길비는 "불쌍한 양반 같으니"라고 조소하면서 다음과 같이 말한다.

"우리의 일이 여론을 연구하는 것인 만큼 우리는 일반 대중이 광고인을 건달 정도로 생각한다는 사실을 알고 있다. 갤럽 박사는 최근 사람들에게 정직성을 기준으로 24개의 직업을 순서대로 나열해보라고 요구했다. 최상위권에는 성직자가 있었고 최하위권에는 노동조합장, 자동차 판매사원, 광고실무자 등이 있었다. '광고장이'에 대한 고정관념은 쉽게 사라지지 않는다. 그러나 나는 광고장이들에 대한 이미지가 초라하다고 해서, 우리 중에 밤잠을 설치는 사람이 있다고 생각하지는 않는다. 나는 내 직업을 포기하고 성직자가 되고 싶은 마음이 조금도 없다. 나는 내 일을 즐기며 때때로 내가 거둔 성과를 자랑스럽게 생각한다."[2]

수십 년 전의 옛날이야기이거니와 광고대행사가 구직자들 사이에서 최상위권에 속할 정도로 높은 인기를 누려온 한국에선 전혀 와닿지 않는 말이지만, 한 가지 시사해주는 건 있다. 오길비는 광고인의 직업적 위상의 향상을 위해 애쓴 대표적 인물이라는 점이다.

후배 광고인들을 위한 조언을 많이 한 오길비는 1955년 광고인이 가져야 할 자세라며 이런 말을 하기도 했다. "소비자는 바보가 아니라 당신의 부인이다The consumer isn't a moron; she is your wife." 『어느 광고인의 고백』에 실려 유명해진 이 말은 광고의 부정적 효과를 역설하는 사람들에게 대중은 조작당하는 못난이들이 아니라는 광고 옹호론의 대표적 메시지이자 광고인의 직업적 윤리를 돋보이게 만든 명언으로 자주 인용된다.[3]

"이 세상 구석구석을 다 찾아보라. 위원회를 기리는 동상은 없다Search all your towns and all your cities, you'll find no statues of committees." 오길비가 회사 내에서 집단사고group think를 경계하라며 한 말이다.[4]

이렇듯 말을 재치 있게 잘하는 오길비는 세계적인 다국적 광고회사 오길비앤드매더Ogilvy & Mather의 설립자이자 '브랜드 이미지 전략brand image strategy'을 체계화한 광고인으로, 시사주간지 『타임』에 의해 '크리에이티브의 제왕'이라고까지 불린 인물이다. 그를 아예 '광고의 아버지The Father of Advertising'라고 부르는 사람도 많다. 그럼에도 그에게 가장 영광스러운 칭호는 1953년 미국 광고업계 전문지인 『프린터스잉크Printer's Ink』가 내린 평가가 아닐까? "오길비는 매디슨가의 양심이자 촉매 역할을 하는 광고인이 되었다."[5]

다른 광고업계지인 『매디슨애버뉴』도 이런 평가를 내렸다. "오길비가 광고에 대해 말하면 이 나라에서 일찍이 있어본 적이 없었던 품위가 광고에 생긴다. 그는 광고에서 사기꾼, 야바위, 약장수 분위기를 벗겨낸다. '진실을 말하라'라고 계속 재촉한다."[6]

교사들과 논쟁하고 교과서가 틀렸다고 주장한 아이

오길비는 1911년 6월 23일 영국 런던 근교 웨스트 호슬리West Horsley

에서 스코틀랜드 혈통의 몰락한 귀족 후예인 아버지와 아일랜드 혈통 어머니의 5남매 중 넷째로 태어났다. 오길비가 10세 때 그의 부모는 선생님에게서 이런 통지표를 받았다.

"아이가 매우 창의적이고 영어를 잘합니다. 교사들과 논쟁하려 드는 경향이 약간 있으며 교사들에게 자신이 옳고 책들이 틀렸다고 주장합니다. 아이가 창의적이라는 증거일 것입니다. 하지만 그런 버릇은 고치는 것이 현명하다고 생각하며 아이가 스스로 고치려고 노력하기를 바랍니다."[7]

창의성은 계급에 따라 달라지는 개념이다. 부잣집 아이가 창의적인 것은 키워줄 일이지만, 가난한 집 아이가 창의적인 것은 골치 아픈 일이다. 이와 같은 통지표를 보낸 교사의 생각이 그랬을지도 모르겠다. 오길비는 찢어지게 가난한 집 아이였다. 오길비는 1982년에 가진 인터뷰에서 "세 살 때 아버지가 무일푼이 된 후부터 빈곤의 연속이었습니다. 아버지의 수입은 연봉 1천 달러에도 못 미쳤습니다. 그 수입으로는 5명의 아이들을 학교에 보낼 수가 없었지요"라면서 다음과 같이 말했다.

"나는 옥스퍼드대학에서 역사학 장학금을 받았으나 우울증에 걸려 시험에 낙제하자 퇴학 처분을 당했습니다. 그 일은 평생 후유증을 낳는 계기가 되었습니다. 말하자면 문화, 문명생활로부터 혜택을 받지 못하게 되었죠. 그래서 다른 계급의 인간이 되고자 노동자가 되었습니다. 파리에 가서 마제스틱호텔의 주방에서 요리사로 일했습니다. 이것은 좋은 경험이 되었습니다. 노동조합이 없었기 때문에 일주일에 63시간이나 근무했습니다. 그 무더위 속에서 쩔쩔매면서요. 거기서 나는 조리사 세계에서 돈을 버는 사람은 조리장뿐인데, 조리장이 되려면 35세 이상이 아니면 안 된다는 사실을 깨달았습니다. 그 당시 나는 22세였지요. 그렇게 더운 곳에서 거지 같은 생활을 13년간이나 계속한다는 것은 참을 수 없었습니다."[8]

그렇지만 오길비가 그곳에서 확실하게 배운 게 하나 있었는데, 그건 바로 리더십이었다. "무시무시한 개인에 의해 지휘되는 조직이 아니면 뛰어난 광고 작품을 만들어낼 수 없다"는 그의 지론은 마제스틱호텔의 주방에서 터득한 것이다. "나는 주방장인 무슈 피타르Monsieur Pitard가 주방장 직원들의 사기를 드높이는 방법을 지켜보면서 나의 광고 회사를 경영할 때의 리더십을 저렇게 가져가야겠다고 항상 믿어왔다."[9]

학창 시절에 마크 트웨인Mark Twain, 1835~1910의 책을 열심히 읽어 방랑벽을 얻게 되었기 때문일까? 오길비는 1년 후 다시 스코틀랜드로 돌아가 이번에는 아가 쿠커Aga Cookers라는 이름의 고급 부엌 스토브 외판원이 되었다. 이 세일즈에서 큰 성공을 거둔 그는 고용주의 요청에 따라 다른 외판원들을 위한 안내서인 「아가 쿠커 판매의 이론과 실제The Theory and Practice of Selling the AGA cooker」라는 팸플릿을 만들었다. 30여 년 후 『포천Fortune』에 의해 역사상 최고의 판매 교본으로 선정된 이 팸플릿은 당시 그에게 새로운 일자리를 제공해주었다. 런던의 매더앤드크로더Mather & Crowther라는 광고회사에 다니던 형 프랜시스Francis가 그 팸플릿을 회사 경영진에 보여주자, 회사가 오길비를 특채한 것이다.[10]

맨해튼의 고층빌딩을 보고 감격의 눈물을 흘리다

당시 영국에 비해 30년은 앞서가는 것으로 평가되던 미국 광고계를 동경한 오길비는 1938년 회사를 설득해 1년 연수 과정으로 뉴욕으로 건너갔다. 처음에 형식은 그랬지만, 광고의 본고장인 미국에 가서 승부를 걸어보고 싶은 욕심으로 미국에 눌러앉을 생각이었던 것 같다. 잘나가는 형의 그늘에서 벗어나고 싶다는 생각과 더불어 돈에 대한 욕심도 컸다. "좁은 영국보다 미국에서 돈을 세 배 더 벌 수 있을 것이라고 생각했습니다."[11]

3등 선실 여객선을 타고 뉴욕에 도착한 오길비는 맨해튼의 고층빌딩이 운집한 스카이라인을 보고 기뻐서 감격의 눈물을 흘렸으며, 매디슨가를 거닐며 전율했다. "나는 영앤드루비컴의 광고를 보거나 라디오에서 들을 때 경외감에 사로잡혔습니다. 그 상카Sanka 커피 광고! 나는 그런 것들에 완전히 빠져버렸습니다." 오길비는 그곳에서 카피라이터 로저 리브스Rosser Reeves, 1910~1984를 만나 친분을 쌓는 행운을 누릴 수 있었다. 리브스는 오길비보다 한 살밖에 더 먹지 않았지만 업계 경험은 아버지뻘이었기에 오길비는 제자처럼 리브스의 경험담을 경청했다.[12]

이렇다 할 스펙이 없어 뉴욕에서 광고회사 입사에 실패한 오길비는 뉴저지주 프린스턴에 있는 조지 갤럽George H. Gallup, 1901~1984의 '수용자조사연구소Audience Research Institute'에 입사했다. 당시 이곳은 갤럽이 주관하긴 했지만, 갤럽은 광고대행사 영앤드루비컴Young and Rubicam의 리서치 책임자로 일하고 있었다. 오길비는 이곳에서 3년간 영화 업계에 대한 조사를 포함하여 400건 이상의 서베이를 진행하면서 광고 조사의 중요성을 깨닫게 되었다.

1939년부터 은밀하게 영국 정부에 미국 여론을 알려주는 일을 부업으로 했던 오길비는 제2차 세계대전 중에는 영국 비밀 정보부에 들어가 워싱턴의 영국 대사관에서 정보 보안 분석 업무를 맡았다. 그는 갤럽의 조사 테크닉을 비밀 정보 분야에 적용할 수 있는 보고서를 작성했는데, 이는 미군의 '심리전위원회Psychological Warfare Board'에 채택되어 유럽에서 활용되었다. 오길비가 이 시절에 공부하고 연구한 전쟁 프로파간다의 원리는 나중에 그의 광고 사업에 큰 도움을 주었다.[13]

오길비는 전쟁이 끝나자 펜실베이니아주 랭커스터 카운티Lancaster County의 아미시Amish 농장에 들어가 3년간 담배 농사를 짓는 이색적인 삶을 살지만, 종국엔 자신이 농부로는 어울리지 않는다는 사실을 깨닫고 뉴욕 광고계로 복귀했다. 그는 영앤드루비컴에 입사하고 싶었지만, 자신을 받아줄 것 같지 않아 직접 작은 광고대행사를 차리기로 했다.

오길비는 1948년 '뉴욕의 영국 광고회사'를 내세운 '휴잇오길비벤슨앤드매더Hewitt, Ogilvy, Benson & Mather'를 창설했다. 말이 좋아 회사지 직원은 2명밖에 없는 구멍가게 수준이었다. JWTJ. Walter Thompson에서 AE로 일하던 앤더슨 휴잇Anderson F. Hewitt을 대표이사로 영입하고 자신은 조사 담당 부사장research director 겸 카피라이터 역할을 맡았다. 처음엔 동업 형식이었지만, 오길비는 결국 이 회사를 지배하면서 1965년 오길비앤드매더Ogilvy & Mather로 이름을 바꾸게 된다.[14]

오길비는 조지 갤럽에게서 무엇을 배웠는가?

창업 당시 오길비가 갤럽에서 어떤 도움을 받았는지는 알려져 있지 않으나, 오늘날 갤럽은 당시 오길비에게 큰 도움을 주었다고 주장하고 있다. 2015년 5월 『조선일보』가 주최한 아시안리더십콘퍼런스에 참가하기 위해 방한한 갤럽 회장 짐 클리프턴Jim Clifton은 『조선일보』 인터뷰에서 "GE처럼 큰 기업들이 규모는 작지만 경쟁력 있는 기업들을 사들였지만, 갤럽은 다르다. 갤럽에서 분사한 기업들이 100개가 넘는다"며 다음과 같이 말했다.

"갤럽의 창립자인 조지 갤럽 박사가 갤럽을 경영하던 시절 갤럽이 광고업에 뛰어들어야 한다고 주장한 직원이 있었습니다. 갤럽 박사는 본인은 여론조사에만 관심이 있다고 답했습니다. 하지만 그것이 좋은 아이디어라고 생각하고, 그가 창업을 하겠다고 하면 도와주겠다고 말했습니다. 갤럽 박사는 그 젊은이가 자신의 사무실에서 새로운 광고 에이전시를 시작할 수 있도록 도와주었습니다. 그 젊은이의 이름이 바로 데이비드 오길비입니다. 세계에서 가장 훌륭한 광고 회사 가운데 하나인, 오길비앤드매더의 설립자인 데이비드 오길비 말입니다. 갤럽 박사가 그로부터 보상을 받은 것은 전혀 없습니다."[15]

오길비가 살아 있다면 클리프턴의 이런 '자가 발전'엔 동의할 것 같지 않다. 오길비가 갤럽에서 많이 배운 건 사실이지만, 오늘날 한국에서 유행하는 표현으로 말하자면 그는 내내 '열정페이'에 시달려야 했기 때문이다. 오길비는 그 시절에 대해 다음과 같이 회고했다.

"갤럽에게는 실로 많은 것을 배웠습니다. 조사에 관한 공부도 했지요. 당시 그는 영앤드루비컴의 조사부장으로 있었는데 요인 분석을 하고 있었습니다.……급료는 주당 40달러밖에 되지 않았습니다만, 할리우드에서는 데이비드 셀즈니크나 샘 골드윈 같은 거물급 인사를 만났습니다. 교섭도 했지요. 혼자서 말입니다. 전화도 자주 했습니다. 그러나 그렇게 열심히 일했는데도 급료는 고작 주당 40달러뿐이었습니다."[16]

그런 열정페이에 한이 맺혔는지 오길비는 자서전에서 매우 인색한 임금을 주는 것이 갤럽의 '유별난 기벽curious quirk'이라고 했다. 자신만 그런 대접을 받은 게 아니라 갤럽 밑에서 일하다가 나중에 크게 출세한 사람들도 박한 급료를 받았다며, 일일이 이름과 주급의 액수를 열거했다. 그러면서도 오길비는 자신은 물론 다른 사람들도 갤럽을 원망하진 않았다고 밝혔다. 이유는 단 하나. 갤럽에서 너무 많은 걸 배웠기 때문이라는 것이다.[17]

오길비는 한 걸음 더 나아가 자신이 갤럽과 일했던 것은 일생 최대의 행운이었다며, 다른 사람들에게도 그 '행운'을 권했다. "외국에서 출세하기로 결심했다면 그 지역 갤럽에 취직하는 것이 제일이다. 그 일을 통해 그 나라 사람들이 인생에서 원하는 것이 무엇인지 그들이 일상생활의 주요 문제에 대해 어떤 생각을 하고 있는지 알 수 있다. 그곳에 사는 사람들보다 그 나라에 대해 더 많이 더 빨리 알게 될 것이다."[18]

오길비는 갤럽에서 한 경험을 자신의 독보성을 내세우는 근거로 내세우기도 했다. "내가 아는 한 나는 유일한 조사 분야 출신의 크리에이티브 거물이다. 나는 조사 결과를 바탕으로 객관적인 시각에서 크리에

이티브의 기능을 판단할 수 있다. 이것이 내가 습득한 가장 값어치 있는 교훈이다."[19]

오길비는 광고대행사를 직접 차린 이후 영앤드루비컴의 공동 창설자인 레이먼드 루비컴Raymond Rubicam, 1892~1978의 도움을 받은 건 인정했다. 사업 초기에 루비컴이 아버지 같이 자신의 일을 돌봐주었다는 것이다. 그는 다음과 같이 회고했다.

"나는 그에게 여러 가지를 상담했습니다. 루비컴은 그때마다 사심 없이 말해주었습니다. 그는 어느 날 우리들이 제작한 캠페인을 보면서 이렇게 조잡한 제작물은 본 적이 없다고 혹평했습니다. 쥐구멍에라도 들어가고 싶은 심정이었지요. 한 달 뒤에 다시 제작한 캠페인 포스터는 마음에 들어 하며 칭찬해주었습니다. 그 사람에게서 커다란 감화를 받았습니다."[20]

100만 부 넘게 팔린 『어느 광고인의 고백』

어떤 기업의 브랜드가 소비자의 마음속에 어떤 자리를 차지하고 있는가? 이 물음을 던지기 위해 미국의 마케팅 전문가 잭 트라우트Jack Trout는 1969년 『인더스트리얼마케팅Industrial Marketing』에 「포지셔닝은 유사제품들이 난무하는 오늘날의 시장에서 하는 게임이다"Positioning" is a game people play in today's me-too market place」라는 글을 기고했다. 이어 다른 마케팅 전문가인 알 리스Al Ries는 『애드버타이징에이지』 1972년 4월 24일자에 「포지셔닝의 시대가 도래한다」라는 기사를 기고했다. '포지셔

닝'은 엄청난 호응을 얻어 하루아침에 광고와 마케팅 담당자들 사이에서 유행어가 되었다.[21]

트라우트는 리스와 더불어 전 세계 21개국에서 광고 단체들을 대상으로 한 포지셔닝 강의를 1,000회 이상 했다. 그러고 나서 두 사람은 1981년 『포지셔닝Positioning: The Battle for Your Mind』이란 책을 출간했다. 이들이 내린 포지셔닝의 정의는 이렇다.

"포지셔닝의 출발점은 상품이다. 하나의 상품이나 하나의 서비스, 하나의 회사, 하나의 단체 또는 한 개인에서부터 시작되는 것이다. 어쩌면 여러분 자신에서부터 시작될 수도 있다. 그러나 포지셔닝은 상품에 대해 어떤 행동을 취하는 것이 아니라, 잠재 고객의 마인드에 어떤 행동을 가하는 것이다. 즉 잠재 고객의 마인드에 해당 상품의 위치를 잡아주는 것이다.……존 린지는 이렇게 말한 바 있다. '정치에서는 인식이 현실이다.' 광고에서도 그렇고, 비즈니스에서도 그러하며, 인생에서도 마찬가지다."[22]

오길비는 포지셔닝을 "제품이 무엇을 할 수 있는가. 그리고 누구를 위한 것인가"라는 물음을 던지는 것으로 정의했다. 그는 도브Dove 비누를 더러운 손을 씻기 위한 남성용 세정제라고 포지셔닝할 수도 있었으나, 그 대신 피부가 건조한 여성을 위한 화장비누로 포지셔닝해서 성공을 거두었다고 말했다. 또 사브SAAB는 노르웨이에서 뚜렷한 특징이 없는 자동차였으나 '겨울을 위한 자동차'로 포지셔닝해 성공을 거두었다는 것이다.[23]

이 포지셔닝 개념을 오길비의 인생에 적용해보면 어떨까? 그는 우선적으로 포지셔닝에 성공한 인물이기 때문이다. 오길비의 포지셔닝에 대해 많은 말을 할 수 있겠지만, 나는 그의 저술 활동을 빼놓을 순 없다고 생각한다.

오길비가 1963년에 출간한 『어느 광고인의 고백Confessions of an Advertising Man』과 1983년에 출간한 『오길비의 광고론Ogilvy on Advertising』 등은 세계적인 베스트셀러 반열에 올랐다. 2004년 『애드위크Adweek』가 광고인들을 대상으로 한 조사에서 오길비가 후배 광고인들에게 가장 큰 영향을 미친 광고인 1위로 뽑힌 것도 바로 이 베스트셀러들 덕분이었다.[24]

특히 『어느 광고인의 고백』은 출간 5년 만에 40만 부 이상이 팔렸고, 1988년경 14개 언어로 번역되어 100만 부 이상이 판매되었고 지금도 계속 팔려나가고 있다.[25] 이 책의 성공 덕분에 오길비는 새로운 광고주들을 영입했을 뿐만 아니라 업계 밖에서도 명성을 얻은 유일한 광고인이 되었다. 백악관 만찬에도 초대되었고, 명예 학위를 받고, 여러 명예의 전당에 헌액되었다. 회사의 국내 매출액도 5,850만 달러에서 1964년에는 7,700만 달러로 늘어났다. 1964년 광고업계지 『갤러거리포트』의 '걸출한 광고대행사 중역' 조사에서 1위는 오길비였다. 늘 솔직했던 오길비 스스로 인정했듯이, "내 책들은 모두 거의 노골적인 오길비앤드매더 광고라고 할 수 있"었다.[26]

반면 오길비가 1978년에 출간한 자서전 『피와 두뇌와 맥주Blood, Brains, and Beer: An Autobiography of David Ogilvy』는 오길비가 시인한 것처럼 '실패작'이 되고 말았다. 이 책은 1997년 『데이비드 오길비 자서전David Ogilvy: An Autobiography』이라는 새로운 이름으로 재출간되었지만 역시 별 재미를 보지 못했다.[27] 베스트셀러가 된 다른 두 책과는 달리 오길비 개인사에 치중하면서 '광고 교과서'로서 그 가치가 약했기 때문인 것으로 보인다. 오길비가 실용주의자였듯이, 그의 독자들 역시 실용주의자들이었던 셈이다.

'처음으로 사람들에게 존경받는 광고를 만들어낸 인물'

『어느 광고인의 고백』은 세계 광고사에서 오길비를 어떻게 포지셔닝했던가? 이 책이 1960년대 중반 영국 광고인들에게 미친 영향에 대해 광고 카피라이터 출신의 영국 작가이자 영화 제작자인 앨런 파커Alan Parker, 1944~는 "우리는 이 책에 매료되었고 언제 어디서나 오길비의 주옥같은 말들을 줄줄 인용하며 대화를 나눌 정도로 그 내용을 달달 외웠다. 당시 상황은 오길비의 '무의미한 권고'를 비난하는 추세였지만……60년대의 광고인들에게 이 책은 모택동의 어록과 같이 대단한 영향력을 지니고 있었다"며 다음과 같이 말했다.

"'99퍼센트의 광고가 어느 누구에게도 아무것도 팔지 못하고 있다'라는 문장으로 시작하는 이 책이 지금까지 그토록 널리 읽혔던 이유를 알아내는 것은 어렵지 않다. 멩켄Mencken에서 처칠Churchill, 사비냑Savignac에서 미코얀Mikoyan까지, 그리고 바넘Barnum에서 올더스 헉슬리Aldous Huxley까지 인용하는 메디슨가의 옥스퍼드 출신 거물 오길비는 처음으로 사람들에게 존경받는 광고를 만들어낸 인물이다."[28]

하긴 그렇다. 광고인들은 윤리 의식이 좀 희박한 사람들로 알려진 시절에 오길비는 그 책에서 "내키지 않는 거래를 시작도 하지 마라"며 성직자가 들어도 감탄할 만한 거래 원칙들을 제시했으니, 어찌 젊은 광고인들이 반하지 않을 수 있으랴. 오길비가 이 책에서 제시한 몇 가지 원칙은 다음과 같았다.

"우리가 자랑스럽게 광고할 수 있는 제품이어야 한다. 기존의 대행사보다 월등히 뛰어난 광고를 만들 자신이 없다면 그 클라이언트는 받아들이지 말아야 한다. 장기간 연속적으로 판매량이 떨어지고 있는 제품은 피한다. 대개 이런 경우, 제품 자체에 하자가 있거나 그 회사의 경영진이 무능력하기 때문이다. 비록 큰 수익은 낼 수 없다 할지라도 훌륭한 광고를 만들 기회는 결코 포기하지 않는다. 광고대행사는 두 주인을 섬길 수 없다. 나는 잠재 고객들에게 항상 우리의 약점을 알려준다. 클라이언트를 가족처럼 생각하기 위해 그들의 주식을 사기도 한다."[29]

괜한 말 같진 않다. 오길비의 부하 직원이었으며 나중에 오길비앤매더의 회장이 된 케네스 로먼Kenneth Roman, 1930~은 입사 첫해인 1963년 크리스마스에 직원 600명이 모두 연례행사에 참석하기 위해 5번가를 행진해 뉴욕현대미술관까지 갔던 일에 대해 다음과 같이 말한다.

"매우 근사한 일이었다. 우리 사무실에 깔려 있는 빨간 카펫처럼 품위 있고 특별한 일이었다. 그 카펫이 없었다면 우리 사무실은 그저 수수했을 것이다. 그날 오길비는 의기양양하게 빙 돌며 행사장 무대에 등장했다. '제가 입은 새 시어스 양복 좀 보세요.' 광고주에 대한 충성을 극적으로 강조하고 사원들에게 광고주의 상품을 쓰라고 은근히 강요한 것이다."[30]

오길비가 대^對광고주 윤리에만 충실한 건 아니었다. 빌보드(도로 입간판)와 같은 광고 공해에 대해서도 매우 비판적이었다. "빌보드가 미국 전체 광고 시장에서 차지하는 비중은 2퍼센트 미만이다. 나는 빌보드가 폐지된다고 해서 자유기업 시스템이 돌이킬 수 없이 손상된다고 믿지 않는다. 누가 빌보드를 지지하는가? 빌보드를 통해 돈을 버는 사람들뿐이다."[31]

브랜드와 광고에 대해 맹렬한 반대 활동을 전개하는 캐나다 작가 나오미 클라인^{Naomi Klein}이 『No LOGO: 브랜드 파워의 진실』(2002)의 본문을 오길비의 말을 길게 인용하는 것으로 시작하는 게 흥미롭지 않은가? 이런 내용이다.

"나 역시 한 개인으로서 좋은 풍경에 대한 열망을 가지고 있고, 광고판이 경관을 망치는 것을 원하지 않는다. 사실 전망이 아주 좋은 곳에 광고판을 세우는 것은 참으로 치사한 일이다. 그래서 나는 매디슨가 ^{Madison Avenue}에서 은퇴하는 대로 소리가 나지 않는 오토바이를 타고 전 세계를 돌아다니면서 밤을 틈타 광고 포스터를 찢어버리는 자경당원 비밀결사를 결성할 생각이다. 이런 선행을 하다 잡힌 우리에게 유죄판결을 내릴 배심원이 과연 몇이나 되겠는가?"[32]

왜 오길비는 광고학 공부를 시간 낭비라고 했나?

오길비는 광고 교육자이기도 했다. 그가 신입사원 교재로 쓰기 위해 30년 광고 인생의 노하우를 총결집한 크리에이티브 가이드북인 『매직

랜턴Magic Lantern』은 수천 개가 넘는 광고 조사 결과를 바탕으로 만들어졌는데, 헤드라인과 바디카피 쓰는 법, 일러스트레이션 창작, TV 광고 구성법, 콘셉트 도출법 등 오길비앤드매더에서 활용되는 창작 원칙들이 체계적으로 수록되어 있다.

오길비의 교육 방식은 일견 좀스러워 보이기도 했다. 예를 들어 인용부호를 찍으면 브랜드 상기율이 28퍼센트 상승하며, 뉴스성 헤드라인 열독률은 22퍼센트 높으며, 광고 독자의 80퍼센트는 바디카피를 읽지 않고 헤드라인만 읽는다는 따위의 것들이 신입사원들에게 처음부터 큰 감명을 주기는 어려웠을 게다. 그래서 신입사원들은 "이런 법칙이나 제한들을 지킨다면 아주 따분한 광고가 나오지 않을까요?"라고 반대 의견을 표명했는데 그의 대답은 단호했다.

"지금까지는 그런 일이 없었습니다.……셰익스피어는 (일정한 운율의 14행시인) 소네트sonnet를 엄격한 규칙 아래 만들었어요. 약강 5보격iambic pentameter과 운을 가진 3개의 4행 및 2행 연구聯句: rhyming in the three quartrains and a couplet를 사용해서 말입니다. 근데 그 소네트가 따분했습니까?"[33]

일견 좀스러워 보이는 법칙들을 강조하긴 하지만, 오길비는 기본적으론 인문학적 소양을 강조하는 광고인이었다. 오길비는 광고인의 이미지를 인문학적 박학다식과 연계시켰으니 후배 광고인이 어찌 존경하지 않을 수 있으랴. 『어느 광고인의 고백』은 사실상 인문학 서적이라고 해도 좋을 정도였는데, 오길비는 이 책에서 언어의 중요성을 다음과 같이 강조했다.

"광고는 언어의 산업이다. 하지만 광고회사들은 글을 잘 쓰지 못하는 사람들 때문에 병들어 가고 있다. 실제로 카피나 기획안조차 써내지 못하는 사람들이 있다. 마치 메트로폴리탄 오페라 무대에 서 있는 청각장애인처럼 말이다."[34]

오길비는 그런 인문학적 지향성 때문에 광고학에 대해서도 냉소적이거나 적대적이었다. 그는 1982년에 가진 인터뷰에서 "광고를 가르치는 분들이 많이 있기 때문에 말하기 뭐하지만 미국에는 70여 개 대학에 광고 강좌가 있고 학위를 주는 대학도 있습니다"라면서 다음과 같이 말했다. "내 생각으로는 그런 공부는 시간 낭비라고 생각합니다.……대학에서 지리나, 경제, 물리, 라틴어 등을 공부하는 것은 아주 좋지만, 광고는 그렇게 좋지 않다고 생각합니다. 오히려 광고 같은 것을 공부하지 않은 사람이 더 낫지요. 이런 말은 하고 싶지가 않아요. 광고 전공 교수들에게 미움을 받고 싶지는 않으니까요."[35]

자신이 정통 코스를 밟지 않은 광고인이라서 그런 걸까? 그는 자신이 걸은 길을 추천했다. 대학 졸업 후 광고 이전에 세일즈를 먼저 배우라는 것이다. "세일즈를 하십시오. 그것도 업계와의 거래가 아니라 소비자를 상대로 하는 판매를 하는 편이 좋습니다. 세일즈 경험을 쌓을 필요가 있습니다. 그다음에 조사 일을 하는 것이 좋습니다."[36]

'장미 폭탄' 공세로 이룬 멀린다와의 결혼

오길비의 결혼도 세일즈의 승리였다고 해도 과언이 아니다. 오길비는 무일푼 시절이었음에도 로저 리브스와 친분을 쌓을 때 리브스의 부인과 만난 자리에서 그녀의 여동생을 만나고 싶다고 했다. 그 여동생은 줄리아드 음대생인 멀린다 스트리트Melinda Street로 당시 18세였다. 스트리트에게 첫눈에 푹 빠져버렸지만, 내세울 만한 게 없었다. 게다가 건방까지 떨었다. "그녀는 그가 거만하고 젠체한다며 한눈에 그를 싫어했다. 다음 날 그녀의 방은 장미로 가득 차 거의 문이 안 열릴 지경이 되었다. 마침내 그녀가 데이트에 응했다. 일주일 뒤, 그러니까 겨우 네 번 데이트를 한 뒤 그들은 약혼했다. 그들의 아들 말마따나 오길비는 정말 대단한 세일즈맨이었다."[37]

그러나 세일즈도 지나치면 독이 되는 법이다. "1957년 어느 주말 오길비는 아내 멀린다와 함께 한 하우스 파티에 갔는데 특유의 충동적이고 낭만적이고 피 끓는 경솔함 탓에 일요일에 돌아올 때는 다른 남자의 아내와 함께였다. 그 무렵 십팔 년의 결혼생활이 무너져가고 있던 참에 이날 다시 사랑에 빠진 것이다.……오길비는 멀린다와 이혼하고 바로 그해에 앤 캐벗Anne Cabot과 결혼했다. 오길비를 사랑했던 멀린다는 재혼하지 않았다."[38]

앤 캐벗의 남편인 톰 캐벗의 가문은 보스턴의 명문가로 매사추세츠 종합병원, 보스턴 교향악단, 하버드대학 등이 캐벗가의 기부로 세워졌을 정도로 상류 귀족 계층이었다. 그래서 한 친구는 오길비가 앤 캐벗과 결혼했다고 말하는 건 정확하지만은 않다고 말했다. "그는 앤 플린트와 결혼했지요. 톰 캐벗과 결혼했던 앤 플린트요. 하지만 그는 사람들이 자신이 보스턴 출신의 캐벗 가문 여자와 결혼했다고 생각하기를 바랐어요."[39]

오길비는 멀린다와의 결혼생활에서 유일한 자식인 아들 데이비드 페어필드 오길비David Fairfield Ogilvy를 두었다. 그는 1973년 프랑스에서 스물다섯 살 연하의 헤르타 랜스Herta Lans와 세 번째 결혼을 했으니, 앤과의 사랑은 16년간 지속되었던 셈이다.

오길비는 세 번째 결혼을 한 바로 그해에 오길비앤드매더 회장을 물러나 방이 30개나 있는 프랑스의 고성古城 투푸Château de Touffou를 구입해 은퇴 생활을 즐기면서 때때로 오길비앤드매더 지사의 일을 도와주거나 전 세계를 다니면서 강의를 했다.

오길비앤드매더가 1989년 영국의 WPP 그룹에 의해 8억 6,400만 달러에 적대적 인수합병을 당하자, 오길비는 이것을 자신에 대한 모독으로 생각했지만 비상임 사장의 지위를 수락하는 것으로 자신이 느낀 모욕감을 달래는 수밖에 없었다. 그는 늘 열망하던 기사 작위는 받지 못했지만 1967년 엘리자베스 여왕에게서 훈작사勳爵士, knight of the carpet 작위를 받았다. 그는 1999년 7월 21일 투푸 성에서 세 번째 부인인 헤르타 랜스와 외아들, 손주들이 지켜보는 가운데 88세를 일기로 숨을 거두었다.[40]

오길비의 정치적 성향에 대해선 잘 알려진 게 없지만, 1952년 대선은 오길비의 정치적 성향을 엿보게 해준 선거이기도 했다. 그의 손윗동서인 로저 리브스는 20초짜리 TV 광고에 공화당 후보 드와이트 아이젠하워Dwight D. Eisenhower, 1890~1969를 '평화의 사나이'로 등장시켜 광고의 역사에 이름을 남긴 반면, 오길비는 매디슨가에서 민주당 후보 아들라이 스티븐슨Adlai E. Stevenson, 1900~1965을 지지한 몇 안 되는 사람 중 하나였다.

오길비는 리브스에게 이렇게 말했다. "로저, 자네를 위해서는 그 광고가 잘되기를, 나라를 위해서는 그게 망하기를 바라네." 오길비는 말 잘하는 지식인 성향의 스티븐슨이 미소만 잘 짓는 전쟁 영웅에게 패배한 것이 영 불만인 나머지 이렇게 억지를 써댔다. "윈스턴 처칠이라면 아이젠하워처럼 저렇게 시시하게 텔레비전 광고에 나간다고 하겠어?"[41]

'브랜드 이미지 전략'과 '해서웨이 셔츠 캠페인'

오길비는 1955년 시카고 연설에서 "모든 광고는 브랜드의 개성에 대한 장기 투자이다"와 "모든 광고는 브랜드 이미지라는 복잡한 상징에 이바지해야 한다"는 말로 압축할 수 있는 '브랜드 이미지'라는 개념을 소개해놓고도, 천연덕스럽게 "브랜드 이미지는 내가 만든 개념이 아닙니다. 훔쳤지요"라고 말했다. 『하버드비즈니스리뷰』에 실린 한 논문에서 아이디어를 얻어 자신만의 용어로 소화했다는 이야긴데, 스스로 그렇게 털어놓는 바람에 그를 가리켜 '브랜드 이미지의 사도使徒'라고 부르는 것에 대해 별 이의 제기는 없었다.[42]

브랜드 이미지란 특정 브랜드에 대하여 사람들이 자기도 모르게 가지는 인상을 말한다. 시카고 연설을 통해 널리 알려졌다는 것일 뿐 오길비가 브랜드 이미지 전략brand image strategy을 광고에 적용한 건 그 이전부터였다. 이 전략은 미국 시장에서 팔리는 제품들이 품질, 가격, 디자인,

포장 등에서 경쟁 제품과 차별적 우위점이 나타나지 않게 되면서부터 본격적으로 주목받기 시작했다.

김동규는 "고급 패션, 명품, 보석, 화장품 등 고관여 감성 제품이나 위스키, 담배 등 타사에서 쉽게 모방 가능한 기호품의 경우 차별적 특성이나 고유한 편익을 찾아내기 어렵다. 이런 경우 광고를 통해 자기 브랜드가 경쟁사보다 뛰어나다는 이미지를 소비자 마음속에 심어주고 선호도를 높이는 전략이 효과를 발휘한다"며 다음과 같이 말한다.

"제품 사용을 통한 성취감, 정서적 만족감을 소비자 심리 속에 '전이시키는' 이 같은 표현 방식은 전이적 광고transformational ad라고도 불린다. 제품의 구체적 편익을 논거를 통해 제시하기보다는 브랜드가 지닌 감성적 특장점을 우회적으로 제시하는 것인데, 특히 브랜드와 목표 고객 간 자아표현 일치self congruity를 통해 선호도를 극대화시키는 경우가 많다.……현대 광고의 표현 경향을 혁신적으로 바꾼 브랜드 이미지 전략은 광고 작품에 숨어 있는 스토리 어필을 중시한다. 이를 위해 뭔가 '스토리를 숨긴 듯 보이는' 유명인을 모델로 기용하여 흥미를 극대화시키는 동시에 모델의 독특한 이미지를 브랜드에 투사시키는 기법을 자주 사용한다. 해서웨이 셔츠Hathaway shirt 캠페인이 효시였다."[43]

1951년 9월 22일 잡지 『뉴요커New Yorker』에 광고비 3,176달러를 지불하고 집행된 "해서웨이 셔츠를 입은 남자The man in the Hathaway shirt"라는 광고는 일주일이 채 안 되어 해서웨이 셔츠 재고를 바닥내버렸으며, 1년 만에 매출이 300퍼센트나 증가할 정도로 성공을 거두어 광고학 교재의 고전적 성공 사례가 되었다.

이 광고는 검은 안대를 쓴 모델의 독특한 이미지를 통해 독자들은 물론 언론의 호기심을 극대화시킴으로써 광고 노출보다 오히려 『라이프Life』, 『포천Fortune』, 『타임Time』 등 언론 매체에서 광고 자체를 다룬 기사가 더 많이 나올 정도였다. 수십 개국에서 모방 광고가 등장했으며, 심지어 덴마크 한 나라에서만 7개의 모방작이 발표될 정도로 국제적인 화제가 되었다. 해서웨이맨 캠페인은 모델이 안대를 한 것은 꼭 같지만 그림을 그리고 음악을 연주하는 등 여러 상황에 등장하는 등의 방식으로 이후 4년 동안 다양한 시리즈로 확장·변주되었다.[44]

이 광고는 메인주에 본사를 둔, 116년 동안 이름 없는 의류 업체였던 해서웨이사를 단숨에 최고의 셔츠 회사로 변신시켰다. 오길비의 말마따나 그건 기적이었다. "문제는 경쟁사인 애로Arrow사는 연간 2백만 달러의 광고비를 지출하는데 해더웨이사는 고작 3만 달러의 광고비를 쓴다는 데 있었다. 뭔가 기적이 필요했다." 오길비는 그 기적의 비법을 '이야기의 매력story appeal'이라고 했다. 안대를 대고 있는 멋진 남성 모델은 뭔가 비정상적이고 독자들의 주의를 끌기 마련이라는 것이다. "독자는 이 사진을 보고 중얼거리게 된다. '이 사람 왜 이래?' 그리고 그는 뒤이어 우리의 광고 문안을 보게 된다. 덫에 제대로 걸려든 셈이다."[45]

'숨은 설득자들'과 '숨은 유혹자의 고백'

1957년 저널리스트이자 사회비평가인 밴스 패커드Vance Packard, 1914~1996는 큰 사회적 반향을 불러일으킨 『숨은 설득자들The Hidden

Persuaders』에서 "서로 다른 브랜드의 위스키나 담배, 맥주에 큰 차이가 있는 것은 아니다. 결국은 다 똑같다. 그리고 빵가루나 세제나 자동차도 마찬가지다"는 오길비의 말을 인용하면서, 오길비가 "한 무명의 셔츠 브랜드 광고에서 비이성적 상징, 즉 검은 안대를 한 콧수염 기른 남자"를 창조해냈다고 했다.

이 책은 전면적인 광고 비판이었다. 패커드는 소비자들이 인식하지 못하는 사이에 광고에 의해 조종당하게 만드는 광고계의 실태를 폭로하면서 광고에 심리학이 동원되는 걸 비판했다. 패커드가 인용한 어느 기업 중역의 말에 따르면, "미국은 이미 부유하기 때문에 소비자들은 현재 생산되는 상품의 상당량(40% 정도)을 당장 살 필요가 없고 그 필요량은 앞으로 점점 줄어들 것이다. 만일 소비자가 상품의 상당량을 소비하지 않는다면 불경기가 찾아올지 모른다."[46]

같은 맥락에서 1957년『시카고트리뷴』의 마케팅 이사 피에르 마티노 Pierre Martineau는 "광고의 가장 중요한 사회적 기능은 개인을 현대 미국의 고속 소비 경제에 통합시키는 것이다"고 주장했다. 그는 자신의 책 『광고에서의 동기부여Motivation in Advertising: Motives That Make People Buy』에서 "일반적인 개인은 아무것도 만들지 않는다. 그는 모든 것을 사고, 우리 경제는 갈수록 빨라지는 그의 구매 속도에 따라 움직이는데, 그의 구매 행위는 많은 부분이 광고에 의해 창출된 욕구에 기반을 두고 있다"며 다음과 같이 말했다.

"우리 미국인들의 생활수준은 전 세계 어느 국민보다 높다. 우리의 생활 기준이 가장 높고 그것은 곧 우리의 욕구가 가장 높은 것을 의미하기 때문이다. 지식인들은 광고가 창출하는 그런 새로운 욕구들을 좇는 생활의 불안정과 불만족을 한탄하며 그 과정을 제한할 것을 주장하지만 우리 체제 전체의 복리는 소비자로 하여금 계속 원하게 만드는 동기가 얼마나 많이 부여되는지에 달린 것은 분명하다."[47]

이런 일련의 광고 비판에 오길비의 마음이 편했을 리 없다. 그는 바로 그해에 『하퍼스매거진』에 「숨은 유혹자의 고백」이라는 글을 기고함으로써 그런 시류에 편승하는 것처럼 보였다. 하지만 진정한 '고백'은 없고 일종의 광고 PR이었기에 『하퍼스매거진』은 그의 기고문을 싣지 않았고, 다른 경로로 유포된 이 글은 광고주들로 하여금 오길비의 품위를 긍정 평가하게 하는 효과를 냈다. 이 기고문에서 오길비는 자신이 방문 판매를 하던 시절 판매가 '엄숙한' 일이라는 것을 배웠다고 '고백'했다.

"판매원이 초인종을 누른다. 주부가 문을 연다. 아주 활짝 열지는 않는다. 문틈에 발을 찔러 넣고 팔기 시작한다. 미쳤다는 소리를 들을까봐 노래는 부르지 않는다. 거기 서서 어릿광대짓을 하지도 않는다. 그래서 나는 요즘 텔레비전 광고에 CM송을 안 쓰려고 한다. 그래서 나는 요즘 광고에 웃긴 카피는 절대 쓰지 않는다. 판매원은 그 주부에게 한 사람의 인간으로서 이야기하며 상품의 좋은 점을 말해준다. 그래서 나도 광고에서 그렇게 한다."[48]

왜 성공한 롤스로이스 광고로 적자를 보았나?

"오스카 와일드식으로 말하자면, 모든 광고가 시궁창에 있어도 그중 몇몇은 별들을 바라보고 있다. 어떤 이는 기발한 아이디어로, 또 다른 이는 문학적 감수성으로 광고의 격을 높인다. '시속 100km로 달리는 롤스로이스에서 가장 큰 소음은 시계 초침 소리입니다'라는 카피를 쓴 데이비드 오길비는 '신형 롤스로이스는 엔진 소음을 크게 줄였습니다'라고 쓰지 않음으로써 '광고의 아버지'가 되었다."[49]

『조선일보』기자 한현우의 말이다. 이렇듯 오길비의 광고 카피는 냉철한 기자마저 감동시킨다. 아무리 성공했어도 한번 흘러가면 그만일 광고 카피를 누가 기억하겠는가. 그러나 오길비는 예외다. 그는 '광고인 교육'을 빙자하여 자신의 책을 통해 자신의 광고를 자화자찬自畵自讚하는 묘기를 감행한다.

예비 광고인들이라면 누구나 다 아는 그 명카피의 오리지널은 이렇다. "At sixty miles an hour, the loudest noise comes from the electric clock." 오길비는 1957년에 롤스로이스의 광고 계약을 따내자 최초의 광고를 위해 26개나 되는 카피 헤드라인을 만들어 제시했는데, 광고주가 고른 카피가 바로 이것이었다. 오길비는 『오길비의 광고론 Ogilvy on Advertising』(1983)에서 "기본에 충실하라"는 메시지를 던지면서 이 사례를 자랑한다.

"우선, 광고해야 할 제품을 연구해야 한다. 그 제품에 대해 많이 알면 알수록 그 제품을 팔 수 있는 훌륭한 아이디어를 더 많이 생각해낼 수 있다. 내가 롤스로이스Rolls-Royce 광고를 담당했을 때, 나는 차와 관련된 글을 읽는 데 3주를 보냈다. 그 결과 '시속 60마일로 달리는 차 안에서 들리는 가장 큰 소음은 전자시계 소립니다'라는 문안을 내놓게 되었다.

이것은 헤드라인으로 채택되었고 607단어나 되는 사실 위주의 상세한 기사식 바디카피가 이 헤드라인의 주장을 뒷받침했다."[50]

이 광고를 보고 한 진지한 영국 기술자는 "시계를 고쳐야겠군"이라고 말했다지만, 이 대단한 카피 헤드라인은 실은 20년 전 실린 한 기사에서 뽑은 것이었고, 오길비는 "그러면 어때?"라는 식으로 아무렇지도 않게 그걸 인정했다.[51]

롤스로이스는 이 광고 덕분에 1958년 50퍼센트의 차를 더 팔았지만, 오길비의 회사는 별 재미를 보지 못했을 뿐만 아니라 계약을 맺은 4년간 오히려 적자를 보았다. 롤스로이스가 워낙 짠 광고주였기 때문이다. 이와 관련, 스티븐 폭스Stephen Fox는 『광고 크리에이티브사The Mirror makers: A History of American Advertising & Its Creators』(1997)에서 "오길비가 만든 가장 유명한 광고들이 모두 인색한 광고주들의 것이었다는 점은 우연의 일치가 아니었다"고 말한다.

오길비는 큰 광고주의 크리에이티브는 동료들에게 맡겼는데, 그들이 만든 광고는 별로 알려지지 않았지만 견실하고 수익성이 있는 것들이었다. 왜 그랬을까? 오길비 자신의 설명은 이랬다. "나는 살펴보건대, 나는 광고비가 적은 광고에는 용기가 생기고 크리에이티브해지지만, 광고비가 크면 안전한 공식을 선택하는 경향이 있습니다. 나는 배짱이 없는 것 같습니다." 폭스는 "그는 작은 거래를 할 때는 망하더라도 큰 손해를 보지 않기 때문에 정통을 벗어나는 위험을 무릅쓸 수 있었다"고 결론 내린다.[52]

오길비의 '매력적이면서도 동시에 철면피적인 성격'

오길비가 큰 거래와 관련해선 배짱이 없었는지 몰라도, 그의 자화자 찬 배짱만큼은 독보적이었다. 오길비는 1988년에 쓴 『어느 광고인의 고백』 개정판 서문에선 "여러분이 나의 글에서 약간 불쾌한 자만심을 감지했다면 그것은 오직 한 분야에만 국한된다는 것을 알려드리고 싶 다. 나는 광고 분야 외에서는 그야말로 초라한 바보일 뿐이다. 나는 대 차대조표도 볼 줄 모르고, 컴퓨터도 잘 다루지 못하며, 스키, 요트, 골프, 그림 그리기 중에도 할 줄 아는 것이 거의 없다"며 다음과 같이 말한다.

"단 광고에 관한 한, 『애드버타이징에이지Advertising Age』는 나를 '크리 에이티브 광고의 제왕'이라고 한 바 있다. 언젠가 『포천Fortune』지는 '데 이비드 오길비, 그는 천재인가?'라는 헤드카피로 기사를 내보낸 적이 있 는데, 그때 나는 문장 끝에 '?'를 사용한 편집인에 대한 소송 준비를 내 변호사에게 지시했다. 하지만 얼마 지나지 않아 나는 활동을 멈춘 휴화 산 같은 처지가 되었다. 소란스런 뉴욕의 메디슨가에 진력이 났고, 프랑 스 중부지방으로 거주지를 옮겨 정원을 돌보며 살고 있다. 그러나 아직 까지도 시어머니처럼 동지들에게 자잘한 메모를 지겨울 정도로 보내고 있다."[53]

오길비는 심지어 이런 뻔뻔한 자화자찬도 서슴지 않는다. "프랑스의 한 잡지는 애덤 스미스, 에디슨, 카를 마르크스, 록펠러, 포드, 케인스와 나란히 내 이름을 적어놓았다. 그리고 이르기를, 산업혁명에 기여한 이 사람들 가운데 유일한 생존자가 나라는 것이다." 1982년에 나온 이 기사는 오길비를 가리켜 '현대 광고의 교황'이라고 했는데, 오길비는 회사 이사들에게 이 사실을 알리며 메모의 끝을 이런 문장으로 장식했다. "추기경단이 교황을 임명하러 올까요?"[54]

그럼에도 오길비의 '매력적이면서도 동시에 철면피적인 성격'은 역겹진 않다.[55] 아니 오히려 재미있다. 모든 걸 다 솔직하게 털어놓기 때문이다. 하긴 그래서 책 제목도 『어느 광고인의 고백Confessions of an Advertising Man』(1963)이 아니었겠는가. 예컨대, 그는 이 책에서 '현대 PR의 아버지'로 불리는 에드워드 버네이스Edward L. Bernays, 1891~1995의 조언에 따라 1년에 2번 이상 연설을 하지 않았다고 밝힌다. 왜? "따라서 내 연설은 메디슨가에 큰 물의를 일으키도록 계산되었다." 그는 다양한 업종에 종사하는 잠재고객 600명에게 정기적으로 업무 진행 보고서를 보내기도 했는데, 이런 식의 자기 PR이 필요한 이유에 대해서도 당당하게 밝힌다.

"만약 내가 스스로를 광고했던 것에 충격을 받은 고상한 독자가 있다면, 나는 이렇게 항변하고 싶다. 내가 그러지 않았더라면 지금의 자리에 이르는 데에 20년은 족히 더 걸렸을 것이다. 내겐 기다릴 시간도, 돈도 없었다. 나는 가난했고, 무명이었기 때문에 머뭇거릴 수 없었다."[56]

그러나 그렇게 마음을 먹는다고 해서 누구나 다 오길비처럼 할 수 있는 건 아니다. 케네스 로먼은 "오길비를 이해하려면 우선 그가 배우였다는 점부터 알아야 한다. 그의 세련된 영국 억양에는 연극 대사 투가 있었다. 무대 중앙이 어딘지 잘 파악했고 기억에 오래 남을 몸동작이 어떤 것인지 직감적으로 잘 알고 있었다"며 다음과 같이 말한다.

"그는 자신의 광고주인 80대의 헬레나 루빈스타인이 내릴 차 앞에 웅

덩이가 있는 것을 보고 얼른 뛰어가서 그 위에 자기 재킷을 깔아 그녀가 밟고 지나가도록 했다. 극적인 과시를 중요하게 생각했고 옷도 자주 그렇게 입었다. 정장을 입어야 하는 행사에 킬트(스코틀랜드에서 남자가 전통적으로 입는 체크무늬 스커트)를 입고 나타나기도 했다. 그렇게 하는 이유는 이랬다. '일종의 광고입니다. 자신을 광고할 수 없다면 어떻게 남을 광고하겠소!'"[57]

그런 연극적 연출엔 오길비의 '영국스러움'이 큰 자산이 되었다. 오길비는 자기 자신의 브랜드화에 이렇게 털어놓았다. "나는 뉴욕에 사무실을 차렸을 때, 나에게 대단한 장점이 있음을 깨달았습니다. 그것은 바로 내가 구사하는 영국식 억양입니다. 수많은 광고회사들이 있고 치열한 경쟁이 있지만, 나는 다른 사람들과 나를 차별할 수 있는 영국식 억양을 가지고 있었던 것입니다. 지금 광고계에는 수많은 영국인들이 나름대로의 영역을 차지하고 있지만, 당시에는 한두 명밖에는 없었지요. 그것이 저에게는 엄청난 도움이 되었던 것입니다."[58]

'창의성에 대한 숭배'는 위험하다

오길비는 이렇다 할 스펙도 전혀 없이 밑바닥에서 자신의 능력만으로 컸기 때문에 실질을 숭상했고, 그 연장선상에서 광고계에서 곧잘 나타나는 '전문가의 함정', 즉 '창의성에 대한 숭배the cult of creativity'를 비판했다. 광고 전문가들은 자신의 존재가 클라이언트의 제품을 많이 팔리게 하는 것임에도 판매엔 신경 쓰지 않은 채 자기들만의 광고예술적 기

자기계발과 PR의 선구자들

준으로 광고를 만들고 평가하는 경향이 있었다. 즉, 광고를 위한 광고가 존재한다는 이야기다.

오길비는 자신과 생각을 같이하는 광고인들의 주장을 소개한다. 밴턴 앤드보울스Benton & Bowles라는 광고대행사는 "광고를 했는데 제품이 팔리지 않으면 그 광고는 창조적인 것이 아니다It it doesn't sell, it isn't creative"고 했고, 로저 리브스는 "독창성은 광고에서 가장 위험한 말이다. 독창성에 사로잡히면 카피라이터들은 도깨비불과 같은 실체가 없는 것을 추구하게 된다Originality is the most dangerous word in advertising. Preoccupied with originality, copywriters pursue something as illusory as swamp fire, for which the Latin phrase is ignis fatuus"고 했다.

오길비는 자신도 종종 더 나은 표현을 찾을 길이 없어 '창의적creative'이라는 무시무시한 단어hideous word를 사용하긴 하지만, 제품의 매출과 무관한 창의성의 함정에 빠지지 말라고 경고한다. 많은 광고인이 받고 싶어 안달하는 그 유명한 클리오 광고상Clio Awards을 받은 창의적인 작품들은 과연 제품의 판매에 기여했는가? 오길비는 해리 맥마한Harry McMahan의 입을 빌려 다음과 같은 뜻밖의 사실들을 열거한다.

"클리오상을 4번이나 받은 광고대행사들은 해당 광고주을 놓치고 말았다. 어떤 클리오상 수상 회사는 사업을 접고 말았다. 어떤 클리오상 수상 회사는 다른 대행사에 자신의 광고주 절반을 빼앗겼다. 어떤 클리오상 수상 회사는 수상작을 텔레비전에 노출시키지 않으려고 했다. 어떤 클리오상 수상 회사는 다른 대행사에 광고주의 절반을 빼앗겼다. 과거 클리오 페스티벌이 선정한 텔레비전 광고를 만든 81개 대행사 중 36개는 해당 광고주를 잃거나 사업을 접고 말았다."[59]

한국에서 뛰어난 광고인이자 광고 관련 베스트셀러 작가요 인기 강사인 박웅현은 '한국의 오길비'로 불리는데, 그 역시 오길비의 경고를 충실히 따르고 있다. 그는 칸 국제광고제를 '어떤 맥락에선 명작들의 공동묘지'라고 말하면서 자신은 국내용이라고 잘라 말했다. 그는 국제광고제 수상은 포기했느냐는 질문을 받고 다음과 같이 답했다.

"놓은 게 아니라 잡은 적이 없죠. 그렇게 일할 마음이 없어요. 정말 선수들은요, 자기가 해결해야 할 문제를 정확히 해결하면서 상을 받아요. 상을 안 받겠다가 아니라, 받고 싶은데 내 일 먼저 잘했으면 좋겠다는 거예요. 잘해서 받으면 좋겠고, 못 받으면 내 운명이 거기까진 거지. 광고주가 요구하는 문제 해결에 온몸을 던져도 잘 안 되는 게 이쪽 일이에요."[60]

광고를 위한 광고를 만들지 않으려면 단어 선택에도 주의를 기울여야 한다. 전문가 선수들끼리 통하는 멋진 표현보다는 일반 소비자들을 염두에 둔 표현을 써야 한다. 오길비는 "짧은 문장과 짧은 단락을 사용하는 것이 좋다. 어려운 단어는 피하라"며 다음과 같이 말한다.

"나는 도브 비누를 팔면서 '진부한obsolete'이란 단어를 쓴 적이 있었지만 대다수 주부들이 이 단어의 의미를 모른다는 것을 깨달았다. 나는 그 단어를 '한물간old-fashioned'으로 바꿔야 했다. 해서웨이 셔츠 광고의 카피에 '형언할 수 없는ineffable'이라는 단어를 사용했을 때, 나는 그 단어의 의미가 무엇인지를 묻는 한 기자의 전화를 받았다. 나 또한 무슨 의미인지 전혀 짐작이 가지 않았다. 요즘 나는 전화기 옆에 사전을 두고

자기계발과 PR의 선구자들

있다."[61]

오길비는 1988년에 쓴 글에서도 여전히 광고를 아방가르드avant-garde 예술로 인식하고 있는 광고인들에 대한 비판의 고삐를 늦추지 않았다. 그는 "그들은 살면서 그 어떤 것도 팔아본 경험이 없을 것이다. 그들의 야망은 오직 칸 광고 페스티벌 수상에만 있다"며 다음과 같이 말했다.

"그들은 자신들의 크리에이티브를 뽐내기 위해 불쌍한 클라이언트들을 속여서 연간 수백만 달러를 투입하게 만든다. 그들은 자신들이 광고해야 하는 제품 자체에 전혀 흥미를 느끼지 않는다. 더 나아가 소비자들에 대해서도 마찬가지일 것이다. 결국 그들은 광고해야 할 제품의 우수성에 대해 단 한마디의 언급도 없이 광고를 제작하는 것이다. 그들은 기껏해야 시시한 엔터테이너에 지나지 않는다. 대부분 그들은 아트디렉터들로, 비주얼에만 치중하고 내가 작성한 카피들을 전혀 읽으려 하지 않으며 심지어 소비자들도 읽지 못하게 만든다."[62]

'학자적 기업가 혹은 백일몽을 꿈꾸는 실용주의자'

자신을 광고해야 한다는 신념에 따라 오길비는 사람들을 대접하고 예의 바르게 행동하는 것을 매우 중시했다. "우리는 엘리베이터까지 배웅하지 않습니다. 길까지 배웅합니다." 그렇게 하려면 엄청나게 부지런해야 한다. 오길비는 주중은 물론 주말에도 일했으며, "일하다가 죽는 사람 못 봤다"는 말을 입에 달고 살았다. 앵커맨 월터 크롱카이트Walter Cronkite, 1916~2009는 뉴욕에서 오길비의 옆집에 살았는데, 오길비가 밤마다 창가 책상에서 몇 시간이고 일하는 모습을 보았다고 했다. 오길비 밑에서 일했던 한 카피라이터는 이렇게 증언했다. "그는 게으른 것을 광적으로 싫어했습니다. 내가 만나본 사람 중 가장 부지런했어요. 그의 광고 철학은 나태에 대한 혐오로 가득하지요."[63]

흥미롭지 않은가? 그렇게 나태를 혐오한다는 오길비가 아미시 농장에 들어가 3년을 살고, 62세의 나이에 프랑스 고성으로 은퇴해 그곳에서 23년간을 살았다는 게 말이다. 오길비는 여러 면에서 모순에 가득찬 인물이었다. 오길비는 항상 자신의 머릿속에는 두 가지 일이 있어서 주의력 결핍을 야기하기도 한다고 했는데, 어찌 보자면 그의 인생 자체가 두 갈래 길에서 오락가락했던 건 아닐까? 그 자신도 인정했듯이, 오길비는 '학자적 기업가 혹은 백일몽을 꿈꾸는 실용주의자'와 같은 역설적인 성격을 갖고 있던 인물이었다.[64]

오길비에 관한 탁월한 평전을 쓴 케네스 로먼은 "자기만의 방식으로 미국 광고계를 점령했지만 영국에서는 인정도 영예도 얻지 못했던 영국인, 프랑스를 사랑해 그곳에 칩거하면서 프랑스인들은 싫어했던 이방인. (마지막 아내인) 헤르타가 보기에 오길비는 '가장 미국적인 영국인'이며 '가장 영국적인 미국인'이었다"며 다음과 같은 말로 평전을 끝맺는다.

"오길비는 모순된 인물이었다. 자신의 대행사에 능력주의를 퍼뜨린 속물 엘리트주의자. 사람들에 대해서는 편견이 없지만 광고 이론에 대해서는 편견이 많았던 사람. 가톨릭교회 체제에 매혹된 무신론자.……오길비가 행복했는가에 대해서는 다양한 평가가 있겠지만 옥스퍼드 시절 그의 미국인 친구의 결론에는 아무도 뭐라고 못할 것이다. '이민자치곤

꽤 성공했어요. 그렇죠?'"⁶⁵

옳은 말이다. 그건 오길비 자신의 생각이기도 했다. 오길비는 왜 그렇게 미친 듯이 일했을까? 그는 시종일관 위악적일 정도로 솔직했다. "인간의 가장 위대한 창작품은 대부분 돈을 벌고 싶다는 욕망에 의해 만들어진 것입니다."⁶⁶ 미국 제30대 대통령 캘빈 쿨리지Calvin Coolidge, 1872~1933는 "광고는 더 나은 것을 위해 욕망을 창조하는 방법이다 Advertising is the method by which the desire is created for better things"고 했는데, 오길비에게 광고는 욕망 창조는 물론 욕망 실현의 방법이기도 했다.

소비자의 신분에서 탈출하려거나 탈출할 수 있는 사람이 아니라면, "소비자는 바보가 아니라 당신의 부인이다"는 오길비의 말에 그 어떤 이의를 제기할 수 있겠는가. 상도덕과 공정거래 원칙에 투철함으로써 광고의 위상을 한 단계 높였던 광고인, 그에게 찬사 대신 자본주의의 문제를 들이대는 것은 그 얼마나 볼품없는 우도할계牛刀割鷄인가. 그 어떤 숨은 뜻이 있어도 좋으니 소비자를 부인이나 남편처럼 대하는 광고인을 많이 보고 싶다.

에드워드 버네이스

1891~1995

3

PR은 '대중의 마음에
해악을 끼치는 독'인가?

PR은 이벤트의 창조

호텔이 너무 낡아 장사가 잘 안돼 고민하는 호텔 주인이 있다. 문을 닫아야 하나? 그 주인은 그렇게 고민하다가 지푸라기라도 잡는 심정으로 어느 PR 전문가를 찾아가 하소연했다. PR 전문가는 호텔 개관 30주년 행사를 거창하게 열라고 조언을 해준다. 그 조언에 따라 각계의 지역 유지들을 참여시킨 축하위원회가 구성된다. 축하 행사장엔 기자들이 초청되고 여기저기서 카메라 플래시가 번쩍인다. 유명 인사들이 참가한다는 이유만으로 그 축하 행사는 뉴스가 되고 새삼스럽게 그 호텔이 지역사회에 기여한 공로가 예찬된다. '낡음'은 순식간에 '전통'으로 둔갑해, 그 호텔은 역사를 자랑하는 호텔로 널리 인식되었다. 호텔의 매출이 크게 늘었음은 두말할 나위가 없다.[1]

역사가 대니얼 부어스틴Daniel J. Boorstin, 1914~2004이 『이미지The Image』

(1961)라는 책에서 '의사사건擬似事件: pseudo-event'이라는 개념을 설명하기 위해 제시한 사례다. 어느 언론학 교재에서나 등장하는 '의사사건'은 매스미디어에 의해 보도되기 위해 꾸며진 '사건'이지만 그렇다고 완전히 '가짜'는 아니다. 그래서 '의사擬似(실제와 비슷함)사건'이다. 의사사건은 PR의 전부는 아닐망정 대부분이라고 해도 좋을 정도로 PR의 핵심 수단이다.

이 사례는 부어스틴이 '현대 PR의 아버지'로 불리는 에드워드 버네이스Edward L. Bernays, 1891~1995의 책에서 빌려온 것이다. '의사사건'이란 말은 쓰지 않았지만, 버네이스는 의사사건의 본질을 다음과 같이 갈파했다. "PR 전문가는 뉴스 가치가 무엇인지를 알 뿐만 아니라 뉴스가 일어나게 만들 수 있어야 한다. 그는 이벤트의 창조자이다."[2]

오늘날 뉴스를 만들기 위해 이벤트를 창조하는 것은 웬만한 사람이면 다 아는 상식이 되었지만, 버네이스가 활동하던 시절엔 혁명적인 방법으로 여겨졌다.[3] 그래서 그를 '현대 PR의 아버지'라고 부른다. 이 타이틀을 놓고 아이비 리Ivy Ledbetter Lee, 1877~1934와 경합하기도 하지만 104세까지 장수한 덕분에 아무래도 버네이스가 더 유리하다.

오스트리아 태생 유대인으로 미국에서 활동한 버네이스의 어머니는 지그문트 프로이트Sigmund Freud, 1856~1939의 여동생인 안나Anna였으며, 아버지의 여동생은 프로이트의 부인이었다. 버네이스는 미국에서 사실상 프로이트의 대변인 노릇을 하는 등 두 사람은 긴밀한 협력관계를 유지했다. 이와 관련, 래리 타이Larry Tye는 다음과 같이 말한다.

"그는 삼촌과 마찬가지로, 어떤 잠재의식적 요소가 사람들의 마음을 움직이는지에 대해 몰두했다. 그리고 이와 관련된 사항을 이해하기 위해 삼촌의 글들을 참고했다. 그러나 이 명망 있는 심리분석가 프로이트가 심리학을 이용하여 환자들에게 감정적 장애물을 제거하려 했던 반면, 버네이스는 소비자들에게서 자유의지를 빼앗기 위해 심리학을 이용했다. 즉, 소비자들이 생각하고 행동하는 양식을 클라이언트가 미리 예측하고 또 조종할 수 있도록 도움을 준 것이다."[4]

그런데 그 클라이언트가 국가라면? 코넬대학에서 농학을 전공하고 기자로 활동하던 버네이스가 선전·PR 활동에 심취하게 된 건 제1차 세계대전(1914년 6월~1918년 11월) 덕분이었다. 뒤늦게 1917년 4월에 참전을 한 우드로 윌슨Woodrow Wilson 행정부는 징병을 원활하게 하기 위한 전쟁 선전 기구로 공보위원회CPI: Committee on Public Information를 발족시켰다. 공보위원회는 미국 역사상 최초의 연방 선전기관으로 위원장의 이름이 조지 크릴George Creel, 1876~1953이어서 '크릴위원회Creel Committee'로 불렸는데, 이곳이 바로 버네이스가 선전·PR 경험을 쌓은 곳이다.

선전과 교육의 차이점

저널리스트 출신인 크릴은 "전선戰線은 유럽에만 있는 게 아니라 미국 전역의 모든 가정에 있는 사람들의 마음속에도 있다"며 여론전의 중요성을 강조했다.[5] 그는 1917년 5월부터 보도자료CPI Official Bulletin를 발간해 언론 보도에 큰 영향을 미쳤으며, 15만 명을 선전 요원으로 동원해

호전적 애국주의를 부추기는 등 탁월한 성과를 올렸다.[6] 크릴위원회는 7만 5,000명의 연설가를 지원했는데, 이들은 5,000개의 도시와 마을에서 4분 연설을 75만 회나 실시했다.[7] "전쟁을 끝내기 위한 전쟁War to End Wars"이라는 크릴의 구호는 거의 모든 언론에 의해 호의적으로 받아들여졌다.[8] 당시 버네이스의 활약에 대해 전성원은 다음과 같이 말한다.

"그는 크릴을 비롯해 자신의 지적 영웅인 월터 리프먼Walter Lippmann, 1889~1974 등과 함께 독일 등의 적성국을 야만적인 거짓말쟁이로 호도했고, 미국은 언제나 진실을 전하는 민주주의자의 수호자로 묘사했다. 당시 버네이스와 연방공보위원회의 업적에 대해서는 히틀러마저 독일이 제1차 세계대전에서 패배한 것이 선전 능력에서 뒤졌기 때문이라고 말할 정도였다. 이처럼 대단한 선전전을 치러냈지만 전쟁의 참혹한 실상이 알려지기 시작하자 사람들은 '선전propaganda'이란 말 자체를 혐오하기 시작했다."[9]

크릴위원회의 전시 동원을 위한 대대적인 선전 행위엔 그간 발달한 각종 광고·PR 기법이 사용되었으며, 이는 역으로 다시 광고·PR 발달에 기여하는 시너지 효과를 가져왔다. 크릴위원회에서 "유럽에 민주주의를!"이라는 슬로건으로 미국 대중의 마음을 움직이는 데에 성공한 경험을 쌓은 버네이스는 그런 선전술이 전후 평화 시에도 적용될 수 있다고 생각했다. 다만 선전propaganda이라는 단어에 묻은 때를 피하기 위해 그는 PR이란 단어를 사용했다.

버네이스는 그간의 경험을 바탕으로 1923년 『여론의 구체화 Crystallizing Public Opinion』라는 책을 출간했다. 그는 이 책의 서문에서 "PR

전문가라는 직업은 수년 내에 서커스단의 곡예를 대리하는 하잘것없는 지위에서 세계사를 움직이는 중요한 위치로 발전하였다"고 주장했다.[10] 이 책은 당시 PR에 대한 무관심 때문에 판매량이 미미했지만 궁극적으론 PR 연구의 고전이 되었다.

버네이스는 이 책에서 "선전과 교육의 유일한 차이점은 실제로 관점일 뿐이다. 사람들은 자신이 믿는 것을 주창하는 것은 교육이고, 믿지 않는 것을 주창하는 것은 선전이라고 한다"며 선전의 가치를 열정적으로 주창했다. 그는 자신이 조작자manipulator로 불리는 것도 개의치 않았는데, 그 이유는 그것이 바로 PR 전문가의 일이라고 생각했기 때문이다. 즉, 클라이언트의 사적인 이익과 사회의 공적인 이익을 조화시키는 것이 PR 전문가가 하는 일이라는 것이다.[11]

버네이스는 1928년에 출간한 『선전Propaganda』에서도 선전의 필요성을 열렬히 역설했다. 이 책 전체를 관통하는 하나의 사상이 있다면, 그건 바로 무질서에 대한 두려움 또는 질서정연에 대한 갈망이다. 이 책은 "대중의 관행과 의견을 의식과 지성을 발휘해 조작하는 것은 민주주의 사회에서 중요한 요소이다"는 말로 시작해 다음과 같은 말로 끝을 맺는다. "선전은 절대 사라지지 않는다. 현명한 사람일수록 선전은 생산적인 목표를 달성하고 무질서를 바로잡는 데 필요한 현대적 도구라는 점을 직시한다."[12]

버네이스는 "선전 전문가들은 우리의 일상에서 갈수록 중요한 위치와 기능을 차지하고 있다"며 이렇게 말한다. "새로운 활동은 새로운 용어를 요구한다.……현대 생활이 날로 복잡해지면서 대중사회의 어느 한 영역에서 이루어지는 움직임을 다른 분야에도 알려야 할 필요성이 대두됐다. PR이라는 직업이 새롭게 부상한 이유는 그 때문이다."[13] 버네이스는 PR 전문가로서 자신의 이런 생각들을 실천에 옮겼는데, 몇 가지 주요 사례들을 살펴보기로 하자.

헤어넷·쿨리지·아이보리·베이컨 PR

1920년대 초 여성들이 머리를 짧게 깎는 바람에 위기에 처하게 된 머리 그물망hair net 업체인 베니다 헤어넷Venida Hair Net을 위한 처방은 무엇이었던가? 버네이스는 사회적 저명인사들로 하여금 긴 머리를 좋아한다는 발언을 이끌어냈고, 다음에 보건 전문가들로 하여금 공장이나 레스토랑에서 단정치 못한 긴 머리는 위생상 좋지 않다는 발언을 하게끔 만들었다. 그 결과 일부 주에서는 공장이나 레스토랑에서 일하는 여성들은 헤어넷을 착용해야 한다는 법을 통과시켰다.[14]

버네이스에게 소비자를 대상으로 한 PR과 유권자를 대상으로 한 PR은 다를 바가 없는 것이었다.[15] 그는 정치인들이 소비자들을 대상으로 한 각종 선전·PR 기법을 활용하지 않는 것을 개탄했다.[16] 그런 점에서 1924년, 재선을 노리고 있던 캘빈 쿨리지Calvin Coolidge, 1872~1933 대통령의 후원자들이 버네이스의 도움을 청한 건 당연한 일이었다. 쿨리지의 가장 큰 문제는 성격이 차갑고 내성적이어서 유권자들의 비호감이었다는 점이다. 버네이스는 쿨리지를 유권자들이 백악관 주인으로 앉히고 싶어 하는 서민적인 소박한 인물로 바꾸는 데에 캠페인의 목표를 두었다.

버네이스의 치밀한 연출에 따라, 선거를 약 3주 앞둔 어느 날 뉴욕 브로드웨이 극장에서 공연이 끝난 가수 알 졸슨Al Jolson, 1886~1950 등 40명의 공연단은 워싱턴으로 향하는 열차에 올라탔다. 백악관 입구에서 쿨리지 대통령과 영부인이 그들을 맞았다. 모두 차례대로 대통령과 악수를 나누었고, 공식 만찬을 가졌다. 다음 날 아침식사를 하고 난 뒤 대통령은 손님들을 백악관 잔디로 안내했다. 그곳에서 졸슨은 "쿨리지로 계속 가자Keep Coolidge"라는 제목으로 대통령에게 노래를 불러주었다. 영부인과 브로드웨이 대표단이 후렴을 같이 불렀다. "쿨리지로 계속 가세! 쿨리지로 계속 가세! 4년도 두려움 없이 살아보세!"

다음 날인 10월 18일자 신문들은 앞다투어 기사를 실었다.『뉴욕타임스』의 기사 제목은 "배우들, 쿨리지와 케이크를 함께 들다. 대통령, 거의 웃을 뻔하다",『뉴욕리뷰』의 기사 제목은 "졸슨, 사상 처음으로 대통령을 공식석상에서 웃게 하다"였다.『뉴욕월드』는 "워싱턴 사회 지도자들이 시도했다가 실패했고, 그간 2년 반 동안 의장으로 있었던 상원에서도 하지 못했던 일을 뉴욕 연기자들이 3분 만에 성공했다. 그들은 그가 이빨을 보이고, 입을 열어서, 웃게 만들었다"라고 썼다. 3주 뒤 쿨리지는 압도적 승리를 거두었다.[17]

대선이 있던 그해에 프록터앤드갬블Procter & Gamble의 아이보리Ivory 비누를 유행시킨 것도 버네이스의 작품이다. 청결에 대한 무관심으로 아이들이 비누를 싫어한다는 게 아이보리 비누 제조업자의 고민이었다. 버네이스는 아이보리 비누의 판매 촉진을 위해 전국적인 '조각위원회'를 구성, 아이보리 비누로 조각을 하는 대회에 자금을 지원했다. 그 결과 몇 년간 미국에서는 아이보리 비누 수백만 개를 조각으로 소비할 정도로 학생들 사이에 비누 조각이 대인기를 끌게 되었다. 중요한 건 그 당시 비누라면 질색을 하던 어린이들이 비누와 몹시 친근하게 되었다는 사실이다. 비누 조각 콘테스트는 1961년까지 35년 이상 계속되었다.[18]

1920년대 중반 미국은 주스, 토마토, 커피 등으로 아침식사를 간단히 하는 추세로 급속히 돌아서고 있어서 베이컨 제조사인 비치넛 패킹 Beechnut Packing은 위기의식을 느끼고 버네이스에게 자문을 했다. 이에 버네이스는 미국인들의 식습관을 바꾸는 방법을 제시했다. 그는 의사들을 설득해 넉넉한 아침식사가 건강에 좋다는 증언들을 끌어내면서 '베이컨과 달걀'을 강조했다. 베이컨 판매고가 급상승했다. 나중엔 동맥경화를 부른다고 비판받지만, 이 베이컨과 달걀은 이후 미국인의 아침식사 테이블은 물론 미국 어휘사전에 나란히 붙어서 등장하게 되었다.[19]

여성 흡연을 위한 PR 캠페인

1928년 아메리칸토바코American Tobacco의 사장인 조지 워싱턴 힐 George Washington Hill, 1884~1946은 자사의 주력 브랜드인 럭키 스트라이크Lucky Strike의 판촉을 위해 "달콤한 것 대신 럭키를 찾으세요"라는 슬로건을 정해놓고 이의 실행을 버네이스에게 의뢰했다. 버네이스는 자신의 주특기인 '전문가 이용' 수법을 썼다. 전문가들로 하여금 마른 몸매를 추켜세우는 말을 하게끔 했고, 특히 영국 보건의료계연합 전 의장 조지 뷰캔Dr. George F. Buchan을 포섭해 "식사를 바르게 끝내는 방법은 과일,

커피 그리고 담배 한 개비다", "담배는 구강 내를 살균하는 효과를 가지며 신경을 진정시킨다" 등의 발언을 하게 만들었다.

호텔에는 디저트 목록에 담배를 추가하도록 촉구했다. 주부들을 앞세워 선반 제조업자들에게 담배를 넣을 특수한 공간도 마련하도록 압력을 넣었다. 이에 코코아, 땅콩버터, 사탕 제조업자들이 분노하자, 버네이스는 오히려 이 논쟁을 홍보에 역이용했다. 그해 럭키 스트라이크는 다른 모든 담배 브랜드를 합친 것보다 많은 판매 증가량을 보였다.[20]

1929년 초 힐은 버네이스에게 "어떻게 하면 여자들이 길거리에서도 담배를 피우게 할 수 있을까?"라는 숙제를 던졌다. 그렇게만 되면 여성의 담배 소비량이 2배로 늘 수 있다는 게 아메리칸토바코의 생각이었다. 프로이트 삼촌의 제자인 에이브러험 브릴Abraham A. Brill, 1874~1948 박사는 버네이스에게 흡연을 여성해방과 연결시키라고 조언했다. 즉, 흡연을 여성해방이라고 하는 '자유의 횃불'로 만들라는 것이었다.

이에 따라 버네이스는 '자유의 횃불'을 밝히는 퍼레이드를 구상했다. 퍼레이드에 나설 사교계의 젊은 여성들을 섭외했고, 퍼레이드를 알리는 광고를 여러 신문에 게재했다. 1929년 3월 31일 부활절에 뉴욕시 맨해튼 5번가에서는 아주 이색적인 사건이 벌어졌다. 젊은 여성 10명이 담배를 피우며 거리를 활보했던 것이다. 늘 진기한 사건에 굶주려 있는 신문들은 이 행진을 보도하기 위해 1면을 아낌없이 할애했다. 버네이스는 이어 보스턴, 디트로이트, 휠링, 샌프란시스코 등에서도 '자유의 횃불' 퍼레이드를 연출했다.

이에 여성 클럽들은 격분했지만, 그러나 이게 또 뉴스가 됨으로써 화제는 더욱 만발했다. 버네이스는 배후에 아메리칸토바코가 있다는 걸 철저하게 숨김으로써, 이 퍼레이드를 문화적 사건으로 만드는 데 성공했다. 이 사건 이후 여성이 공공장소에서 담배를 피우는 행위에 대한 사회적 반발은 점차 누그러지기 시작했다. 공공장소에서 여성 흡연에 대한 태도는 이 이벤트 이전부터 변하기 시작했다는 주장도 있지만, 이 퍼레이드가 그런 흐름을 가속화시킨 건 분명했다.[21]

버네이스는 1960년대 들어 "1928년에 알았더라면 담배 회사의 의뢰를 거절했을 것이다"라고 말하며 담배의 위험성을 홍보하는 데 많은 노력을 기울였다.[22] 그러나 너무도 때늦은 후회였다. 1920년대 말 이제 영리하게 생긴 여성이 담배를 손에 들고 있는 사진이 광고판에 대담하게 등장했다. 일부 독자들의 빗발치는 항의에도 어떤 잡지는 "이제 여성도 남편이나 형제들과 함께 맞담배를 즐길 수 있다"는 광고를 게재하기도 했다.[23]

여행 가방·에디슨·책장·초록색·맥주 PR 캠페인

1920년대 말 짐을 가볍게 하고 다니는 게 유행이 되어 큰 여행 가방이 안 팔리자, 여행 가방 제조업자들은 버네이스에게 도움을 청했다. 그는 언론 매체들로 하여금 좋은 환경에서 자란 사람이라면 여행할 때 옷을 충분히 가지고 다닌다는 기준을 세우도록 했다. 또 그는 건축가들로 하여금 더 많은 수납 공간을 만들도록 하고, 대학들에게는 학생들이 캠퍼스에 가방을 많이 가져올 필요가 있다고 고지하도록 했다. 유명 가수

겸 코미디언인 에디 캔터Eddie Cantor, 1892~1964로 하여금 그가 콘서트 투어를 떠나면서 커다란 트렁크에 짐을 꾸리는 사진을 찍어 널리 배포했다.[24]

1929년 10월 21일 토머스 에디슨Thomas Edison, 1847~1931의 전구 발명 50주년 기념식인 '빛의 50주년 축제Light's Golden Jubilee'도 버네이스의 대표적 작품으로 꼽힌다. 이 행사는 허버트 후버Herbert Hoover, 1874~1964 대통령을 포함한 각계 유명 인사들이 참석한 가운데 국가적 축제가 되었다. 버네이스는 정부를 설득해 에디슨의 전구를 기념하는 2센트짜리 특별 우표를 발간케 했으며, 42개 주에서 미래의 에디슨이 될 소년들을 에디슨의 뉴저지연구소에 초청하는 행사를 열기도 했다. 이 축제는 제너럴일렉트릭과 미국의 전력을 독점하기 위해 제너럴일렉트릭이 내세운 비밀 전위 부대인 미국전력협회National Electric Light Association의 이익을 대변하는 선전 공세였다.[25]

버네이스는 1930년엔 주요 출판사들을 위해 "책장이 있는 곳에 책이 있게 될 것이다"는 대안을 제시했다. 건축가와 실내 장식업자들을 설득해 장서를 보관하기 위한 선반을 설치토록 한 것이다. 이후 많은 집에 붙박이 책 선반이 생겨나게 되었다. 책을 읽건 안 읽건 그 선반을 채우기 위해서라도 책을 사야 할 게 아닌가.

1918~1928년까지의 10년 사이에 미국의 담배 생산량은 2배 이상 증가했다. 그러나 담배 회사들은 아직도 배가 고팠다. 1929년 여성 흡연율은 1923년에 비해 2배 이상 늘어났지만, 그건 전체 흡연 인구의 12퍼센트에 불과했다. 그래서 담배 회사들은 여성 흡연 인구를 늘리기 위해 발버둥쳤다. 1934년엔 버네이스가 주도한 또 다른 럭키 스트라이

크 캠페인이 벌어졌다.

설문조사 결과 럭키 스트라이크의 붉은 황소 눈이 박힌 녹색 담배갑 색깔이 여성들이 좋아하는 옷 색깔과 잘 어울리지 않기 때문에 많은 여성이 럭키 스트라이크를 피우지 않을 것이라는 게 밝혀졌다. 실제로 당시 초록색에 대한 거부감은 매우 컸다. 이미 엄청난 광고비를 쏟아넣었기 때문에 색을 다시 바꿀 수도 없었다. 버네이스가 내놓은 해결책은 초록색을 유행시키는 것이었다.

버네이스는 초록색을 유행시키기 위해 럭키 스트라이크 담배 회사의 PR 비용을 익명의 독지가가 내놓은 자선기금으로 위장해 그 돈을 각종 자선 무도회에 기부했다. 단 조건은 무도회의 모든 색상을 초록색으로 해야 한다는 것이었다. 패션 업계와 액세서리 업계도 공략했고, 심리학자와 미술학자 등을 동원한 녹색에 관한 강연회도 개최했다. 녹색 연구소 비슷한 걸 만들어 관련 보도자료뿐만 아니라 자문에도 응하는 방식으로 언론 매체에 녹색 관련 기사가 흘러넘치게끔 만들었다.[26]

버네이스는 1935년엔 맥주업자들을 위해 맥주를 '절제의 술the beverage of moderation'로 인식시키는 캠페인을 전개했다. "맥주는 과음을 막기 위한 예방주사 같은 것"이라는 주장이었다. 1933년에 금주법은 폐지되었지만 아직 금주 분위기가 강한 시절이었기 때문이다. 그는 농부들이 재배하는 보리, 옥수수, 쌀 등의 주요 구매자가 맥주업자들이라는 것을 강조했고, 노동자들에게는 맥주야말로 그들의 주머니 사정에 맞는 유일한 알코올음료라고 주장했다. 또 그는 중세 수도승들, 미국 건국의 아버지들, 조지 워싱턴, 토머스 제퍼슨, 패트릭 헨리 등과 같은 애

국자들이 맥주를 즐겨 마셨다는 걸 강조하는 종교적·애국적인 홍보 수법을 썼다.[27]

버네이스는 '대중의 마음에 해악을 끼치는 독'인가?

지금까지 보았듯이, 버네이스는 제품이나 서비스 대신에 이벤트 창출을 통해 행동 양식을 판매하는 방법을 썼다. 그는 이런 방식을 '간접적 수단의 매력appeals of indirection'으로 불렀다.[28] 그러나 모든 이들이 이런 방법을 긍정한 건 아니었다. 『에디터앤드퍼블리셔Editor & Publisher』는 그를 가리켜 "현대판 젊은 마키아벨리the young Machiavelli of our time"라고 했고, 대법관 펠릭스 프랭크푸르터Felix Frankfurter, 1882~1965는 1934년 프랭클린 루스벨트Franklin Roosevelt, 1882~1945 대통령에게 보낸 편지에서 PR을 개척한 아이비 리와 버네이스를 싸잡아 "어리석음과 광신과 이기심"을 이용해 "직업적으로 대중의 마음에 해악을 끼치는 독"이라고 불렀다.[29]

버네이스의 활동에 대한 찬반 논란은 1930년대에 기자들이 버네이스에게 붙여준 다양한 별명에서도 여실히 드러난다. 과대선전의 왕baron of ballyhoo, 대판촉전의 창시자sire of the big sell, 대중심리학의 대가master of mass psychology, 프레스 에이전트의 사제high priest of press agents, 퍼블리시티의 권위자pontiff of publicity, 선전계의 교황pope of propaganda, 선전의 황태자prince of propaganda, 과대선전의 왕자prince of puff, 미국의 넘버원 퍼블리시스트No. 1 U.S. publicist 등등.[30]

자기계발과 PR의 선구자들

사실 버네이스는 PR과 스핀spin의 경계를 넘나든 인물이었다. spin은 "실을 잣다, 장황하게 이야기하다, (팽이 따위를) 돌리다, (공에) '회전'을 주다"는 뜻이다. spin은 홍보 업계에선 여론에 영향을 미치려는 선전의 한 형태로 1978년경부터 그 뜻으로 쓰이기 시작했다. '선전'으로서의 spin은 야구, 당구, 테니스, 크리켓 등에서 공을 원하는 방향으로 보내기 위해 이른바 '회전'을 주는 등의 기술에서 비롯된 말이다.[31] spin은 '조작'이나 '기만'이라는 뉘앙스를 담고 있어서 이를 폭로하거나 비판하는 책들이 자주 출간된다.[32]

spin doctor는 공직선거에 출마한 후보 또는 고위 공직자의 이미지 관리나 여론 관리를 전담하는 전문가다. 주로 미디어를 상대해 후보에 대한 부정적 보도는 가급적 막고 긍정적 보도가 많이 나가게끔 하려고 애를 쓴다. 그래서 기자회견장을 spin room이라고 부르기도 한다. spin doctor는 업계의 속어 비슷하게 통용되어왔으나 『뉴욕타임스』 1984년 10월 21일 사설에서 처음 언급된 이후 널리 쓰이게 되었다. spinster, spinmeister라고도 한다. 기자들에게 보내는 메시지를 전담하는 직원은 spin patrol이라고 한다.[33]

인터넷 예찬론자인 조 트리피Joe Trippi는 인터넷이 '정치적 스핀의 종언'을 가져올 것이라고 주장하지만,[34] 아무래도 그렇게 될 것 같지는 않다. spin doctor는 이미 한국에서도 널리 쓰이는 외래어가 되었는데, 최근엔 학원 형태로 운영되는 스핀 닥터가 초등학교 반장선거에까지 진출해 화제가 되었다. 스핀 닥터 업체는 "전교회장 경력은 입학사정관제 파워 스펙이며 자기소개서 작성이 최고의 소재"라는 식으로 광고를 하

고 있다.[35]

버네이스를 긍정적으로 평가하는 사람들은 그를 'PR의 아버지'로만 보려고 하지만, 부정적으로 평가하는 사람들은 그를 '스핀의 아버지'로 본다. 버네이스는 그 어느 중간 지점에 서 있는 게 아닐까? 버네이스의 전기를 쓴 래리 타이Larry Tye가 그런 입장을 취하고 있다. 그의 책 제목 은 『스핀의 아버지The Father of Spin』지만, 부제는 '에드워드 버네이스와 PR의 탄생Edward L. Bernays and the Birth of Public Relations'이다. 타이가 버네이스를 가리켜 쓴 '모순 덩어리a bundle of contradictions'라는 말에 진실이 있는 것 같다.[36]

'동의의 책략' 논쟁

버네이스는 자유주의자를 자처하면서 시민의 자유와 민주주의를 강조했다. 나치즘에 대항해 목소리를 높였고, 흑인 민권운동 단체와 노동조합들을 위해 PR 서비스를 제공하기도 했고, 아내와 함께 페미니스트들을 후원했다. 또 그는 프랭클린 루스벨트의 뉴딜을 지지했고, 뉴딜 반대론자들의 주장을 공개적으로 반박하기도 했다.[37]

그러나 그는 동시에 군중을 '충동의 노예'로 본 『군중심리』의 저자 귀스타프 르봉Gustave Le Bon, 1841~1931의 애독자로서 '우중愚衆 민주주의'를 염려한 엘리트주의자였다.[38] 그의 딸인 앤Anne까지 2002년 BBC 인터뷰에서 "아버지는 민주주의에 대한 신념이 약했으며, 일종의 '계몽 독재 enlightened despotism' 이데올로기를 믿었던 것 같아요"라고 말할 정도였

자기계발과 PR의 선구자들

다.[39] 버네이스의 사후에 자세히 밝혀졌지만, 1954년 좌익 성향의 과테말라 정권의 전복을 위한 선전 캠페인을 주도한 것도 그의 두 얼굴을 잘 말해준다.[40]

버네이스는 자신에 대한 과대홍보로 욕을 먹기도 했지만, 그런 과대홍보는 자신의 PR관과는 일치하는 것이었다. 그는 여러 차례 공개적으로 "매스 커뮤니케이션 시대에 겸손은 개인적으로는 미덕이지만 공적으로는 잘못이다"고 주장했다.[41] 저널리스트 시드니 블루멘털Sidney Blumenthal은 버네이스에게 자기선전을 너무 한다고 비난하는 것은 "물고기에게 헤엄치는 것을 나쁘다고 하는 말과 같은 것"이라고 썼다.[42]

그런데 진짜 문제는 '과대홍보'라기보다는 '조작'을 대하는 태도였다. 버네이스가 1955년에 발간한 『동의의 책략The Engineering of Consent』은 그가 20년 전에 쓴 동일한 제목의 에세이 한 편과 사회과학자가 쓴 7편의 글을 포함한 책이다.[43] 1970년 캐럴 베이트먼J. Carroll Bateman은 『동의의 책략』의 세 번째 개정판을 검토한 후 『PR저널Public Relations Journal』 1970년 3월호에 쓴 글에서 버네이스가 선택한 책 제목에 대해 다음과 같이 말했다.

"우리에 대해 비난하는 사람들이 가지고 있는 가장 안 좋은 견해인, PR인이 대중의 '조작자'라는 의구심을 사실로 확인시켜주는 것 같다. 이 책 제목은 우리가 대중을 그 목적이 좋든 나쁘든, 대중의 이익과는 상관없이, 간혹 양심적이지 않은 방법을 동원해서라도 우리의 뜻에 따르게 만든다는 내용을 암시하고 있다. 설상가상으로 책 제목이 주는 불쾌한 암시를 책 내용에서 구체적으로 확인시켜주고 있다."

이에 대해 버네이스는 인터뷰를 통해 반박하고 나섰다. "동의라는 개념은 미국 독립선언문에 나온 '피지배자들의 동의'라는 표현에서 나온 개념이다. 어느 누구도 자신이 원하지 않는 한 자기 자신을 어떤 방향으로 이끌리게 할 수는 없다." 그는 '책략'이라는 말을 선택한 이유에 대해선 다음과 같이 말했다.

"오늘날 2억이나 되는 사람들이 가지고 있는 문제에 접근하는 유일한 방법을 그것을 책략의 사안으로 보는 것이다. 어떤 사람들은 '책략'이라는 말을 동의라는 단어와 연결해서 사용하는 것에 대해 비판하는 것 같다. 하지만 나는 그렇게 의도한 것이 아니다. 나는 그 단어들을 한 정치학 책에서 찾아냈다."⁴⁴

'간접적 수단의 매력'

버네이스가 '책략'이라는 단어를 한 정치학 책에서 찾아낸 건 사실이겠지만, 그건 동시에 그의 평소 소신이기도 했다. 그는 사람들의 완고함에 대한 나름의 이론을 갖고 있었다. "때때로 수백만 명의 태도를 변화시키는 것은 가능하지만, 한 사람의 태도를 바꾸는 것이 불가능한 경우가 있다."⁴⁵ 그래서 그는 누군가를 설득하는 최선의 방법에 대해서도 이렇게 말했다. "누군가에게 옳지 않다고 말하는 것보다는, 존경 받는 권위자를 내세우거나 자신의 견해에 대한 논리적 틀을 설명하고 전통을 고려하여 설득함으로써, 자신의 주장을 받아들이도록 하는 것이 더 쉽다."⁴⁶

버네이스를 인터뷰했던 저널리즘 교수 마빈 올라스키Marvin N. Olasky는 이렇게 말한다. "버네이스의 기저에 깔린 믿음은 그가 신을 믿지 않는다는 것이었다. 그는 인터뷰 중에, '신이 없는 세상'이 급속하게 사회적 혼돈 상태로 전락하는 것을 보았다고 말했다. 그러므로 그는 PR 전문가들이 사회적 조작을 함으로써, 세세한 부분까지 사회적 통제를 할 수 있고, 재난을 방지할 수 있는, 인간이 만든 신을 창조하는 것이 정당화될 수 있다고 주장하였다. 보이지 않게 뒤에서 조종하는 존재가 개인적인 이득뿐만 아니라 사회적 구원을 위해서도 필요하다는 것이다."[47]

그런데 문제는 사회적 조작이 늘 좋은 의도로만 쓰일 수는 없다는 데에 있었다. 1933년 나치의 선전 지휘자인 요제프 괴벨스Joseph Goebbels, 1897~1945는 버네이스의 책을 참고한 것으로 알려졌다. 버네이스는 권력을 장악하기 직전의 아돌프 히틀러에게서 PR 자문 요청을 받았으나 거절한 바 있었다.[48] 그는 훗날(1965년) 자서전에서 자신의 책이 괴벨스의 서재에 있었다는 소식을 듣고 "충격을 받았다"고 썼다.[49]

그러나 그 어떤 문제에도 버네이스의 PR관은 오늘날 미국, 아니 전 세계 여론 정치의 기본 문법이 되었다는 걸 부인하기 어렵다. 버네이스에 대한 프랑크푸르터의 분노는 역설적으로 그걸 말해주는 게 아닐까? 버네이스가 즐겨 쓴 '동의의 책략'이 오늘날 정치 리더십의 요체이기도 하다는 걸 어찌 부인할 수 있으랴.[50]

여론을 무시할 수는 없지만 그것이 매우 천박한 것일 수도 있다는 걸 명심해야 한다. 이게 바로 버네이스가 우리에게 주는 교훈이리라. 그러나 바로 여기서 조심해야 한다. 여론의 천박한 면을 지적하면 곧장 날아오는 말이 있다. '엘리트주의자'라는 딱지다. 역사상 이름 높은 엘리트주의자와 귀족주의자들이 다 여론을 경멸했으니, 전혀 근거가 없는 딱지는 아니다. 그러나 그게 바로 함정이다.

이와 관련, 국내에서 2009년 이명박 대통령이 주변 사람들에게 권했다는 책 가운데 하나가 눈길을 끈다. 미국의 행동경제학자 리처드 탈러Richard H. Thaler와 법률가 캐스 선스타인Cass R. Sunstein이 쓴 『넛지Nudge』다. 넛지는 원래 '팔꿈치로 슬쩍 찌르다', '주의를 환기시키다'는 뜻이지만, '타인의 선택을 유도하는 부드러운 개입'으로 이해하면 되겠다. '넛지'의 이데올로기는 자유주의적 개입주의libertarian paternalism인데, 이는 좌도 우도 아니고 초당파적이라는 게 저자들의 주장이다.[51] 이명박뿐만 아니라 미국 대통령 버락 오바마Barack Obama, 영국 총리 데이비드 캐머런David Cameron도 넛지에 깊은 관심을 보였고, 영국에선 아예 정부 예산을 줄이는 데에 넛지 이론을 적용하기 위한 특별 팀Behavioural Insights Team이 2010년 내각 기구로 편성되었다.[52]

그런데 '넛지'가 새로운 건 아니다. 그 원조는 버네이스가 역설한 '간접적 수단의 매력'이라는 개념이다. '넛지'는 공익을 추구하는 반면, 버네이스의 '간접적 수단의 매력'은 대기업을 위해 봉사하기도 한다는 차이는 있지만, 대중을 설득하기 위한 방법론이라는 본질에선 같다. 이 책에서 버네이스가 전혀 언급되지 않는 게 이상하다. 부정적 인식을 줄 우려가 있다고 생각했기 때문일까?

오늘날 '계몽의 종언'이 외쳐지고 있는데, 그건 과연 진실일까? 누구에게든 어떤 메시지를 직접적으로 말하면 "감히 누굴 가르치는 거냐?"고 반발하지만, 교묘하게 이벤트나 엔터테인먼트의 형식을 취해 주입시키면 열광적으로 받아들이는 게 현실이다. 즉, 문제는 계몽의 포장술이다. 그런데 포장엔 돈이 많이 든다. 버네이스의 이벤트 연출 묘기는 모두 다 대기업의 금전적 물량 공세 덕분에 가능했던 것이다. 금력과 권력을 가진 쪽의 포장술은 갈수록 세련되어가는 반면, 그걸 갖지 못한 일부 개혁·진보주의자들은 계몽에 들러붙은 엘리트주의 딱지를 떼면서 대중의 지지와 인기를 얻어내기 위해 독설과 풍자 위주로 카타르시스 효과만 주는 담론에 집착하고 있는 게 우리 현실이다. 우리 시대의 계몽과 설득이 처해 있는 딜레마다.

P. T. 바넘

1810~1891

4

'야바위의 왕자'인가,
'흥행의 천재'인가?

P. T. 바넘과 '엔터테인먼트 민주주의'

"대중을 과대평가하지 마라"

"평생에 단 한 번뿐인 기회를 놓치지 마십시오!", "한정판. 수집가가 믿기 어려울 정도로 싼 특별 할인가에 내놓은 물건!", "도산으로 인한 최후의 폐업 대매출! 전품목 완비! 저희는 영원히 문을 닫습니다! 다시 없는 기회! 유례없는 행사! 직접 확인하십시오!"

홈쇼핑에서부터 거리의 '폐업 바겐세일' 현장에 이르기까지 이와 같은 외침은 우리 주변에서 쉽게 들을 수 있다. 그런 선전술의 원조는 누구일까? 미국 광고학자 제임스 트위첼James B. Twitchell은 '서커스의 제왕' P. T. 바넘P. T. Barnum, 1810~1891을 원조로 지목하면서 그에게 '야바위의 왕자'이자 '흥행의 천재'라는 별명을 선사한다.[1]

미국 제16대 대통령 에이브러햄 링컨Abraham Lincoln, 1809~1865이 남긴 명언 중 지금도 자주 인용되는 것 가운데 이런 게 있다. "모든 사람을 잠시 속일 수도 있고, 일부 사람을 영원히 속일 수도 있지만, 모든 사람을 영원히 속일 수는 없다You may fool all the people some of the time; you can even fool some of the people all the time; but you can't fool all of the people all the time."2

영국 출신의 세계적인 광고인 데이비드 오길비David Ogilvy, 1911~1999는 후배 광고인들에게 이런 명언을 남겼다. "소비자는 바보가 아니다. 당신의 배우자다The consumer is no fool, she is your wife."3

속임수가 난무할 것 같은 대표적인 분야가 정치와 광고일 텐데, 그 분야의 대가들이 이토록 고상한 말을 했으니 그들이 존경받는 건 당연하다 하겠다. 그러나 이들의 아름다운 말씀은 과연 늘 진실인가? 현장의 프로들은 고개를 갸우뚱할 게 틀림없다.

그 프로들을 대변하듯, 바넘은 단언한다. "지금 이 순간에도 속기 위해 태어나는 사람들이 있다There's a sucker born every minute." 이 말은 바넘의 경쟁자인 조지프 베시머Joseph Bessimer가 바넘에게 타격을 주기 위해 지어낸 말이라는 설이 있지만, 바넘은 오히려 이 말을 자기가 한 것처럼 역이용했다고 하니 바넘의 말로 간주해도 무방할 것 같다.4

실제로 바넘은 비슷한 취지의 말을 많이 남겼다. 그는 "대부분의 사람을 대부분의 시간 동안 속일 수 있다"고 했으며, "사람들은 기만당하기를 좋아한다"고도 했다.5 그는 이런 말도 남겼다. "미국 대중의 취향을 과소평가해서 손해 본 사람은 아무도 없다Nobody ever lost a dollar by underestimating the taste of the American public."6 "군중만큼 군중을 끌어들이는 것은 없다."7

대중 저널리즘 혁명기의 '스토리텔링'

미국 코네티컷주 베설Bethel의 평범한 가정에서 태어나 청년 시절에 무작정 가출을 한 바넘은 잡화점에서 일하면서 어떤 물건에 대해 자신이 한마디를 하는 것이 그 물건에 가치를 부여함으로써 잘 팔리게 만들 수 있다는 것을 터득했다. 그는 특히 복권 판매에 재능을 보여 곧 자신의 복권 판매 대리점을 운영했는데, 그가 판매한 것은 복권이 아니라 '꿈'이었다. 어찌나 사람들을 잘 꼬드겼는지, 그의 복권 판매소는 뉴잉글랜드 지역에서 가장 큰 대리점이 되었다.[8]

'꿈'이란 무엇인가? 그건 바로 '스토리'다. 최근 한국의 대선 국면에서 '스토리 열풍'이 대단하다. 가장 감동적인 스토리가 있는 후보가 대권을 거머쥔다는 말을 하는 사람이 많았다. 바로 그런 '스토리텔링'의 원조가 바넘인 셈이다.[9]

바넘은 요즘 한국에서 유행하는 말로 하자면, 전형적인 '멀티형 인간' 이었다. 동시에 손을 대는 일이 많았다는 뜻이다. 그는 1831년 주간지 『헤럴드오브프리덤The Herald of Freedom』을 창간해 자유주의적 개혁 운동을 펼쳤는데, 보수적인 원로 종교인들을 공격하다 명예훼손으로 피소되어 2개월간 감옥살이를 하기도 했다. 1833년 복권 판매가 코네티컷주에서 금지되자 그는 1834년 말 가족과 함께 뉴욕으로 이주했다.

당시 미국은 대중 저널리즘의 혁명기를 맞고 있었다. 1833년 9월 3일 인쇄공 출신으로 노동자 계급의 경제 사정과 기호를 잘 이해한 벤저민데이Benjamin H. Day, 1810~1889가 1센트짜리 신문 『뉴욕선The New York Sun』

을 창간한 것이 바로 그 혁명의 시발점이었다. 당시 신문들의 가격이 6센트(노동자의 주급은 5~6달러)였다는 걸 감안한다면, 이는 놀라운 '가격 파괴'였다. 이 신문의 내용은 주로 인간 흥미를 자극하는 것으로 선정적이었으며, 로컬 뉴스와 폭력에 관한 뉴스를 많이 다루었다. 이 신문의 발행부수는 창간 5개월여 후인 1834년 1월에 5,000부였으나, 6개월도 안 되어 8,000부(경쟁지의 2배)로 늘었고, 1836년엔 3만 부로 성장했다.[10]

『뉴욕선』이 대중의 관심을 끈 대표적인 '히트작'을 한 번 보기로 하자. 이 신문은 1835년 8월 25일부터 31일까지 연재 기사를 통해 아프리카 남단의 희망봉에 새로 설치한 대형 망원경으로 달을 관찰한 내용을 '독점 보도'한다면서 달에 생명체가 있다며 이렇게 주장했다. "이들은 높이가 1.2피트 정도이며, 얼굴만 제외하고는 짧고 구리색 광택이 나는 머리카락으로 덮여 있고, 얇은 막으로 된 날개를 가지고 있었다. 그 후로 관찰할 때마다 이들은 분명히 서로 대화를 나누고 있는 모습이었다."

물론 새빨간 거짓말이었다. 일반 대중은 물론 예일대학의 과학자들까지 속아 넘어갔다. 당시 대중신문의 미덕은 '뻔뻔함'이었다. 『뉴욕선』은 거짓 기사를 게재한 것에 대해 참회하기는커녕 오히려 찬양하고 나섰다. 대중을 즐겁게 만들어준 풍자satire라고 우겼다. 실제로 이 사기 사건 이후 『뉴욕선』의 부수는 오히려 1만 5,000부에서 1만 9,000부로 증가해 영국의 『더타임스The Times』를 누르고 세계 최대의 발행부수를 자랑하는 신문이 되었으니, 그렇게 큰소리를 칠 만도 했다.

『뉴욕선』은 신문 가격이 1센트(페니)라는 이유로 '페니 신문'으로 불렸는데, 이들의 성공에 자극받아 페니 신문은 뉴욕은 물론 전국으로

파급되었다. 기존 신문들은 페니 신문의 보도 방식을 센세이셔널리즘 sensationalism이라고 비판했는데, 그것은 페니 신문이 '뉴스'를 다루었기 때문이다. "어떻게 살인 사건이 보도될 수 있는가!!" 이게 당시 기존 신문들이 갖고 있던 생각이었는데, 페니 신문이 그 고정관념을 깬 것이다. 그러니까 페니 신문은 현대적 의미의 뉴스라는 개념을 고안해낸 것이다.[11]

'보통 사람들의 시대'의 명암

페니 신문이 선구적인 신문 사업가들의 아이디어 하나로 가능했던 건 아니다. 더욱 중요한 건 사회적 변화였다. 인쇄기술의 발달, 교통과 통신 시설의 발달, 인구의 증가, 산업화에 의한 소득의 증대, 문맹률의 감소, 도시화 등이 페니 신문의 출현을 가능케 한 배경이었다. 페니 신문의 출현을 가능케 한 이런 사회적 조건의 변화가 확실하게 영향을 미친 다른 분야는 엔터테인먼트였다. 이를 드라마틱하게 보여준 이가 바로 바넘이다.

뉴욕으로 이주한 바넘은 대중을 즐겁게 만들어주는 '쇼맨showman'을 자신의 생업으로 삼았다. 1835년 그의 최초 히트작이라 할 수 있는 조이스 헤스Joice Heth를 보자. 바넘은 헤스가 미국 초대 대통령인 조지 워싱턴George Washington, 1732~1799의 간호 노예였으며 161세라고 주장했다. 실제로는 80세였지만, 바넘의 선전술이 어찌나 뛰어난지 그녀를 보려고 수많은 사람이 몰려들었다. 얼마 후 사람들의 관심이 줄자 바넘은 스스로 신문사들에 익명의 고발 투고를 한다. 바넘이 대중을 속였다고 비난하면서 헤스는 사실 인조인간이라고 주장하는 내용의 편지였다. 이게 보도되자 다시 대중의 관심이 폭증해 관람객이 크게 늘어났다.

바넘의 흥행은 매사가 이런 식이었지만, 대중은 바넘에 의해 속아 넘어가는 것마저 즐겼다. 중요한 건 사실이나 진실이 아니라 어떻게 해서건 대중의 호기심을 자극하는 것이었으며, 바넘의 성공 비결은 바로 그런 일을 잘하는 탁월한 홍보술이었다. 대중은 바넘의 쇼와 이벤트에 대해 비난이 쏟아지고 가짜냐 진짜냐 하는 논란이 벌어지는 걸 사랑했다.[12]

1841년 바넘은 뉴욕 브로드웨이 구석에 처박힌 존 스커더John Scudder의 아메리칸박물관American Museum 5층 건물과 그 안의 전시물을 사들였다. 그리고 곧 자신의 엽기적인 전시물들을 선보이기 시작했는데, 그런 물건의 전시에 '박물관'이라는 이름을 쓰는 것부터가 도발적이었다. 근엄하게만 여겨지던 '박물관' 개념을 대중화·속물화한 것이다. 지식인들의 비난이 쏟아졌지만 대중은 마냥 즐거워했다. 관객은 휴일도 없이 언제든 찾아갈 수 있으며, 그것도 하루 종일 놀 수 있다는 점에서 편안함을 느꼈다. 이는 당시 '잭슨 민주주의Jacksonian Democracy'의 특성이기도 했다.[13]

'잭슨 민주주의'는 미국 대통령 선거 운동의 분수령이 된 1828년 대선 이후 탄생한 것이다. 이 선거에서 최초로 여성, 흑인, 인디언을 제외한 백인 남자의 보통선거제 실시로 투표자는 이전보다 3배 이상 늘어났기 때문이다. 이 선거에서 승리한 제7대 대통령 앤드루 잭슨Andrew Jackson, 1767~1845의 지지자들은 잭슨의 승리가 '부자와 기득권 계층'을 상대로 한 '농부와 기능공들'의 승리라고 환호하면서 미국이 '보통 사람들의 시대the era of the common man'에 들어섰다고 주장했다.[14]

1829년 3월 4일 미국 전역에서 온 농부·노동자 등 보통 사람들이 잭슨의 취임식을 구경하기 위해 연방의회 의사당 앞에 집결했다. 취임식이 끝난 후 이들은 신임 대통령과 악수하려고 백악관의 공개 환영회에 몰려 들어와 회의장을 가득 메웠다. 흙투성이 장화를 신은 군중들은 이 방 저 방으로 몰려다니면서 카펫을 더럽히고 실내 장식품을 훼손했다. 술에 취한 남자들과 기절한 숙녀들로 난장판이 되었다. 밀려드는 사람들로 인해 압사 지경에 처한 잭슨은 뒷문으로 빠져나가 사설 숙소로 피해야만 했다. 잭슨의 정치 동료 아모스 켄들Amos Kendall, 1789~1869은 "이 날은 국민들이 자랑스럽게 생각하였던 날이었다"고 회고한 반면 연방대법원 판사 조지프 스토리Joseph Story, 1779~1845는 "'폭도'의 왕의 시대가 승리한 것 같다"고 비난했다.[15]

대중의 '야바위' 사랑

잭슨 민주주의의 그런 명암은 곧 바넘이 벌이는 일의 두 얼굴을 시사하는 것이기도 했다. 1842년 1월 1일 개관한 아메리칸박물관은 박물관, 동물원, 강연장, 밀랍 전시관, 극장, 쇼 무대 등을 조합한 잡탕이었으며, 엉뚱함의 극치이기도 했다. 바넘은 일부러 최악의 연주자들을 골라 건물 발코니에서 연주하게 했는데, 이는 구경꾼들이 그 연주의 소음이 듣기 싫어 박물관 안으로 입장한다는 바넘의 이론에 따른 것이었다.[16]

트위첼은 "이 건물 안에 들어 있던 것들 중에서 보이는 그대로의 것은 하나도 없었다. 모든 물건이 이야기를 갖고 있었다. 이 야바위꾼에게 그 건물은 하나의 사원寺院이었다. 그러나 그 시스템은 똑같았다. 모르긴 해도, 바넘이 자신의 박물관에서 '거꾸로 된 말'을 공개했을 때 불평을 한 사람은 아무도 없었을 것이다"며 다음과 같이 말한다.

"이 '자연적인 변종'은 머리와 꼬리가 거꾸로 붙어 있었다. 호기심이 동해 돈을 내고 입장한 사람들의 눈에 들어온 것은 지극히 정상적으로 생긴 말이었다(단지 머리가 아니라 꼬리가 외양간에 매여 있었을 뿐). 또 바넘은 코뿔소를 유니콘이라고 광고했다. 미국에서 처음으로 공개된 하마는 '성서 속의 거수巨獸'로 불렸다. 사람들은 이 동물을 좋아했다. 바넘은 사람들을 북적거리는 전시장에서 밖으로 내보내고 싶을 때가 되면 '울 밖으로 나가는 길'이라는 문구가 크게 쓰인 입간판을 출입문 위에 가져다 놓았다. 진기한 물새 같은 것을 구경하게 되겠거니 하고 기대했던 손님들은 자신이 뜻밖에 전시장 밖으로 나와버렸다는 것을 알게 되었고, 도로 입장하기 위해서는 다시 돈을 지불해야 했다. 그래도 사람들은 화를 내기는커녕 마냥 재미있어 했다."[17]

돈을 내고 들어온 관객을 밖으로 나가게 만드는 트릭엔 'egress'라는 어려운 영어 단어가 동원되었다. egress는 '출구exit'란 뜻이지만, exit란 단어는 알아도 egress라는 단어를 아는 대중은 거의 없었다. 그래서 'This Way to the Egress'라는 안내 표지는 뭔가 진기한 것이 있겠거니 하는 호기심을 고조시키는 효과를 냈던 것이다.[18]

바넘은 아메리칸박물관을 개관한 그해에 피지 섬에서 잡혔다는 피지 인어Fejee Mermaid를 전시함으로써 세상을 또 한 번 떠들썩하게 만들었다. 이건 원숭이 미라와 마른 물고기를 조악하게 붙여서 만든 것이었지만, 대중의 호기심을 자극하는 것이 중요할 뿐 진실은 별로 중요하지 않았다. 사람들은 그걸 보기 위해 몇 시간 동안 줄을 서는 걸 마다하지 않았다. 이에 대해 바넘은 훗날 박물관을 홍보하기 위한 유인술이었다고 밝히면서 이렇게 말했다. "나는 대중을 기만하는 것은 믿지 않습니다. 하지만 먼저 사람들을 유인한 다음 그들을 즐겁게 해주는 것은 믿습니다 don't believe in duping the public, but I believe in first attracting and then pleasing them."[19]

이와 관련, 트위첼은 "무엇을 팔건, 혹은 뭔가를 팔 때, 바넘은 첫 번째 법칙이 '사람 끌어모으기'임을 알고 있었다. 무조건 사람들을 끌어모아라. 그런 다음 사람들을 자리에 앉혀라. 그리고 마지막으로, 사람들이 조용해지면, 팔 물건에 대해 떠들어라. 바지를 벗어던지는 식의 기이한 행동으로 사람들의 관심을 끄는 것은 누구나 할 수 있지만, 수많은 관객을 앉혀놓고 조용히 주목하게 만드는 것은 천부의 재능이다"며 다음과 같이 말한다.

"그런데 사람들을 조용하게 만드는 것이 터무니없는 약속일 때가 의외로 많다. 순회공연의 호객꾼은 외친다. '여러분이 한 번도 번 적이 없는 것을 보여드립니다!' '피~지'에서 온 '아름~다운' 인어를 보고 싶은가? '가슴을 드러내고 꼬리는 물고기처럼 생긴 미녀'의 환상적인 모습을 구경하고 싶은가? 1840년대에는 수만 명의 사람이 보았다.……이런 식으로 사람 끄는 행위를 좋아하지 않는 사람들은 그것을 엉터리 선전hype이라고 부른다. 19세기에는 이것을 야바위humbug라고 불렀다. 야바위는 'hoopla', 'ballyhoo', 'bunkum', 'flim-flap', 'claptrap', 'codswallop' 따위와 마찬가지로 당대의 새 어휘 목록에 포함되어 있었다. 이 말들은 미국만의 독특한 새로운 흥행 형식, 즉 매스컴에 의한 조작극, 다시 말해 약속은 거창하나 주는 것은 별 볼일 없는, 그리고 뭔가는 소비하고 돌아와야 하는 일을 묘사하기 위한 새로운 표현들이었다. 바로 이것이 바넘이 역사상 최초로 터득했던, 매스컴을 통한 조작극과 같은 종류의 쇼다."[20]

대박을 친 '톰 섬'과 '제니 린드'

바넘의 전시품 중엔 허리가 붙은 샴쌍둥이Siamese twins도 있었다. Siam은 태국Thailand의 옛 이름인데, 이런 유형의 쌍둥이에 태국이라는 이름이 붙은 건 태국의 샴쌍둥이로 미국에서 생활하면서 유명인사가 된 창과 응Chang and Eng, 1811~1874 때문이다. 이들은 미국에 온 뒤 벙커Bunker라는 성姓: surname을 취했다. 18세에 미국으로 온 그들은 자신들이 인기 있는 구경거리가 되는 것을 적극적인 사업의 기회로 삼아 큰돈을 벌었으며, 그 과정에서 바넘과 인연을 맺기도 했다.

이들은 노스캐롤라이나에 농장을 구입해 현지 처녀들과 결혼까지 해 모두 11명의 자녀를 두었다(Chang이 6명, Eng이 5명). 이들과 결혼한 여자들은 자매였음에도 서로 사이가 좋지 않아 Chang and Eng Bunker는 두 집에 각각 3일간씩 머물렀다. 남북전쟁(1861~1865) 중에 그간 모은 재산을 모두 잃자, 성격이 급한 창은 과음으로 사망하고 말았다. 혼자 사는 삶은 의미가 없다고 생각한 응은 자신의 몸에서 죽은 창을 분리

해내는 걸 거부하고 따라서 같이 죽는 길을 택했다.²¹

바넘은 1843년엔 톰 섬Tom Thumb, 1838~1883이라는 난쟁이를 대중에 소개했다. 5세로 25인치(64센티미터)의 키에 불과한 톰 섬은 대단히 조숙해 영악할 정도로 똑똑했거니와 말도 잘하고 잘 까불고 노래도 하고 유명인 흉내도 냄으로써 대중의 폭발적인 인기를 끌었다. 물론 이 모든 건 다 바넘이 가르친 것이었다. 톰 섬의 인기가 유럽까지 알려지자 바넘은 그를 데리고 1844~1846년 유럽 순회공연에 나섰다. 영국 버킹엄궁을 방문해 빅토리아 여왕 앞에서 성공적인 공연을 하자, 이게 또 홍보 효과를 낳아 유럽 각국의 황실에 초청되는 등 대성공을 거두었다.

바넘은 1850~1851년엔 '스웨덴의 나이팅게일'로 불린 소프라노 가수 제니 린드Jenny Lind, 1820~1887를 미국에 초청해 전국 순회 장기 공연을 벌임으로써 엄청난 돈을 벌어들였다. 린드는 미국엔 전혀 알려져 있지 않던 인물이었지만, 바넘은 린드의 미국 도착 전 엄청난 홍보 공세를 퍼부어 미국인들이 얼굴도 보지 못한 린드에 열광하게 만드는 '홍보의 승리'를 거두었다.

린드가 뉴욕에 도착할 때 4만 명의 인파가 몰려들었으며, 2만 명이 그녀가 묵은 호텔 앞에서 진을 치는 진풍경이 벌어졌다. 린드의 공연 표를 구할 수 없을 정도로 인기가 치솟자, 바넘은 표를 경매로 판매하는 묘기를 선보일 정도로 대성공을 거두었다. 그런데 어떻게 그런 사전 홍보가 가능했을까? 바넘의 천재성도 큰 몫을 했겠지만, 바넘이 직접 봉급을 주면서 관리하던 언론인만 26명에 이르렀다는 점도 무시할 수 없는 요인이었다.²²

린드의 공연에서 한 가지 흥미로운 사실을 발견할 수 있다. 서커스 흥행업자와 소프라노 가수의 전혀 어울리지 않는 조합이다. 오늘날엔 상상도 할 수 없는 일인데, 당시엔 어떻게 그게 가능했을까? 이른바 고급문화의 저급문화의 분리는 19세기에 일어난 현상이라는 점에 주목할 필요가 있다. 셰익스피어 연극과 오페라는 오늘의 기준으로는 고급문화에 속하지만, 영국에서 19세기 이전까지는 일반 대중도 즐기던 '대중문화'였다.[23] 미국에서도 19세기 중반에 이르러 셰익스피어 연극과 오페라는 대중의 곁을 떠나 고급 관객의 전유물이 되기 시작했다.[24]

그런데 바넘이 활약하던 시절은 그런 구분이 일어나기 시작한 과도기였기 때문에 서커스 흥행업자와 소프라노 가수의 만남은 그다지 이상할 것이 없었다. 제니 린드 공연의 성공에 고무된 『퍼트넘매거진Putnam's Magazine』은 1853년 바넘이 뉴욕오페라단의 단장이 되어야 한다고 주장했다. "바넘은 우리의 공중이 무엇을 원하는지, 어떻게 그것을 충족시킬 것인지를 알고 있다. 그는 우리와 마찬가지로 오페라가 소수의 사치일 필요는 없으며 더 많은 사람이 즐길 수 있어야 한다는 것을 이해하고 있다."[25] 셰익스피어도 마찬가지였다. 바넘은 1864년 4월 23일 셰익스피어 탄생 300주년을 기념해 그의 동상을 세우기 위한 기금 조성에 나서기도 했다.[26]

물론 세월이 흐르면서 오페라와 셰익스피어는 점점 더 대중의 곁에서 멀어져 간다. 이와 관련, 윌리엄 로마노프스키William D. Romanowski는 고급문화와 저급문화의 분리가 미국에서 사회적 구분이 사라지던 때에 일어났다고 하는 사실은 이 구분이 상류 계층의 지위와 문화적 권위의 전

통적 수단에 대한 배타적 통제력을 유지하는 것과 얼마나 깊은 관계가 있는지 보여준다고 말한다.[27]

남북전쟁의 상처를 치유한 엔터테인먼트

바넘은 자신이 쓴 책들을 판매하는 데에도 천재성을 보였다. 1854년에 출간된 바넘의 자서전(『The Life of P. T. Barnum Written by Himself』)은 미국에서만 16만 부가 팔려나갔으며, 영국 · 독일 · 프랑스 번역판까지 나왔다. 그는 1869년 두 번째 증보판 자서전 『Struggles and Triumphs: Or, Forty Years' Recollections of P. T. Barnum』을 냈고, 이 또한 큰 성공을 거두었다. 이에 그치지 않고 바넘은 모든 출판업자에게 저작권을 무상 양도하는 묘기를 선보였다. 그러자 싸구려 출판업자들이 앞다투어 여러 판본으로 바넘의 책을 출간했고, 그 덕분에 그의 자서전은 19세기 말경 미국에서 『성경』 다음으로 많이 팔린 책이 되었다.[28]

그 밖에도 바넘은 『나는 왜 유니버설리스트인가Why I am a Universalist』(1890)와 같은 종교 서적에서부터 『돈을 버는 법The Art of Money Getting』(1880) 등과 같은 자기계발서에 이르기까지 다양한 책을 출간했다.[29] 그는 『돈을 버는 법』에서 광고의 중요성을 강조했는데, 이런 '광고 금언'도 제시했다. "광고는 배움과 같아, '적게 하면 위험하다!Advertising is like learning-'a little is a dangerous thing!'"[30] "선무당이 사람 잡는다A little learning is a dangerous thing"는 속담을 원용해, 광고를 하는 둥 마는 둥 찔끔찔끔 해서는 안 된다는 뜻으로 한 말이다.

바넘은 떼돈을 벌어들이자 1850년대 초부터 도시개발에 투자를 했는데, 이게 실패로 돌아가면서 1856년경 그간 번 돈을 다 날렸을 뿐만 아니라 빚더미 위에 올라앉고 말았다. 이에 바넘의 비판자들은 환호했다. 바넘을 혐오했던 문인 랠프 월도 에머슨Ralph Waldo Emerson, 1803~1882은 바넘의 몰락은 하나님이 살아 계심을 입증해준 것이라고 주장했다.

그러나 그건 성급한 판단이었다. 바넘의 또 다른 자산은 인간관계였다. 그는 자신의 사업 파트너들은 물론 자신의 쇼에 출연한 사람들과 늘 우호적 관계를 유지했는데, 이게 그의 재기를 위한 밑천이 되었다. 바넘의 품에서 벗어나 독자적인 사업을 꾸린 톰 섬을 비롯해 그의 옛 친구들이 지원해주자, 바넘은 이를 바탕으로 1860년경부터 빚에서 해방되어 재기에 성공했다. 오늘날 인기를 끌고 있는 대형 수족관aquarium도 바넘이 이 시기에 최초로 선보인 것이다.[31]

바넘은 톰 섬의 인기가 시들해지자, 1862년 라이벌 난쟁이 커모더 너트Commodore Nutt, 1844~1881를 등장시키고, 여기에 여자 난쟁이를 붙여 삼각관계를 조성했다. 결국 톰 섬의 결혼으로 해피엔딩이 되었지만, 대중은 톰 섬 부부가 어떤 식으로 부부관계를 가질지 궁금해했으며 비평가들은 바넘이 장난을 친 거라며 비난을 퍼부었다.

그럼에도 1863년 2월 10일 톰 섬의 결혼식은 신문 1면의 톱기사로 다루어진 가운데 미국의 내로라하는 유명인사들이 대거 참석한 대행사가 되었다. 결혼식이 치러진 메트로폴리탄호텔Metropolitan Hotel엔 2,000여 명의 하객이 운집했다. 링컨 대통령은 백악관으로 톰 섬 부부를 초청했는데, 이들이 국무회의가 열리고 있던 시간에 백악관에 도착하자 국무회의 석상에서 한동안 즐거운 담소를 나누기도 했다. 이 부부는 유럽과 일본을 포함한 세계 여행에 나서 대대적인 환호를 받으면서 세계적인 유명인사가 되었다.

바넘은 잭슨 민주주의자로 남북전쟁(1861~1865) 직전까지 민주당에 충성하다가 노예제에 대한 반감 때문에 1860년 대선부터 공화당 소속의 링컨을 지지했다. 이런 배경 때문에 톰 섬의 결혼은 남북전쟁으로 인한 우울한 사회적 분위기를 치유하려는 링컨과 바넘의 합작 음모라고 주장하는 책마저 등장했다.[32]

그런 음모론이 나오게 된 배경엔 바넘의 열성적인 링컨 지지가 작용했다. 바넘은 남북전쟁 기간 중 남부의 노예 소유주들과 남부에 공감하는 북부인들을 맹렬히 비난함으로써 남부의 미움을 샀다. 남부의 보복 위협 때문에 그의 박물관·서커스 시설 경비를 강화하는 일까지 벌어졌지만, 그는 그런 위협에 굴하지 않고 남부 비판을 계속 해나갔다.

심지어 조롱까지 했다. 전쟁이 끝나 남부 대통령 제퍼슨 데이비스 Jefferson Davis, 1808~1889가 아내의 옷을 입고 탈출하려다 붙잡혔다는 신문 기사가 등장하자(이는 오보였다), 그는 전쟁 장관 에드윈 스탠턴Edwin M. Stanton, 1814~1869에게 전보를 보내 데이비스가 입었던 페티코트를 500달러(오늘날 약 1만 2,000달러)에 사겠다고 했다. 이는 언론에 널리 보도되었다. 바넘의 이런 언행에 대한 남부의 반감이 워낙 깊었기 때문에 그는 남부에서 서커스 순회공연을 하지 않았다.[33]

톰 섬의 결혼이 과연 정치적 음모였는지는 모르겠지만, 바넘의 홍행이 남북전쟁 기간 중 큰 성공을 거둔 건 분명한 사실이다. 바넘의 쇼는 일반 대중이 전쟁의 피곤함을 잊을 수 있는 거의 유일한 곳이었기 때문이다. 남북전쟁으로 인한 상처의 치유엔 바넘과 더불어 서부극이 큰 기여를 했다. 바넘도 1843년 뉴저지 호보켄Hoboken 공연에서 버펄로 사냥을 중심으로 한 서부극을 무대에 올린 바 있었지만,[34] 서부극 흥행의 주인공은 버펄로 빌Buffalo Bill, 1846~1917이었다. 이와 관련, 양홍석은 다음과 같이 말한다.

"당시 미국인들은 남북전쟁의 고통을 잊게 해줄 수 있는 영웅담을 찾고 있었다. 동부 사람들은 서부를 통해 무한한 낭만과 희망을 구하고자 했다. 동족상잔의 비극을 겪은 미국인들은 새롭게 정돈된 국가 안에서 단결을 위해 미지의 서부를 정복 대상으로 그려내고자 했다. 미국인들은 서부 이야기를 통해 무한한 스릴과 판타지에 탐닉하고자 했다."[35]

'점보'를 앞세운 '지상최대의 쇼' 서커스

바넘 자신도 영웅이 되었지만, 시련은 계속되었다. 바넘은 1865년의 대화재에 이어 1868년의 대화재로 아메리칸박물관을 완전히 날리고 말았다. 이후 바넘은 순회 서커스로 돌아서 본격적인 서커스 무대를 선보이기 시작했는데, 그가 1871년에 창단한 '지상최대의 쇼The Greatest Show On Earth' 서커스단은 현대 서커스의 원조로 불릴 정도로 그 규모가 웅장했다. 서커스를 동시에 3곳의 무대ring에서 연출해내는 이른바 삼종 서커스a three-ring circus를 선보인 주인공도 바로 바넘이었다.[36]

이후 바넘 서커스의 간판 구경거리는 그가 1882년 영국 런던에 있는 리젠트파트 동물원에서 사들인 점보Jumbo 코끼리였다. 키가 3.25미터(나중에 4미터까지 성장)나 되고 무게가 6톤에 이르는 점보 코끼리의 전국 순회공연은 폭발적인 인기를 끌었다.

점보라는 이름은 영국 동물원에서 붙인 것인데, 그 기원에 대해선 설이 분분하다. 서아프리카의 주술사를 가리키는 'mumbo jumbo'의 준말인 점보는 영어에서 '알아들을 수 없는 말'을 가리키는 단어인데, 무슨 이유 때문인지 그 코끼리에 점보라는 별명이 붙었다. 스와힐리Swahili어로 hello를 뜻하는 jambo, 또는 추장chief을 뜻하는 jumbe에서 유래한 말이라는 설이 있기는 하다.

바넘이 이 코끼리를 살 때 영국에선 10만 명의 학생이 빅토리아 여왕에게 점보를 팔지 못하게 해달라는 탄원서를 제출하는 등 엄청난 소동이 벌어졌다. 이 반대 운동은 1960년 영국 작가 질리언 에이버리Gillian Avery가 출간한 『코끼리 전쟁The Elephant War』이라는 책에 자세히 기록되었다. 결국 이 소동은 바넘의 승리로 끝났지만, 영국인들은 미국으로 건너간 점보가 전국 순회공연을 다니는 것에 대해 또 한 번 분노했다. 그렇지만 미국인들은 점보에 열광했고, 이에 비례해 바넘은 엄청난 돈을 긁어모았다. 1885년 9월 점보 코끼리가 기차와 충돌해 죽자, 바넘은 코끼리의 가죽과 뼈를 박제해서 계속 순회 전시를 했다. 이제 실물이 사라졌으니, 필요한 건 실물을 대신할 수 있는 스토리였다. 바넘은 점보가 새끼 코끼리를 구하려고 자기 몸을 던져 죽었다고 주장했는데, 이런 조작된 '미담'이 신문에까지 실렸다.[37]

그러나 그것만으론 약하다 싶었는지, 바넘은 '앨리스Alice'라는 이름의 암코끼리를 수입해 점보의 짝이었다고 소개하면서 박제된 점보의 뒤를 따르게 했다. 앨리스는 검정 가두리가 달린 천을 몸에 걸친 채 몇 걸음을 걸을 때마다 앞발로 눈을 훔쳤는데, 이는 구경꾼들에게 슬픔을 표현하는 것으로 여겨졌다. 물론 앨리스는 그렇게 하도록 훈련받은 코끼리였다. 이런 탁월한 홍보술 덕분에 바넘은 점보가 살아 있을 때보다 죽고 난 뒤에 훨씬 더 많은 돈을 벌어 들였다. 이후 사람들은 무엇이건 크기만 하면 '점보'라고 불러댔는데, 그 극치는 1968년에 등장한 대형 여객기를 '점보제트기'라고 부른 것이다. 1970년 1월 21일 처음 운행된 점보제트기의 공식 명칭은 보잉 747이다.[38]

'입소문 마케팅'과 '바넘 효과'

점보를 우려먹을 대로 우려먹은 바넘은 1889년 박제 점보를 미국 터프츠대학Tufts University에 기증했다. 그는 이미 1883년에 터프츠대학에 5만 달러(2009년 환산액 100만 달러)를 기부하고 대학 이사회의 이사로 활동하는 등 이 대학과 밀접한 관련을 맺고 있었다. 박제 점보는 1975년 화재로 사라지고 말았지만, 점보는 오늘날에도 터프츠대학의 마스코트로 살아남았다. 터프츠대학 학생들의 별명도 '점보'다. 터프츠대학 기부를 비롯해 바넘은 여러 기부를 했는데, 그의 기부 철학은 '이익을 남기는 박애profitable philanthropy'였다. 기부가 기부 대상자들에게 자극을 주어 생산적인 일을 할 수 있게끔 해야 한다는 것이다.[39]

점보 코끼리가 죽기 전 바넘은 경쟁자가 태국에서 흰 코끼리를 들여와 구경꾼들의 인기를 얻자, 흔해 빠진 회색 코끼리에 하얀 칠을 해서 흰 코끼리라고 선전함으로써 경쟁자를 따돌리기도 했다. "도대체 회색 코끼리를 어떻게 흰 코끼리로 둔갑을 시켰다는 거야?"라는 호기심이 발동한 관중은 흰 코끼리보다는 바넘의 '사기술'을 더 재미있게 여긴 것이다. 결국 바넘의 희한한 상술에 농락당한 경쟁자는 흰 코끼리를 처분하려고 했지만, 그마저 여의치 않아 한동안 그 '성가신 물건'으로 인한 부담을 떠안아야 했다.[40]

바넘의 흥행 상술은 한두 가지로 정리하기가 어렵지만, 그 핵심은 늘 '입소문'이었다. 요즘 유행하는 '입소문 마케팅'의 원조라고 해도 좋을 정도로 그는 입소문을 퍼뜨리는 데에 탁월한 재능을 보였다. 예컨대, 바넘은 서커스가 마을에 들어오기 2주 전부터 선전 마차를 보내 마을을 돌게 하는 총력전을 펼쳤는데, 이런 식으로 입소문을 퍼뜨리는 데 들어가는 돈은 전체 서커스 비용의 3분의 1에 이르렀다.[41] 그는 잠재 관객들을 가리켜 '전 연령대의 어린이들children of all ages'이라고 불렀는데,[42] 남녀노소를 막론하고 누구나 갖고 있는 동심을 주요 소구점으로 삼았다고 볼 수 있겠다.

바넘은 "모든 사람을 위한 즐길거리를 갖고 있다We've got something for everyone"고 주장했는데, 바로 이 말에 근거해 '바넘 효과Barnum effect'라는 신조어마저 탄생했다. 대중이 근거가 매우 희박한데도 일단 믿고보자 하는 심리 상태를 가리키는 말로도 쓰이지만,[43] 사람들이 보편적으로 가지고 있는 성격이나 심리적 특징을 자신만의 특성으로 여기는 심리적 경향을 가리키는 말로 더 많이 쓰인다.

사람들은 보통 막연하고 일반적인 특성을 자신의 성격으로 묘사하면, 다른 사람들에게도 그러한 특성이 있는지는 생각하지 않고, 자신만이 가지고 있는 독특한 특성으로 믿으려는 경향이 있다. 이러한 경향은 자신에게 유리하거나 좋은 것일수록 강해지는데, 이처럼 착각에 의해 주관적으로 끌어다 붙이거나 정당화하는 경향을 말한다. 그래서 '주관적 정당화subjective validation'라고도 한다.

1948년 미국 심리학자인 버트럼 포러Bertram R. Forer, 1914~2000가 성격 진단 실험을 통해 처음으로 증명한 까닭에 '포러 효과Forer effect'라고도 한다. 포러는 자신이 가르치는 학생들을 대상으로 각각의 성격 테스트를 한 뒤, 그 결과와는 상관없이 신문 점성술 난의 내용 일부만을 고쳐서 학생들에게 나누어주었다. 그는 이 테스트 결과가 자신의 성격과 맞는지 맞지 않는지를 학생들이 평가하도록 했다. 자신이 받은 테스트 결과가 자신에게만 적용되는 것으로 착각한 학생들은 대부분이 자신의 성격과 잘 맞는다고 대답했다. 포러가 학생들의 성격 진단 결과로 나누어준 점성술 난의 내용은, 대부분의 사람들이 가지고 있는 보편적인 특성을 기술한 것이다. 포러는 실험을 통해 보편적 특성을 개개인에게 적용할 때 사람들이 어떻게 반응하는지를 알아보고, 그 결과로 바넘 효과를 증명한 것이다.

'바넘 효과'는 사람들이 점성술, 점, '필적 감정graphology(글씨로 사람의 성격을 알아내는 것)', 기타 각종 성격 테스트 등을 믿는 것을 설명할 때에 도움이 되는 이론이다. 사람들이 의학적 반론에도 혈액형과 성격의 관계를 믿는 것도 설명할 수 있다. 무슨 일에 대한 판단을 할 때 여러 모로 많은 고민을 하는 것은 A형만이 아니라 대부분의 사람이 그렇다. 거꾸로 아무리 A형의 얌전한 사람도 과감한 행동을 할 때도 있는 법이다. 그럼에도 사람들은 'A형은 어떻다'는 확신을 버리지 않는다.[44]

바넘과 마크 트웨인

바넘이 미국 대중의 영웅으로 활약하던 시절에 또 다른 영웅이 있었으니, 그는 바로 소설가 마크 트웨인Mark Twain, 1835~1910이다. 트웨인의 미시시피강 이야기는 미국인들을 사로잡았다. 미시시피강 근처에서 태어난 트웨인은 1876년 『톰 소여의 모험』, 1883년 『미시시피강의 삶』에 이어 1885년 『허클베리 핀의 모험』을 출간했는데, 이는 트웨인의 작품 중 미시시피강을 배경으로 다루고 있는 대표적인 3부작이다. 16세기 영국 튜더왕조 시대의 사회악을 고발한 『왕자와 거지The Prince and the Pauper』(1882)도 그의 히트작이다.

『허클베리 핀의 모험』은 트웨인의 최고 걸작으로 순진한 어린이의 눈으로 노예제도와 사회관습을 풍자하고 통속적 가치관과 고상한 가치관의 갈등을 묘사했다. 훗날 어니스트 헤밍웨이Ernest Hemingway, 1899~1961는 "모든 미국 현대문학은 마크 트웨인의 『허클베리 핀의 모험』에서 출발했다"고 평가했다. 이는 트웨인이 최초로 유럽이나 영국의 영향에서 완전히 벗어나 미국적인 소재와 미국적인 정서를 반영한 작품을 썼다는 의미다.[45]

그러나 『허클베리 핀의 모험』은 작품과 주인공이 반사회적 성향을 지녔고 문법적으로도 틀린 문장과 속어를 많이 사용하고 있어 교육적으로 적합지 않다는 이유로 공립도서관과 학교에서 배척되었다. 금서로 평가되는 바람에 책은 더 많이 팔렸지만, 수난은 이후로도 오랫동안 계속되었다. 1931년 출판사 하퍼 앤드 브라더스는 이 책에서 문제가 된 부분을 삭제해 출판하기도 했고, 1957년 뉴욕 교육위원회는 이 책을 필독서 목록에서 빼버렸고, 1976년 유사한 조치가 일리노이주 고등학교에서 취해졌다.

1982년과 1985년엔 이 책에서 흑인을 멸시해 부르는 '니거nigger'라는 표현이 사용되었다 하여 흑인 학교에서 인종 편견 작품이라고 도서 목록에서 제거했다. 이에 김재신은 "이런 조치는 『허클베리 핀의 모험』을 제대로 이해하지 못한 결과이다. 실제로 이 작품은 스토우 부인의 『톰 아저씨의 오두막』에 버금가는 반노예제도를 강조한 작품으로 볼 수 있으며 인종 편견과 인간을 물질화하는 것을 풍자한 것으로 볼 수 있다"고 말한다.[46]

바넘과 트웨인은 오늘날에도 지속되고 있는 미국 사회의 두 흐름을 대변한다. 광고 판타지와 전원주의다. 둘 다 현실과는 거리가 있다는 점에서 둘은 일견 상충되어 보이지만 사실 하나로 통하는 흐름이다. 게다가 두 사람 모두 노예제에 강력 반대하는 동시에 이단자 기질이 다분했다. 그래서인지 두 사람은 우호적인 서신을 주고받는 등 친교를 나누었다.[47]

시간이 흐를수록 트웨인이 점점 더 높은 평가를 받게 되었듯이, 바넘 역시 같은 코스를 달렸다. 당대의 비판자들은 바넘을 '사기꾼'으로 매도

했다. 『네이션The Nation』의 한 논설위원은 "바넘은 종교의 핵심을 갉아 먹는 인물이며, 종종 확인할 수 있듯이 우스꽝스러운 야바위의 화신임 이 분명하다"고 비난했다.[48] 그러나 대중은 바넘의 야바위에 개의치 않았으며, 후대의 비평자들 역시 바넘의 다른 면에 주목했다.

바넘의 엔터테인먼트 개혁주의

그런데 왜 바넘에 대해 '종교의 핵심을 갉아먹는 인물'이라는 비난이 나왔을까? 이런 비난은 바넘이 도덕적 열망이 충만한 나머지 자신의 서커스를 종교화했기 때문에 나온 것이기도 했다. 그는 서커스 관객을 '신자congregation'로 불렀으며, 그들을 상대로 금주 등과 같은 도덕적 설교를 엔터테인먼트로 포장해 제공했다. 박물관과 서커스 입장 조건도 의외로 까다로웠다. 음주, 흡연, 도박을 금지했으며, 보안 요원들을 두고이를 감시했다.[49] 그는 전국 순회공연을 다닐 때에도 지역교회에 가서금주 강연을 할 정도로 일부 교단과 우호적인 관계를 맺었지만, 비교적엄격한 교단에서는 맹렬한 비난의 대상이 되었다.

바넘은 일요일에 아무 일도 하지 말 것을 요구하는 '주일 폐쇄법Sunday closing laws'은 영적 고양 사업을 교회들이 독점하겠다는 것이라고 비판했다. 그는 영원히 사라지지 않을 인간의 속성과 관련된 활동들을 금지시키려는 일부 교회들의 노력을 시간낭비라며 변화할 것을 촉구하기도했다.[50] 오늘날 교회들이 바넘의 홍보 기법을 그대로 따라서 하고 있다는 주장이 나오는 걸 보면,[51] 바넘이 시대를 앞서갔던 걸까? 아니면 교회가 너무 상업화되어가는 걸까?

바넘은 '야바위의 왕자'이자 '흥행의 천재'인 동시에 개혁 정치가이기도 했다. 그는 1865년 코네티컷주 하원의원에 당선되어 재임했다. 1867년 연방 하원의원에 도전했다가 실패했지만, 1875년 코네티컷주 고향 근처의 브리지포트Bridgeport의 시장市長으로 활동했다. 그는 노예해방과 금주운동의 열성적인 참여자인 동시에 기득권에 도전하는 개혁적인 정치가이자 행정가로 활동했다. 비록 그 업적은 그의 천재적인 '야바위'와 '흥행'의 그늘에 가려지고 말았지만 말이다.

아니 바넘에게 '정치'와 '흥행'은 별개였다고 보는 게 더 옳을지도 모르겠다. 그는 하원의원 재임 시 코네티컷 헌법에 흑인의 참정권을 보장하는 수정안을 제출할 정도로 노예해방에 앞서가는 면모를 보였지만, 그의 서커스 무대에서는 흑인을 극도로 차별하고 폄하하는 공연이 계속되었으니 말이다.[52]

또한 바넘은 늘 대중을 떠받드는 평등주의적 가치를 역설했지만, 입장료가 대중적으로 싼 건 결코 아니었다. 아메리칸박물관은 25센트, 제니 린드 공연은 3달러였는데, 2003년 기준으로 환산하면 각각 5.5달러, 70달러에 이를 정도로 비싼 가격이었다. 그는 어중이떠중이를 받아들이기보다는 실속 있는 가족 동반 고객 위주로 운영했다.[53]

남북전쟁의 영웅이자 미국 제18대 대통령(1869~1877)인 율리시스 그랜트Ulysses S. Grant, 1822~1885가 대통령 퇴임 후 세계 순방을 마치고 돌아와 바넘을 저녁 식사에 초대했다. 바넘이 먼저 아첨 멘트를 날렸다. "대통령 각하, 이번 순방으로 지구상에서 가장 유명한 분이 되셨습니다." 그러자 그랜트가 이렇게 답했다. "천만의 말씀. 나는 당신에 비하면 아무것도 아니오. 이번에 중국, 일본, 인도 등지를 돌고 왔는데, 어디를 가나 끈질기게 묻는 말이 '바넘을 아십니까'였소. 내가 보기에는 바넘 당신이 이 세상에서 가장 유명한 인물이오."[54]

1891년 4월 7일 바넘이 81세의 나이로 사망했을 때, 그의 서커스그 룹은 수천 명의 직원을 고용한 가운데 독립적인 홍보 부서, 광고 부서, 인수합병 부서 등을 갖춘 현대적 면모를 보이고 있었다. 그래서 제임스 쿡James W. Cook은 바넘의 서커스 흥행을 오늘날과 같은 의미의 대중문 화로 볼 순 없지만, 이른바 '대중화massification'의 기본 요소들이 이미 그 때에 다 나타났다고 볼 수 있다고 말한다.[55]

또한 쿡은 미국 엔터테인먼트의 글로벌화도 이미 바넘 때부터 시작되 었다고 말한다. 바넘이 3년간(1844~1846) 유럽 순회공연을 했을 뿐만 아니라 1870년대엔 쿠바, 이집트, 하와이(합병 전), 호주, 뉴질랜드, 말레이 시아, 일본, 중국, 동인도제도까지 진출해 공연을 벌였다는 의미에서다.[56]

바넘의 사후 바넘의 서커스 흥행은 그의 동업자인 제임스 앤서니 베 일리James Anthony Bailey, 1847~1906가 계속 이어나갔다. 바넘&베일리서커 스Barnum & Bailey Circus는 1907년 링링브라더스The Ringling Brothers에 매입 되었지만, 별도로 운영되다가 1919년 '링링브라더스 앤드 바넘&베일 리서커스Ringling Bros. and Barnum & Bailey Circus'로 다시 태어나 오늘날까지 서커스 공연을 하고 있다. 이 서커스단이 2013년 3월 20일부터 4월 1일 까지 뉴욕 공연을 펼칠 때 동물 보호를 외치는 발레리나들이 벌인 항의 시위가 외신을 타기도 했다.[57]

'엔터테인먼트 민주주의'의 선구자

바넘이 죽자 그의 비판자들은 그를 용서하기 시작했다. 『뉴욕타임스』도 옹호의 대열에 섰다. 이 신문은 바넘이 고상한 척하지 않고 스스로 쇼맨showman임을 밝혀왔다는 점을 들어 그의 속임수를 용서한다는 자세를 취하면서 그를 "역사 이래로 최고의 쇼맨"이라고 평가했다.[58]

바넘으로 상징되는 미국 문화의 저속함에 대해 비판적이었던 영국의 『타임스』(1891년 4월 9일자)는 바넘에 대한 장문의 기사를 통해 그의 탁월함을 인정하면서도 다소 냉소적인 평가를 내렸다. "바넘은 현대 민주주의의 기본 속성을 이해했다. 그는 인민people이 군중crowds, 그것도 돈을 지불하는 군중paying crowds이라는 걸 간파했다. 군중은 유행을 좋아했고, 그는 그것을 공급했다."[59]

사후 바넘은 선행 위주로 부각되었는데, 그 기조는 미국의 장점과 연결시키는 것이다. 예컨대, 바넘을 미국적 개척 정신과 창의성의 화신으로 띄우는 식이다. 그의 일생을 다룬 뮤지컬 〈바넘〉은 오늘날까지도 공연되는데, 오프닝 송의 제목이 재미있다. "지금 이 순간에도 속기 위해 태어나는 사람들이 있다There's a sucker born every minute." 2010년 9월 26일 그의 고향인 베설에선 그의 탄생 200주년을 기리는 동상 제막식이 열렸다.[60]

바넘을 어떻게 이해해야 할까? 1930년대에 예일대학의 영어학 교수이자 큰 인기를 끈 라디오 쇼 진행자였던 윌리엄 라이언 펠프스William Lyon Phelps, 1865~1943는 바넘을 "광고의 셰익스피어"라고 불렀다지만, 트위첼의 찬사가 더 가슴에 와닿는다.

트위첼은 "헤밍웨이의 말대로 미국 문학이 마크 트웨인의 『허클베리 핀의 모험』에서 시작된다면, 미국의 광고는 바넘의 능란한 사기에서부터 시작된다. 바넘은 광고에 대한 새뮤얼 존슨의 유명한 정의-'약속이되, 과장된 약속'-를, 사람들의 관심을 끄는 언어와 이미지로 조용히 전환시키는 방법을 알고 있었다"며 다음과 같이 말한다.

"그의 유산에는 과대선전의 생산, 구원과 소비의 결합, 사이비 이벤트의 개척, 뉴미디어와 표상의 즉각적인 이용, 이야기를 가치로 바꾸기, 유명인 보증광고, 호기로운 약속에 의한 언어 침투, 순회공연의 능란한 활용 등이 포함되어 있으며, 여기에 무엇보다도 속는 자와 속이는 자 사이의, 사기당하는 자와 사기꾼 사이의, 광고하는 자와 청중 사이의 자기만족적이고 거들먹거리면서 비꼬는, 이상스럽게도 애정 어린 관계가 포함되어 있다."[61]

바로 그 애정 어린 관계에 주목한 광고인들은 광고 제작 시 판타지 요소를 가미한 엔터테인먼트의 가치를 높임으로써 사실상 바넘의 기법을 원용하게 된다.[62] '현대 PR의 아버지'로 불리는 에드워드 버네이스[Edward L. Bernays, 1891~1995]는 1928년에 출간한 『선전[Propaganda]』에서 "기업인 겸 광고인은 대중에게 다가서려면 P. T. 바넘의 방법을 완전히 무시할 수만은 없다는 데 점점 눈을 뜨고 있다"고 했다.[63] 바넘의 '능란한 사기'는 좀더 세련된 방식으로 오늘날까지 전승된 셈이라고 할 수 있겠다.

역사가 대니얼 부어스틴[Daniel Boorstin, 1914~2004]은 '아마도[perhaps]'라는 전제를 달긴 했지만 바넘을 가리켜 '의사사건의 최초의 현대적 달인[the

자기계발과 PR의 선구자들

first modern master of pseudo-events'이라고 했고,[64] 칼 보드Carl Bode는 바넘을 '최초의 위대한 대중 엔터테인먼트 공급자our first great purveyor of mass entertainment'로 평가했다.[65]

나는 바넘을 '엔터테인먼트 민주주의'의 이론과 실천을 드라마틱하게 구현해 보인 선구자라는 평가를 내리고 싶다. 대중 민주주의 체제하에서 '야바위'나 '흥행을 위한 엔터테인먼트' 요소를 완전 배제할 수 있을까? 그 어떤 숭고한 목표와 비전이 있다 하더라도 그 2가지를 잘해낼 수 없는 사람이 지도자의 위치에 서거나 지도자로서 성공할 수 있을까? 유감스럽게도 답은 부정적이다.

바넘은 어쩌면 자신의 의도와는 무관하게 이탈리아 정치가이자 사상가인 니콜로 마키아벨리Niccolò Machiavelli, 1469~1527가 소홀히 했던 점을 보완함으로써 그와 같은 반열이자 계열에 속하는 메시지를 우리에게 던진 건지도 모른다. 마키아벨리는 "성공 또는 실패의 원인은 행동을 시대의 흐름에 얼마나 잘 맞추느냐에 달려 있다The causes of the success or failure of men depend upon their manner of suiting their conduct to the times"고 했다.[66] 대중을 재미있게 만드는 수준의 야바위를 수반한 '엔터테인먼트 정치'는 현대 정치의 알파이자 오메가를 구성하는 시대적 흐름이 아니고 무엇이랴.

앤드루 카네기

1835~1919

5

왜 미국 부자들은 개같이 벌어 정승같이 쓰는가?

'철강왕' 앤드루 카네기의 두 얼굴

카네기의 '어머니 콤플렉스'

1889년 프랑스대혁명 100주년을 기념해서 파리에서 개최된 만국박 람회 조직위원회의 요청으로 완성된 구스타브 알렉상드르 에펠Alexandre Gustave Eiffel, 1832~1923의 에펠탑은 강철 대들보에 의한 건물이라는 건축 의 신시대를 선언하는 동시에 강철의 무한한 잠재력을 과시했다.[1]

미국에서 강철의 시대를 구현하고 대변한 이는 철강왕 앤드루 카네기 Andrew Carnegie, 1835~1919다. 1835년 영국 스코틀랜드 던펌린Dunfermline 에서 가난한 직공의 아들로 태어난 카네기는 1848년 가족과 미국으로 이주해 펜실베이니아주 피츠버그의 슬럼가에 정착했다.

카네기만큼 스코틀랜드를 예찬한 이가 또 있을까 싶을 정도로 그는 죽는 날까지 스코틀랜드를 찬양한다. 카네기는 1882년에 출간한 『마차 여행Our Coaching Trip』에서 "마호메트 교도들에게는 메카가 있고, 힌두교

신자들에게는 바라나시가, 기독교도들에게는 예루살렘이 성지인 것처럼 던펌린은 내게 전부이다"며 다음과 같이 말한다.

"스코틀랜드에서 태어난 것은 신의 은총이다. 내 삶에서 이보다 더 큰 축복은 없다. 현명한 스코틀랜드! 이 작은 악마는 고집은 세도 늘 옳은 선택을 한다. 스코틀랜드! 그대는 애꿎은 잔소리로 나를 들볶기도 하지만, 사리 분별이 뛰어나 늘 성공의 편에 서 있다. 그대에게는 또 다른 매력이 있다. 너무나 사랑스러워 꼭 안고 보호해야만 할 것 같은 나의 조국! 언제나 신뢰를 주고, 진실 되며, 아주 사소한 일에도 큰 감동을 받고, 감미로운 노래나 아름다운 이야기에 그대는 나에게 마음을 열어주지 않는가! 아! 스코틀랜드여, 나의 영원한 동반자여! 내가 그대의 아들이라는 사실이 얼마나 자랑스러운지 그대는 모를 것이다."[2]

미국에 와서 카네기 가족이 겪은 고생이 심했기에 스코틀랜드를 더욱 잊지 못했을 것이다. 아버지는 식탁보를 만들어 집집마다 팔러 다녔고, 어머니는 세탁과 신발 수선을 해서 돈을 벌었다. 카네기의 셔츠가 한 벌이라 어머니는 아들이 잠든 사이에 셔츠를 세탁하고 다려야 했다. 그녀는 하루에 16~18시간이나 일했고 카네기는 그런 어머니의 모습에 감동했다.

그래서 카네기는 22세 때 어머니가 살아 있는 동안에는 절대 결혼하지 않겠다고 다짐했고 실제로 그 약속을 지켰다. 어머니 사후인 52세에 이르러 21년 연하의 여성인 루이즈 휫필드Louise Whitfield와 결혼해 62세에 딸 마거릿을 낳았다. 카네기는 어머니의 죽음이 너무도 슬퍼서 사후 15년간 어머니의 이름을 입 밖으로 꺼내지도 않았으며, 스코틀랜드에

사는 한 노파가 자신의 어머니를 닮았다는 이유로 그녀의 빚을 대신 갚아주기도 했다.[3]

카네기의 이런 '어머니 콤플렉스'를 어떻게 이해해야 할까? 그 이유에 대해 이런 분석이 있다. "아들을 제대로 부양하지 못한 약하고 무능력한 아버지, 반대로 아들을 끝까지 지켜온 군림하는 어머니. 성에 관한 지식이나 상식을 접하지 못한 채 보통 사람들보다 지나치게 길었던 유년기. 어머니의 애정을 독차지하기 위해 티격태격한 남동생과의 심리적 관계. 카네기의 잠재적 나르시시즘."[4]

전보 회사 사환에서 철강 재벌까지

카네기는 13세부터 여러 직업을 전전했는데, 그의 전기를 통해 대중문화에 관한 귀중한 정보를 재확인할 수 있다는 게 흥미롭다. 오늘날 셰익스피어 연극과 오페라는 고급문화에 속하지만, 처음부터 그랬던 것은 아니다. 카네기의 10대 시절인 19세기 중반까지도 셰익스피어 연극과 오페라는 일반 대중도 즐기던 대중문화였다. 전통적인 사회적 구분이 사라지자, 상류계층이 자신들의 지위와 문화적 권위를 지키기 위해 고급문화에서 가격 등의 방법으로 대중을 내쫓기 시작하면서 오늘날과 같은 고급문화와 대중문화의 분리가 이루어진 것이다.[5] 어찌되었건 카네기가 1851년 전보 회사 사환으로 일할 때의 한 장면을 감상해보자.

"전보 회사 사무실에 앉아 책을 읽으며, 시간을 보냈던 카네기는 포베스 씨가 운영하던 5번가 피츠버그 극장을 통해 셰익스피어의 작품에 접할 수 있었다. 당시 심부름꾼들은 극장에 무료로 전보 배달 서비스를 해주고 답례로 공짜 표를 받는 것이 보통이었다. 미국의 극장 배우, 특히 '돌풍'이라는 별명으로 잘 알려진 애드윈 애덤스[1834~1877]가 당시 셰익스피어 작품을 줄곧 연기하며 카네기를 매료시켰다."[6]

카네기는 1853년 펜실베이니아 철도 회사에 취직해 비교적 안정된 생활을 누리기 시작했다. 1861년 남북전쟁(1861년 4월~1865년 4월)이 발발하자 카네기는 워싱턴의 육군본부에서 철도와 전신의 복구 업무를 담당했는데, 그의 자서전엔 이런 일화가 소개되어 있다. "링컨 대통령은 가끔씩 내 옆에 앉아 전보가 들어오기를 기다리곤 했으며, 때로는 그저 뭔가 새로운 소식이 들어오지 않을까 노심초사 기다리기도 했다."[7]

카네기는 1863년 키스톤 교량 회사를 공동 설립함으로써 철강 분야에 처음으로 뛰어든 뒤, 1867년에는 유니온 제철소, 1870년에는 루시 용광로 회사를 연이어 설립하며 사업의 폭을 넓혔다. 1872년에 영국의 헨리 베세머 제강소를 방문한 카네기는 그곳에서 독특한 방법으로 생산되는 강철의 놀라운 잠재력을 깨닫고, 1875년 미국 최초의 강철 공장인 에드거 톰슨 강철 회사를 설립했다. 그는 1881년의 프릭 코크스 회사 합병, 1886년 피츠버그 근교 홈스테드[Homestead] 제철소 매입 등과 더불어 석탄, 철광석, 광석 운반용 철도, 선박 등을 수직계열화하는 철강 트러스트를 구축했다.[8]

경제계의 거물이 된 카네기는 정치에도 관여하기 시작해 재선을 노리는 민주당의 그로버 클리블랜드[Grover Cleveland, 1837~1908]와 공화당의 벤저민 해리슨[Benjamin Harrison, 1833~1901]의 대결 구도로 치러진 1888년 대선에 큰 영향을 미쳤다. 카네기는 민주당이 대기업에 호의적이지 않다는 이유로 해리슨을 적극 지지했다. "미국 정치 사상 처음으로 비즈니스의 큰손이 선거에 영향을 끼친 것"이라는 평가도 있다.[9]

일생 가운데 정규교육을 받은 시기는 고작 4년에 불과했지만, 도서관의 책으로 독학을 한 카네기는 셰익스피어의 『맥베스』, 『햄릿』, 『리어왕』, 『로미오와 줄리엣』, 『베니스의 상인』 전체를 암송했으며, 10대 시절부터 자주 신문에 기고를 하는 등 글쓰기에 강한 애착을 보였다. 그가 다양한 주제로 8권의 책을 쓴 이유이기도 하다.[10]

카네기의 종교는 사회진화론?

카네기는 영국의 허버트 스펜서Herbert Spencer, 1820~1903, 매슈 아널드Matthew Arnold, 1822~1888, 미국의 마크 트웨인Mark Twain, 1835~1910 등 유명 지식인들과 끊임없이 교류했으며, 1882년엔 스펜서, 1883년엔 아널드를 미국으로 초청해 강연회를 열기도 했다. 그는 특히 스펜서를 자신의 사부로 모셨다. "스펜서를 해독하기 전, 내 앞에 놓인 모든 것은 어둠이었습니다. 스펜서의 이론을 이해하고 난 후, 빛이 보였습니다. 그의 책은 진리를 깨우쳐 주었습니다."[11]

어떤 진리였을까? '적자생존適者生存: survival of the fittest'이라는 말을 처음 사용한 스펜서는 미국에 사회진화론Social Darwinism를 유포시키는 데에 큰 영향을 미친 지식인이었다. 스펜서는 1851년 『사회정학社會靜學: Social Statics』, 1855년 『심리학 원리』, 1862년 『제1원리』, 1864~1867년

『생물학 원리』, 1873년 『사회학 연구』, 1870년대에서 1890년대에 걸쳐 여러 권으로 된 『윤리학 원리』, 『사회학 원리』, 1884년 『인간 대 국가』, 1904년 『자서전』 등을 출간했다. 그는 이미 1850년대부터 『사회정학』을 통해 '벗어날 수 없는 생물학의 원칙을 통해 자유방임주의를 강화하려는 시도'를 함으로써 명성을 누렸다.[12]

스펜서의 저서는 1860년부터 1900년까지 미국 내에서 약 50만 권이 팔렸는데, 이는 오늘날의 기준으로 수백만 권에 해당하는 것이다.[13] 스펜서의 '적자생존' 개념을 가장 반긴 사람들은 단연 미국의 부자들이었다. 그 이전까지 부자들에 대한 시선은 결코 곱지 않았기 때문이다.

1883년 미국 뉴잉글랜드 공장 직원의 5분의 2가 7~16세의 어린이였으며, 이들의 노동시간은 아침부터 저녁 8시까지였다.[14] 그러나 이런 어린이 노동 문제는 별로 부각되지 않았으며 오히려 이 시기엔 '부자 예찬론'이 미국 사회를 휩쓸었다.

부자들의 가벼운 고민거리는 가난한 사람이 너무 많다는 것이었다. 부자들 가운데도 예민한 양심의 소유자는 있기 마련이어서 그런 사람들은 그 문제로 괴로워했다. 그런데 스펜서가 그 문제를 말끔하게 해결해주었다. 스펜서는 빈부격차의 심화는 사회 진화 과정에서 불가피하며, 기업의 활동을 규제하는 것은 종種의 자연적 진화를 막는 것과 같다고 주장했기 때문이다.[15]

스펜서는 영국에선 점차 외면되고 있었지만, 미국에선 폭발적인 인기를 누렸다. 왜 그랬을까? 스펜서의 사회진화론이 영국을 거쳐 이젠 미국의 사회적 분위기에 잘 들어맞았기 때문이다. 역사가 리처드 호프스

태터^{Richard Hofstadter, 1916~1970}의 표현을 빌리자면, "미국 사회가 이빨과 발톱으로 승자를 결정하는 자연 세계의 선택 과정에서 바로 스스로의 모습을 발견"했기 때문이다.¹⁶

루이스 A. 코저^{Lewis A. Coser, 1913~2003}는 "지금까지 어떻게든 살아남은 사람은 그렇지 못한 사람보다 더욱 적합한 존재라고 보는 그의 학설은 이 시대의 탐욕적 개인주의를 정당화시켜주었고 프로테스탄트 윤리가 교육받은 대중들의 마음속에 호소력을 상실해버렸던 이 시대에 성공을 향한 정력적 추구를 합리화시켜주었다"며 다음과 같이 말한다.

"스펜서주의는 벤담주의보다 훨씬 더 탐욕적 개인주의의 정당화에 봉사하였던 것 같다. 벤담의 사상도 개인주의를 주장하지만 그래도 그것은 사회계약에 있어서 법률의 긍정적 측면을 강조하고 있었다. 그러나 스펜서주의는 어떤 형태의 법률적 간섭도 궁극적으로는 인류의 전체 복지와 환경에 대한 최적의 적응을 손상시킨다 하며 거부하였다. 그는 열심히 '쾌락'을 극대화하기 위하여 노력하는 사람은 그의 그러한 행위로 인해 의식적이지는 않더라도 인류 전체의 최대행복과 그 진화적 발전에 공헌하게 된다는 것을 보여줌으로써 오로지 자신의 개인적 이익만을 추구하는 사람들에게 좋은 변명을 제공해주었다."¹⁷

사회진화론이 단지 부자들의 방패 역할만을 한 건 아니다. 그건 동시에 산업 발전과 자본주의 발달을 합리화시켜준 이론적 근거를 제공해주기도 했다. 권용립은 "사회진화론이 당시 미국의 사회사상으로 자리 잡은 까닭을 자본주의 팽창기에 수반되는 자유경쟁과 약육강식의 현실을 정당화시키고 개인주의 정서를 강화시키는 데 적당했기 때문이라는 식으로 간단히 설명해서는 안 된다"며 다음과 같이 말한다.

"사회진화론이란 것은 다윈이 말한 생물 세계 내에서의 적자생존, 자연도태, 약육강식, 그리고 변화의 점진성을 인간 사회까지 지배하는 보편 법칙이라고 연역해낸 것인데, 이것은 신과 인간의 관계를 냉혹한 관계로 보는 캘빈주의 정서에 직결된다.……구체적으로 캘빈주의가 현세적 삶의 전형으로 보는 근면, 검소, 절약의 윤리는 나태하고 사회에 적응하지 못하는 부류의 도태를 자연 법칙으로 보는 사회진화론과 일맥상통하는 것이고, 또 캘빈주의의 근면 관념은 자연히 '개인주의적' 성공에 대한 신념을 동반하게 된다."[18]

카네기는 경제적 적자생존의 열렬한 지지자였으며, 자본의 집중도 진보를 위해 필요하다고 생각했다. 아니 종교적 신념이었다고 보는 게 옳으리라. 스펜서는 이런 생각을 이론적으로 정당화시켜주었으니, 카네기가 그를 어찌 사상적 사부로 모시지 않을 수 있었으랴. 그러나 카네기가 모든 걸 스펜서의 사상이나 주장대로 한 건 아니었다. 스펜서가 카네기의 피츠버그 철강 공장을 방문했을 때, 카네기는 그 공장이 스펜서의 철학을 구현한 것이라고 했지만 스펜서는 "이런 곳에서 6개월 지내면 자살하고 싶은 마음이 들겠다"고 했다.[19]

카네기의 '부의 복음'

카네기는 영어권 국민들의 연대를 강조했고, 1886년에 쓴 『승리의 민주주의Triumphant Democracy』에선 영국 왕실 제도를 비판하는 등 다양한 정치사회적 이슈에 관심을 기울였다. 오늘날까지도 자주 거론되는 그의 대표적인 글은 1889년 6월 『노스아메리칸리뷰』에 기고한 「부Wealth」라는 글이다. 그는 이 글에서 다음과 같이 주장했다.

"사회주의자나 무정부주의자들이 현재의 상태를 전복시키려는 것은 문명의 토대 그 자체를 공격하는 것이나 다름없다. 그 까닭은 문명이란 바로, 유능하고 근면한 일꾼이 무능력하고 게으른 수벌과 부지런한 꿀벌을 분리시켜 원시 공산주의 상태를 끝낸 것을 의미하기 때문이다. 이 문제를 연구하는 사람들은 곧 얼굴을 맞대고 다음과 같은 결론에 도달하게 될 것이다. 은행 잔고가 몇 백 달러인 노동자의 권리든 은행 잔고가 몇 백만 달러에 이르는 백만장자의 권리든 문명의 토대는 결국 소유권에 있다는 것.……생산할 능력과 에너지를 가진 사람이 축적했을 때, 부는 악이 아닌 선으로 인류에 다가왔다."[20]

카네기는 이 글에서 자선에 대한 3가지 방법을 밝혔다. 죽음을 앞두고 공공 기증을 하는 것, 가족에게 유산을 남기는 것, 평생에 걸쳐 박애를 실현하는 것. 그는 처음 2가지는 이기적인 행위라고 규정하면서, 세 번째 방식이 마음에 든다고 했다.[21] 무슨 말을 하고 싶었던 걸까? 자선에도 기업 경영과 같은 경영이 필요하다는 말이었다. 기업 경영에 성공했던 사람이 자선사업도 직접 해야 소기의 성과를 거둘 수 있으며, 그걸 다른 사람들의 손에 맡기는 것은 어리석을 뿐만 아니라 위험하다는 논리였다.[22]

카네기의 주장에 감명을 받은 영국 수상 윌리엄 글래드스턴William Gladstone, 1809~1898은 평소 친하게 지내던 카네기에게 그 글을 영국에서도 간행할 수 있게끔 요청했는데, 영국에서 나온 글엔 「부의 복음The Gospel of Wealth」이라는 제목이 붙여졌다.

카네기의 자선은 1893년부터 도서관을 기증하는 것으로 나타났다. 자신이 매우 빈곤했던 소년 시절 도서관의 책을 빌려 독학했던 경험 때문이었다. 1890년 2월 20일 앨러게니도서관 개관식엔 벤저민 해리슨 Benjamin Harrison, 1833~1901 대통령까지 참석해 상황을 이루었다. 카네기는 개관식 연설에서 다음과 같이 말했다.

"저도 어린 시절 경험했습니다. 생계를 위해 하루 종일 밤늦게까지 노동에 시달리는 가난한 시민, 가난한 남성, 가난한 여성이 이 도서관에 입장하여 전시된 책을 고르고 오르간 연주를 들으며, 갤러리에서 미술을 감상할 수 있도록 하는 것이 저의 바람입니다. 이것은 백만장자나 어떤 갑부들이 누리는 즐거움이지만, 보통 시민들도 이 즐거움을 함께 누리기를 희망합니다. '이 모든 것이 내 것이다!'고 외치십시오."[23]

그러나 모든 사람이 카네기의 도서관 기증을 반긴 건 아니었다. 그걸 자신들의 업적으로 여긴 공화당은 격찬을 아끼지 않았지만, 민주당은 불편한 심정을 드러냈다. 노동자들은 냉소적이거나 비판적이었다. 이에 대해 레이먼드 라먼브라운Raymond Lamont-Brown은 다음과 같이 말한다.

"카네기의 강철 회사에서 일하는 종업원들의 불만은 이만저만이 아니었다. 임금을 올려주기는커녕, 노동자들의 밥값을 감축해서 남는 돈으로 도서관 자선사업 프로젝트를 운운하며 설치는 그가 영 못마땅했던 것이다. 그리고 도대체 얼마나 많은 노동자들이 생계와의 전투를 뒤로 미루고, 도서관을 이용하겠느냐는 것이다. 임금이나 올려줘서 생필품이나 사도록 도와주지 않는 것인지, 노동자들로서는 도저히 이해할 수가 없었다. 카네기는 그들의 불만에 꿈쩍도 하지 않았다."[24]

홈스테드 제철소 파업 사건

카네기가 돈을 대 1891년에 준공된 카네기홀Carnegie Hall도 문화예술 분야에서 카네기의 기부 사업을 빛나게 해주었다.[25] 그러나 카네기의 왕성한 기부사업은 1892년 홈스테드 제철소 파업 사건으로 빛이 바래고 말았다. 143일간 지속된 이 사건은 카네기의 노조 불인정 정책과 임금 삭감 때문에 발생했다.

카네기의 대리인인 헨리 클레이 프릭Henry Clay Frick, 1849~1919은 공장 문을 닫고 회사가 비노조원을 고용하는 것을 가능하게 하기 위해 핑커 튼Pinkerton 탐정 회사에서 300명의 무장 요원을 불러들였다. 악명 높은 파업 파괴자들인 이들은 1892년 7월 6일 바지선을 타고 강을 건너 공장에 접근했다. 파업 노동자들은 강물에 휘발유를 붓고 불을 붙인 다음 총과 다이너마이트로 맞섰다. 이 싸움으로 3명의 핑커튼 요원과 10명의 파업 노동자가 사망하고 다수가 부상했다.

이 싸움은 파업 노동자들의 승리로 끝났지만, 그 과정에서 노동자 부인들이 무기가 없는 사람을 몽둥이로 때리고, 돈을 던지고, 칼로 찌르는 등 과격 행동을 보인 것이 언론에 의해 대서특필되면서 노조의 명성에 치명타를 입혔다. 게다가 7월 23일에 일어난 알렉산더 버크먼Alexander Berkman, 1870~1936이라는 아나키스트가 노조원이 아님에도 프릭을 저격해 중상을 입힌 사건으로 악화된 여론은 노조에 마지막 일격이 되었다. 노조위원장 휴 오도넬Hugh O'Donnel은 "버크먼의 총알이 곧바로 홈스테드 파업의 심장에 꽂힌 것 같다"고 말할 정도였다.

이런 상황에서 펜실베이니아 주지사는 카네기 회사의 요청으로 약 8,000명의 주 전체의 방위군을 홈스테드에 파견했고, 이에 진압당한 파업 노동자들은 군대의 보호하에 생산을 재개했다. 『홈스테드: 미국 철강 도시의 영광과 비극』의 저자인 윌리엄 세린William Serrin은 "이 사건은 제철 산업의 노조를 무릎 꿇게 하였고, 그 후 50년 이상 노조 설립을 막고 전국적으로 고용자의 권위를 강화시켜주었다"고 말했다.[26]

그러나 이 사건은 카네기의 명성엔 큰 오점을 남겼다. 1892년 8월 『세인트루이스디스패치』는 「카네기의 후회」라는 사설에서 "죽을 때까지 어떤 사람도 그가 행복하다고 판단하지 마라. 3개월 전까지만 해도 앤드루 카네기는 모든 사람의 부러움을 받는 사람이었다. 그러나 그는 오늘날 동정과 비난의 대상이 되었다"며 다음과 같이 말했다.

"그의 기질에 조금이라도 일관성이 있었다면 홈스테드의 직원들이 결성한 노조에 반대하지는 않았을 것이다. 만약 용기까지는 아니더라도 인간다움이 있었다면, 그는 적어도 자신의 비일관성으로 인해 초래된 결과를 직시할 수 있었을 것이다. 그러나 카네기는 어떠했는가? 그는 너무나 연약해서 충돌을 피해 스코틀랜드로 도망갔다. 그는 말 한마디로 그 유혈 사태를 막을 수 있었을 것이다. 그러나 그는 침묵했다.……카네기 공공도서관이 수만 개에 달해도 홈스테드 사태에서 발생한 직간접적인 불행을 보상하지는 못할 것이다. 적어도 프릭은 용감했지만, 카네기

는 겁쟁이였다."²⁷

영국에서도 카네기에 대한 비난이 쏟아졌다. 예컨대, 『런던파이낸셜 옵서버』는 이렇게 말했다. "여기 우리는 사륜마차를 타고 영국과 스코틀랜드를 활보하는 '스카치 출신 양키 수전노'를 곁에 두고 있다. 노동자들이 피츠버그에서 피땀 흘리며 아무리 발버둥 쳐도, 삶에 지치고 굶주림에 시달리고 있는데, 그는 나 몰라라 하며 국립 도서관을 세우면서 평화롭게 유람하고 다닌다. 노동자들이 벌어준 돈으로 온갖 영광을 혼자서 다 차지한다."²⁸

또 한 노동자는 이렇게 말했다. "카네기는 근로자들의 노동을 착취해 그들의 땀방울로 엄청난 돈을 번 후, 일한 대가는 사려 하지 않았다. 도서관이나 다른 기관들에 보낸 그의 선물은 전부 노동자들의 피와 땀에서 착취한 것이다. 그는 자선가인 척하는 악덕 자본가이다."²⁹

카네기의 반제국주의 운동

그러나 카네기는 1893년에서야 뉴욕으로 돌아와 아무 일도 없었다는 듯, 자신은 아무런 관련이 없다는 듯 행동하면서 자신의 자선사업을 계속 해나갔다. 1898년부터는 필리핀 독립운동을 지원하는 등 '반제국주의 운동'에도 뛰어들었다.

미국이 스페인과의 전쟁에서 승리한 후, 1898년 12월 10일 파리평화조약에서 필리핀, 푸에르토리코의 할양 그리고 쿠바의 독립이 결정되었지만, 필리핀 문제는 좀 복잡했다. 미국은 필리핀에 대한 대가로 스페인에 2,000만 달러를 제공하기로 했는데, 미국 상원의 반대가 격렬했다.

조약의 비준에 대한 논의가 진행되는 동안 필리핀 획득에 반대하는 강력한 제국주의 반대 운동이 전국적으로 일어났다. 제국주의 반대자들 가운데에는 카네기를 비롯해 전 대통령 그로버 클리브랜드와 벤저민 해리슨, 작가 마크 트웨인, 상원의원 존 셔먼John Sherman, 1823~1900, 노동운동 지도자 새뮤얼 곰퍼스Samuel Gompers, 1850~1924 등이 있었다.

이들의 반대 동기는 제국주의는 부도덕하며 인간을 해방시키는 미국의 정신을 부인하는 것이다, 열등한 아시아인들을 미국에 포함시킴으로써 미국인을 오염시킬 것이다. 싼 노동력의 유입으로 노동자들의 임금이 삭감될 것이다, 제국주의에 필요한 거대한 상비군과 해외 동맹 체제에 미국이 얽매이게 될 것이다 등 다양했다. 설탕 재배업자들처럼 새로운 영토에서 나타날 바람직하지 않은 경쟁을 우려하는 목소리도 있었다.[30]

카네기는 미국이 스페인에 2,000만 달러를 주고 필리핀을 사자 2,000만 달러를 필리핀 국민에게 줘 독립을 사라고 하는 등 매우 공격적인 행보를 취했다. 그는 쿠바 합병에도 반대하는 등 반제국주의는 물론 평화주의자로서 면모를 유감없이 보여주었지만, 치열한 로비를 통해 무기 제조를 위한 철강 주문 계약을 따내는 등 각기 전혀 다른 두 얼굴을 보여주기도 했다.

카네기는 나이 65세이던 1900년 『부의 복음The Gospel of Wealth』이라는 책을 출간했다. 1886년에서 1899년 사이에 기고한 글들을 묶은 이 책에서 그는 부유한 사람은 자신에게 필요한 것 이상의 모든 수입을 공동체의 선을 위해 쓰여야 할 '신탁 자금'으로 간주해야 한다고 주장했다. 개인적 부는 공공의 축복이라는 생각이다. 그는 "부자인 채로 죽는 것은 정말 부끄러운 일이다"느니 "통장에 많은 돈을 남기고 죽는 것처럼 치욕적인 인생은 없다"느니 "인생의 3분의 1은 교육에, 3분의 1은 돈 버는 일에, 나머지 3분의 1은 가치 있는 대의를 위해 써라" 등의 명언을 남겼다.[31]

『부의 복음』이 출간된 그해에 카네기 철강 회사의 연간 생산량은 300만 톤으로 미국 전체 철강 생산량의 3분의 1을 차지했다. 이는 영국의 전체 강철 생산량보다 많은 것이었다.[32] 이제 이룰 만큼 이루었으니, '부의 복음'을 위해 헌신할 때가 되었다고 생각한 걸까?

1901년 2월 25일 뉴욕의 한 호텔에서 카네기와 금융왕 존 피어폰트 모건John Pierpont Morgan, 1837~1913이 마주 앉아 협상을 벌였다. 카네기 밑에서 일했던 찰스 슈워브Charles Michael Schwab, 1862~1939의 중재로 이미 주요 사안은 타결을 보았기에 협상은 오래 걸리지 않았다. 15분 만에 끝난 협상의 결과 모건이 카네기에게 4억 9,200만 달러를 지불하고(당시 일본의 1년 예산이 1억 3,000만 달러) 카네기의 철강 회사를 사들였다.

이어 모건은 카네기에게서 사들인 철강 회사에 몇몇 철강회사를 더 합병해 세계 최초의 10억 달러대 회사인 미국강철회사United States Steel Corporation를 설립했다. 초대 사장은 이 일을 성사시킨 찰스 슈워브였다. 당시 미국 국내 총생산은 200억 달러를 갓 넘었는데, 미국강철회사의 시장 가치는 14억 달러였다. 이 합병은 전 세계에 큰 소동을 불러일으켰다. 영국 언론은 "이 초거대 조직에 세계가 허리를 펴지 못할 것이다"고 했다.[33]

철강 사업을 하듯이 밀어붙인 자선사업

"카네기 씨, 세계에서 가장 부유한 사람이 된 것을 진심으로 경축드립니다." 15분간의 협상 후 모건이 카네기에게 한 말이다.[34] 이제 카네기는 사업에서 은퇴해 자신의 재산을 본격적으로 사회사업에 쓰기 시작했다. 그는 공공도서관 건립을 지원하는 재단으로 1902년 카네기협회를 설립했는데, 이는 이후 나타나는 록펠러재단(1913년), 포드재단(1936년)의 효시인 셈이다.

1913년 금융왕 모건이 사망했을 때, 그의 유산은 6,830만 달러에 불과했다. 그가 남긴 유산이 다른 부호들의 유산과 비교해 너무 적다는 이유로 그의 위대함을 높이 평가하는 사람들도 있었지만, 카네기는 '보잘것없는 모건의 유산'에 대해 슬퍼하며, 생각해보면 "그는 부자가 아니었다"며 한숨 섞어 말했다.[35]

하늘을 찌를 듯이 강렬한 인정 욕구를 갖고 있는 카네기로선 '보잘것없는 모건의 유산'을 이해하기 어려웠을지도 모른다. 카네기는 1919년 8월 11일 세상을 떠나기까지 내내 자선사업에 몰두했는데, 그는 자선사업도 철강 사업을 하듯이 밀어붙였다.

카네기가 기부한 공공도서관만도 3,000개에 이르렀고, 교회에 다니지 않았지만 음악에 대한 관심이 깊어 7,000대가 넘는 파이프 오르간을 교회에 기증했다. 또 미국의 과학 발전을 위해 카네기멜런대학의 전신인 카네기 과학연구원과 기술원을 설립했으며, 시카고대학 등 12개 종합대학과 12개 단과대학을 지어 사회에 기증했으며 각종 문화예술 분

아에 거액을 쾌척했다. 자신이 평생 모은 재산 90퍼센트가량에 이르는 3억 6,500만 달러를 사회에 환원한 것이다.[36]

카네기가 자선사업만으로 역사에 족적을 남긴 건 아니다. 그는 나폴레온 힐Napoleon Hill, 1883~1970과 데일 카네기Dale Carnegie, 1888~1955에 의해 성공학 전문가로도 자주 거론된다. 데일 카네기는 "남을 칭찬하라"는 메시지를 던지기 위해 앤드루 카네기의 성공 사례를 소개한다. "카네기는 자신의 직원들을 남몰래 칭찬할 뿐만 아니라 공개적으로도 칭찬했다. 카네기는 묘비에까지 직원들을 칭찬하길 원했다. 그는 스스로 비문을 썼다. 그 내용은, '여기 자신보다 현명한 사람들을 주변에 끌어모으는 법을 알던 사람이 잠들었다.'"[37]

이어 데일 카네기는 이름의 중요성을 강조하면서 앤드루 카네기의 성공 사례를 제시한다. 앤드루 카네기는 펜실베이니아 철도 회사에 강철 레일을 팔기 위해 피츠버그에 거대 규모의 강철 공장을 짓고 펜실베이니아 철도 회사의 사장인 J. 에드거 톰슨J. Edgar Thompson의 이름을 따 '에드거 톰슨 제철소'라는 이름을 붙였다. 이런 '이름 아첨'을 통해 재미를 본 앤드루 카네기는 침대 열차 사업에서 우위를 차지하기 위해 조지 풀먼과 경쟁을 벌일 당시, 풀먼과의 공동 투자를 성사시켰는데 그 비결 또한 '이름 아첨'이었다. "'새 회사는 뭐라고 부를 건가요?'라고 풀먼이 묻자, 카네기는 즉시 대답했다. '그야 물론 풀먼 객차 회사지요.' 풀먼의 표정은 밝아졌다. 그러고는 '제 방에 가서 얘기를 좀더 나눕시다'라고 말했다. 이 대화로 산업계의 역사가 세워졌다."[38]

카네기의 이런 '천재성'은 소년 시절 토끼를 키울 때부터 발휘되었다.

토끼가 새끼를 낳으면 친구들의 이름을 붙여주겠다는 약속 하나로 친구들에게 먹이를 구해 오게 시키는 재주를 발휘한 것이다. 이에 대해 카네기는 자서전에서 이렇게 말한다. "이 계획에 대한 추억은 나의 내면에 잠재되어 있던 조직력이 처음 드러난 것으로, 이 능력을 발전시켜 먼 훗날 내가 물질적인 성공을 거둘 수 있었던 것이라 여기며 소중히 생각하게 되었다."[39]

카네기에 대한 역사적 평가

오늘날 카네기에 대한 역사적 평가는 어떨까? 논자에 따라 크게 다르다. 1931년 전기 작가 존 윙클러John K. Winkler는 『경이로운 카네기 Incredible Carnegie: The Life of Andrew Carnegie』에서 "카네기는 미국 산업 역사에서 가장 잔인한 수완가라 할 수 있다"고 주장했다.[40] 찰스 R. 모리스 Charles R. Morris는 "카네기는 비범한 지성, 스코틀랜드인다운 실용성, 활력, 엄청난 매력, 거래에 대한 예리한 본능 등 모든 사람을 능가하는 아주 뛰어난 재능을 가지고 있었다"면서도 다음과 같이 말한다.

"카네기는 자신까지 속였다. 그는 어떤 짓을 해서라도 상대를 지배하려는 성격이었다. 아주 매몰찬 사람이었지만, 어떤 이유에서인지 마치 자신의 본분이 사회복지 사업이라도 되는 듯 늘 인도주의적 이상가로서 버젓이 행세했다. 세계 최고의 강철왕이 되어서도 여전히 노동자에 대한 요구 강도를 높이고, 그들의 봉급을 삭감하면서도 친親노동자 성명을 발표하고 측근의 아첨을 받았다.······카네기는 가장 충성스러운 동료들에게도 종종 무자비한 모습을 보였다. 아랫사람들을 파렴치하게 다루어 그들의 사소한 실수까지 집요하게 물고늘어졌고, 그들의 성공을 전부 가로챘다."[41]

카네기의 딸 마거릿은 전기 작가 버턴 헨드릭Burton J. Hendrick에게 이렇게 말했다고 한다. "아버지의 인생, 있었던 그대로를 써주세요. 전 아버지의 산타클로스 행각에 지쳤습니다."[42] 그러나 카네기는 무작정 돈을 나눠주는 산타클로스는 아니었다. 카네기가 평화운동을 할 때에 그의 친구가 그런 목적을 실현하기 위한 조직을 만들자고 제안한 적이 있었다. 카네기는 이 제안에 반대하면서 "대중의 의지와 노력이 중요하다. 돈은 단지 조금 거드는 것일 뿐, 돈으로 그런 의지와 노력을 살 수는 없다"고 했다.[43]

카네기가 1913년 "백만장자에게 동정을 베푸소서. 박애주의의 길은 멀고도 험난합니다"라고 말한 것도,[44] 그런 어려움을 말하고자 했던 건 아니었을까? 카네기의 전기를 쓴 레이먼드 라몬브라운Raymond Lamont-Brown도 카네기는 단순히 선물을 나눠준 산타클로스가 아니었다며 다음과 같이 말한다.

"그는 로맨티스트, 작가, 정치 평론가, 여행가, 사회주의 운동가, 활발하면서도 사색적인 켈트인, 또한 인생 예찬자였다. 한 사람이 이 모든 특성을 가지고 있다는 점은 경이롭지 않을 수 없다. 그리고 한 가지 더 강조하고 싶은 것은 18세기 스코틀랜드 사고방식으로 19세기를 산 그를 사람들이 섣불리 21세기의 방식으로 평가하지 않았으면 하는 것이다. 현대에서는 수용되지 못하는 행동들이 과거에는 아무런 문제가 되지 않았던 것이 더러 있기 때문이다."[45]

박중서는 "그 과정의 수많은 문제점을 감안하더라도, 카네기가 역사상 가장 뛰어난 사업가 가운데 하나였음은 분명하다. 마찬가지로 그 동기에 대해서는 의구심이 없지 않더라도, 카네기가 역사상 가장 훌륭한 자선사업가 가운데 하나였음도 분명하다"며 다음과 같이 말한다.

"당대 최고 갑부였던 록펠러조차도 이 분야에서는 감히 카네기를 능가하진 못했다. 어쩌면 카네기는 철강 분야에서 일종의 표준을 세운 것처럼 자선사업에서도 일종의 표준을 세웠다고 봐야 하지 않을까. 돈으로 명성을 살 수는 없는 법이지만, 적어도 역사상 그런 경우에 가장 가깝게 접근한 사람은 앤드루 카네기였다고 해도 과언은 아닐 것이다."[46]

'박애 자본주의'와 '가족 자본주의'

카네기가 자선사업에서 세운 표준은 오늘날 미국 부자들의 상속세 폐지 반대 운동에서 잘 드러나고 있다.[47] 미국의 상속세법은 1916년 시어도어 루스벨트 대통령과 앤드루 카네기 등 미국의 각계 지도자들이 중심이 되어 입법한 것이다. 이 상속세법의 폐지 움직임과 관련, 2001년 2월 18일 『뉴욕타임스』 일요판 신문에 "우리는 상속세 폐지를 반대한다"라는 제목의 커다란 박스 광고가 실렸다. '책임 있는 부Responsible Wealth'라는 단체의 이름으로 실린 이 광고엔 빌 게이츠를 비롯한 미국 억만장자 200명의 서명이 들어 있었다.

"상속세가 폐지된다면, 누군가 다른 사람이 그만큼의 세금을 더 낼 수

밖에 없을 것이다. 상속세를 폐지하거나 세율을 내린다면 결국 덕을 보는 것은 억만장자의 아들과 딸들뿐일 것이며, 동시에 미국 사회의 오랜 전통인 자선 문화가 파괴될지 모른다. 그러므로 우리는 미국의 민주주의와 국가경제에 해를 끼칠 것이 분명한 상속세율 인하에 반대한다."

이 운동의 주동자 중의 한 명인 워런 버핏은 상속세가 폐지된다면 미국의 정치·경제권력이 불과 0.1퍼센트의 가문에 집중되어 미국은 부를 장악하고 있는 몇 명의 귀족이 지배하는 사회가 될 것이며, 억만장자의 2세들은 '재능'이 아니라 '유산'에 의지해 국가의 부를 좌우할 능력을 얻게 될 것이라고 주장했다.[48]

이들에 대해 '억만장자 사회주의자'billionaire socialists'라는 말도 나왔지만 자신들의 부富를 보호하기 위한 최소한의 장치를 요구한 것으로 이해할 수 있겠다. '책임 있는 부'의 대표적 인물이 환 투기꾼과 자선 사업가라는 '두 얼굴'을 갖고 있는 조지 소로스였다.

그런데 좌파들은 오직 금융 투기에만 충실한 자들보다는 자선사업도 병행하는 소로스를 오히려 더 미워했다. 예컨대, 슬라보이 지제크Slavoj Žižek는 "소로스와 같은 인물들은 직접적이고 노골적인 시장 폭리자보다 이데올로기적으로 훨씬 더 위험하다"며 다음과 같이 주장한다.

"우리가 레닌주의자가 되어야 하는 것은 바로 여기에서다. 즉 진심으로 빈민의 곤경을 동정하는 어떤 선한 신부를 동료 볼셰비키가 칭찬하는 것을 들었을 때의 레닌처럼 반응해야 한다는 것이다. 레닌은 볼셰비키가 필요로 하는 것은 술에 취해 농민들에게서 부족한 자원의 마지막한 조각마저도 강탈하고 그들의 아내들을 강간하는 신부들이라고 논파

했다. 그들은 신부가 객관적으로 무엇인가에 대해 농민들로 하여금 분명히 자각하도록 한 반면, '선한' 신부들은 그들의 통찰을 어지럽혔다는 것이다."[49]

지제크는 빌 게이츠의 기부 활동에 대해서도 "경제적 착취를 박애주의라는 가면으로 숨기려는 행동"이라고 비판한다.[50] 그렇게 보아야 하는 건가? 100년이라는 시차만 있을 뿐 게이츠는 카네기의 환생還生이라고 보아도 무방하다.[51] 지제크의 논리를 연장하자면, 카네기는 자선사업을 전혀 하지 않은 억만장자보다 이데올로기적으로 훨씬 더 위험하다고 할 수 있겠지만, 이런 주장에 대해선 세상을 너무 이데올로기적으로만 보지 말라는 반론이 가능하겠다. 이와 관련, 서의동은 다음과 같이 말한다.

"카네기의 자선 활동은 '천민자본주의'의 본산 격이던 20세기 초 미국 사회를 성숙시키는 데 일조했다. 미국에서 5만 6,000여 개의 자선재단이 활동하고, 빌 게이츠 등 기업가들이 재산의 대부분을 자선 활동에 쓰는 등 '기부 자본주의'가 미국에서 꽃피우게 되는 데 카네기의 영향은 지대했다. 카네기의 가르침이 가장 필요한 이들은 부의 대물림을 위해 불법도 서슴지 않는 한국의 재벌들일 것 같다."[52]

이준호도 카네기와 한국 재벌들을 이렇게 비교한다. "이런 그가, 동양 어느 나라에는 아직도 재산을 자식에게 몽땅 물려주고 미술품 사재기에 열을 올리는 재벌이 있다는 말을 들으면 뭐라고 할까?"[53]

한국에서는 아직 기업과 부자의 역사가 짧아서일까? 아니면 지독한 혈연주의 때문일까? 그것도 아니면 제국주의 역사가 없어서일까? 그 무엇 때문이건 '기부 자본주의' 또는 '박애 자본주의'가 꼭 좋기만 한 것이냐고 의문을 제기해야 할 상황에서 그것조차 없는 한국 자본주의의 수 뇌부를 흉봐야 한다는 건 가슴 아픈 일이겠다.

꼭 부자만 탓할 일도 아니다. 이미숙은 "미국 사회의 부자들 가운데 자선과 기부 활동에 참여하는 사람들은 2% 안팎이지만 보통 사람들은 70% 이상 자선 활동에 참여한다"며 이렇게 말한다.

"미국이란 사회를 좀더 유심히 들여다 보면, 한국의 보통 사람들은 도 저히 상상할 수 없는 평범한 미국인들의 위대함을 발견할 수 있다. 기부 문화와 자선 정신이 그것이다.……한국인은 미국인들과 비교할 때, 기 부 활동에서는 6분의 1 수준, 자원봉사에서는 5분의 1 수준밖에 되지 않는 것이다. 이것은 한국의 보통 사람들이 미국의 보통 사람들보다 훨 씬 이기적이고, 타인의 삶에 대한 관심이 적다는 것을 드러내는 지표이 기도 하다."[54]

이미 답을 충분히 시사하긴 했지만, 이제 "왜 미국 부자들은 개같이 벌어 정승같이 쓰는가?"라는 질문에 답해보기로 하자. 카네기에서 빌 게이츠에 이르기까지 미국의 대부호들은 약속이나 한 듯이 개같이 돈을 벌어 정승같이 쓰는 두 얼굴을 보이고 있다. 왜 그럴까? 물론 답은 '인정 욕구'에 있다. 점잖은 방법으론 미국 최고의 부자가 될 수 없다. 때론 악 랄하고 잔인해져야 한다. 그렇게 해서 최고의 부자가 되는 인정 욕구를 충족시킨 뒤엔 그 돈을 남을 위해 정승같이 씀으로써 또 한 번의 인정 욕구를 충족시킨다. 이게 바로 미국 자본주의 시스템이 그 수많은 결함 이 있지만 유지되는 기본 메커니즘이다.

한국에서 박애 자본주의는 아마도 기존 가족주의의 대변화가 동반하지 않으면 기대하기 어려울 것이다. 고위 공직자 인사 청문회를 할 때마다 잘 드러나듯이, 한국에서 가진 사람들의 자식 사랑은 너무도 끔찍해 징그러울 정도가 아닌가. 자식을 위해서라면 법과 도덕도 깔아뭉개는 등 수단과 방법을 가리지 않겠다는 이들에게 자신의 피붙이 이외의 사람들에게 '박애'니 '자선'이니 '기부'니 하는 말이 씨알이 먹힐 리는 만무하다. '박애 자본주의'의 반대말은 '가족 자본주의'인 셈이다.

레이 크록

1902~1984

6

갑과 을의 파트너십은
어떻게 가능한가?

레이 크록의 '맥도날드 제국'

맥도날드의 원리

1999년 8월 12일 프랑스 농부인 조세 보베José Bové가 프랑스 서남부 미요Millau에 있는 맥도날드McDonald's 건물 신축 공사장에 들어가 기물을 파괴해 재판을 받게 된 사건은 맥도날드 반대 운동의 축제이자 기폭제가 되었다. 보베는 햄버거로 대표되는 요리 문화의 브랜드 획일화와 다국적 기업의 침입으로 공동체가 받게 되는 충격에 대해 우려를 표명했다. 2000년 7월 보베의 재판이 진행되는 동안 3만 명으로 추산되는 시위자들이 "맥도날드를 거부하자"는 구호가 적힌 팻말을 들고 있었으며, 이와 같은 시위는 세계 각국으로 퍼져나갔다. 영국, 덴마크, 벨기에, 러시아, 남아프리카공화국, 인도, 중국, 콜롬비아 등에서 반미 시위나 반세계화 시위만 벌어졌다 하면 맥도날드 매장이 습격을 당했다.[1]

어디 그뿐인가. 맥도날드는 쇠고기 대량생산, 포장지, 노조 불인정, 값

싼 노동력 고용 등으로 환경보호운동가들에서부터 인권운동가에 이르기까지 다양한 종류의 사람들에게서 공격 대상이 되고 있다. 그러나 오늘날 전 세계 120여 개국에 걸쳐 3만 4,000여 개의 매장을 두고 '햄버거 제국주의'라는 말을 들을 정도로 맥도날드가 세계적인 성공을 거둘 수 있었던 이유를 미시적으로 접근하면 우리가 꼭 배워야 할 한 가지 놀라운 사실을 발견하게 된다.

그건 바로 지금 우리 사회에서 큰 문제가 되고 있는 갑을관계, 특히 프랜차이저franchiser(가맹점 영업권 제공 회사)와 프랜차이지franchisee(가맹점)의 관계다. 을의 강점과 장점을 이용함으로써 갑의 장기적 번영을 이루려는 게 아니라, 을을 압박하고 착취함으로써 단기적인 이익을 얻되 장기적으론 몰락의 수렁을 향해 나아가는 질주를 어떻게 이해할 것인가? 말로는 파트너십이 대안이라고 말하지만, 구조화 또는 제도화되지 않은 파트너십이 가능한가? 이에 대한 답을 얻기 위해 파트너십 구조를 중심으로 '맥도날드 제국'의 성장사를 살펴보기로 하자.

미국 메릴랜드대학 사회학 교수 조지 리처George Ritzer가 쓴 『맥도날드 그리고 맥도날드화: 유토피아인가, 디스토피아인가』는 미국의 200여 대학에서 교재로 쓸 정도로 맥도날드는 학문적 연구의 대상이 되고 있다. 이 책은 맥도날드를 다루고 있지만 어떤 의미에선 맥도날드에 관한 책이 아니다. 막스 베버Max Weber, 1864~1920의 합리화 이론을 근거로 이 세상의 작동 방식을 탐구한 책이다.

리처는 '맥도날드'로 대표되는 패스트푸드점의 원리가 미국 사회와 그 밖의 세계의 더욱더 많은 부문을 지배하게 되는 과정과 그것이 초래하는 비인간화를 '맥도날드화McDonaldization'라고 부른다. 맥도날드 모델은 전 세계로 수출되고 있으며 세계 각지에서 큰 성공을 거두고 있다. 왜 그럴까? 리처는 맥도날드가 효율성efficiency, 계산 가능성calculability, 예측 가능성predictability, 통제control를 제공하기 때문이라고 말한다.[2]

맥도날드로 식사를 대신하는 게 효율적이라는 건 굳이 설명할 필요가 없다. 업주로선 고객들에게 무보수 노동까지 시키니 얼마나 효율적이겠는가! 판매되는 제품과 제공되는 서비스의 양적인 측면은 물론 고객의 이용 시간까지 모두 계산 가능하다는 것도 큰 매력이다. 또 맥도날드의 제품과 서비스는 언제 어디서나 동일할 것이라는 예측 가능성을 제공하며, 이는 고객들을 편안하게 만들어준다. 맥도날드는 고객이 가능한 한 빨리 먹고 나가게끔 모든 게 고안되어 있으며(특히 그 불편한 의자를 보라!) 종업원에 대한 통제는 이윽고 인력을 무인 기술로 대체하고자 하는 경지에까지 이르렀다. 이 또한 업소의 이윤율을 높여주고 고객에게 제품과 서비스가 한결같다는 편안함을 제공해주는 데에 기여한다.

맥도날드는 그렇게 표준화된 세계적인 보편성 때문에 각 나라의 물가지수를 맥도날드 값으로 비교하는가 하면 각 나라의 문화를 비교하는 연구의 주제로도 자주 활용된다. '빅맥지수'란 각국의 통화가치와 그 통화의 실질구매력을 '빅맥' 햄버거 가격과 비교해 평가하는 지수로 세계 물가와 실질구매력을 알 수 있는 지표다. 2003년 스위스의 한 투자은행은 맥도날드 햄버거 '빅맥' 1개를 사는 데에 필요한 노동 시간을 세계 나라와 도시별로 비교했는데, 뉴욕에서는 12분, 홍콩에서는 13분, 취리히, 토론토, 몬트리올 등에서는 14분, 서울에서는 28분, 보고타에선 93

분, 나이로비에선 3시간 이상이 걸리는 것으로 나타났다.[3]

본사와 가맹점의 상호 운명 공동체 구조

맥도날드의 그런 원리를 만든 창시자는 오늘날의 '맥도날드 제국'을 건설한 레이 크록Ray Kroc, 1902~1984은 아니다. 맥도날드의 뿌리는 아일랜드계 이민자인 패트릭 맥도날드Patrick J. McDonald가 캘리포니아주 몬로비아에 에어드롬The Airdrome이란 레스토랑을 연 1937년으로 거슬러 올라간다. 이 레스토랑을 물려받은 그의 두 아들 딕 맥도날드Dick McDonald, 1909~1998와 맥 맥도날드Mac McDonald, 1902~1971는 1940년 레스토랑을 캘리포니아주 샌버너디노San Bernardino로 옮겨 맥도날드로 이름을 바꾸었다.

25가지 메뉴 가운데 주로 팔리는 게 햄버거라는 점에 착안한 맥도날드 형제는 1948년부터 제조업의 어셈블리 라인 방식을 도입해 햄버거 중심의 스피디 서비스 시스템Speedee Service System을 선보였다. 바로 이 시스템이 오늘날 맥도날드 원리의 대부분을 구현한 것이다. 이 방식이 성공을 거두자 맥도날드 형제는 1953년부터 프랜차이즈 시스템을 도입해 캘리포니아주와 애리조나주에 몇 곳의 가맹점을 두었다.

레스토랑에서 사용하는 믹서기 세일즈맨인 레이 크록은 1954년 맥도날드를 방문한 후 이게 '대박 사업'이 될 것을 직감적으로 알아차렸지만, 맥도날드 형제는 50세 이전에 100만 달러만 벌면 은퇴하겠다는, 야심이 없는 사람들이었다. 크록은 그런 맥도날드 형제에게서 캘리포니아주와 애리조나주를 제외한 미국 전역의 가맹점 사업권을 손쉽게 따냈다. 크록은 자서전에서 그 감격을 이렇게 적고 있다.

"1954년, 비행기를 타고 시카고로 돌아오던 그 운명의 날에 내 서류
가방에는 갓 서명한 맥도날드 형제와의 계약서가 들어 있었다. 나는 비
즈니스라는 전쟁터에서 잔뼈가 굵은 상처 입은 노병이었다. 그럼에도
전장에 나가고 싶은 열망에는 변함이 없었다. 당시 내 나이는 52세였다.
당뇨병에 관절염 초기 증상도 있었다. 치열한 전투를 거치며 갑상선 대
부분과 담낭도 잃어버렸다. 하지만 내 인생의 절정기는 아직 시작되지
않았다. 나는 그렇게 확신했다."[4]

크록은 1955년 4월 15일 일리노이주 시카고 교외의 드플레인Des
Plaines에 자신의 가게를 열었는데, 이는 맥도날드의 9번째 가맹점이었
다. 크록은 이 가게를 본부로 삼아 전국 체인화를 시도했다. 프랜차이즈
시스템은 미국에서 이미 30여 년의 역사를 갖고 있는 것이었기에, 크록
은 한참 뒤처진 후발주자였다. 그러나 그는 그간의 프랜차이즈 시스템
과는 전혀 다른 방식으로 프랜차이즈의 새로운 역사를 쓰게 된다.

당시 프랜차이즈 기업들은 처음부터 고액의 가맹비를 책정해 이걸 주
요 수입원으로 삼았다. 그래서 가맹점 관리에도 별 신경을 쓰지 않았다.
뽑아낼 건 다 뽑아냈다는 식이었으니, 신경을 쓸 필요조차 느끼지 못했
다. 반면 크록은 최저가의 가맹비를 책정해 진입 장벽을 낮추었다. 다른
패스트푸드 프랜차이저는 처음에 5만 달러 또는 그 이상을 받았는데,
크록이 책정한 가맹비는 그 50분의 1도 안 되는 950달러였으니, 이는
당시엔 혁명적인 발상이었다.[5]

그 대신 크록은 가맹점에 매출액의 1.9퍼센트를 본사에 내도록 했다.

남들이 보기엔 미친 짓이었다. 크록의 골프클럽 친구인 토니 바이스뮬러는 "레이, 자네 제정신이 아니구먼. 1.9퍼센트 가지고 언제 돈을 벌려고 그러나"라고 비웃었다.[6] 1.9퍼센트 중에서도 0.5퍼센트는 맥도날드 형제의 몫이었으므로, 크록에게 떨어지는 건 1.4퍼센트였다. 이는 가맹점이 성공해서 돈을 벌어야만 본사도 돈을 버는, 상호 운명 공동체 구조라고 할 수 있는 것이었다. 이 때문에 크록은 초기엔 큰 어려움을 겪어야 했다.

"이 때문에 우리는 상당히 아이러니한 상황에 처했다. 총매출 수치는 지속적으로 상승하고 가맹점들은 번창했다. 미니애폴리스의 한 매장은 1개월 동안 3만 7,262달러의 매상을 올리기도 했다. 당시로서는 믿기 어려울 정도의 기록이었다. 하지만 바로 그 시기에 본사는 직원들의 급여를 주기에도 빠듯했다."[7]

'QSC&V'는 크록의 종교

맥도날드 형제는 앞서 말한 맥도날드 원리를 햄버거를 만드는 데에만 적용했을 뿐, 캘리포니아주와 애리조나주의 가맹점들엔 아무런 신경을 쓰지 않았다. 크록은 자서전에서 그 문제를 이렇게 지적했다.

"그 지역에서 '순수하게' 맥도날드식으로 운영하는 매장은 사실상 샌버너디노점 하나뿐이었다. 다른 매장은 피자, 버리토, 엔칠라다 등의 음식까지 취급해 맥도날드 메뉴를 '오염'시키고 있었다. 그런 매장 중 대다수는 햄버거의 품질도 열악했다. 패티에 소의 내장을 갈아넣는가 하면 지방 함량도 규정보다 높아 햄버거가 기름투성이였던 것이다. 그런데도 맥도날드 형제는 상황을 외면한 채 아무런 조치도 취하지 않았다. 그 지역 운영자들은 나와 협력해 대량 구매를 하거나 광고를 하는 것에도 비협조적이었다. 각자 수입의 1퍼센트를 기부해 그 돈으로 광고 캠페인을 실시하면 모든 매장이 이익이 될 것이라고 제안했지만 그들은 전혀 응하지 않았다."[8]

크록은 맥도날드 원리를 가맹점들에도 그대로 적용했다. 직접 경영하면서 매장에서 일할 뜻이 없는 사람들에겐 가맹점을 허락하지 않았으며, 특정 개인이 여러 가맹점을 갖는 걸 통제했으며, 지원자의 지역사회 기반과 더불어 열정을 중시했고, 업무 표준화 기준을 만들어 가맹점들이 절대적으로 지키게끔 관리했다. 크록은 특히 'QSC&V' 즉 품질Quality, 서비스Service, 청결Cleanliness, 가치Value를 입버릇처럼 강조하면서 가맹점들을 세뇌시켰다. 'QSC&V'는 그의 종교라고 해도 과언이 아니었다.[9]

"전직 식료품점 점원, 소다수 판매점 점원, 군인, 그 밖의 다양한 직업에 종사하던 수많은 사람이 맥도날드라는 이름 아래 매장 운영자가 되었다. 기본은 이들의 머리에서 갑자기 튀어나와 저절로 효과를 내는 것이 아니다. 실제로는 그와 정반대다. 기본을 제대로 지키기 위해서는 몇 번이고 되풀이해서 강조하고 또 강조해야 한다. 만약 내가 'QSC&V'라는 구절을 이야기할 때마다 바다에 벽돌을 하나씩 쌓았다면 아마 대서양을 가로지르는 다리도 놓을 수 있었을 것이다. 운영자 역시 그들 매장의 관리자 및 종업원에게 기본을 강조해야 한다. 신규 가맹점인 경우는

자기계발과 PR의 선구자들

특히 더 그렇다."¹⁰

가맹점이 빠른 속도로 늘기 시작하자, 이젠 맥도날드 형제가 성장의 걸림돌이 되었다. 새로운 변화를 시도할 때마다 성장엔 관심이 없는 맥도날드 형제의 허락을 일일이 받아야 하는 계약서상의 조건이 크록의 발목을 잡은 것이다. 1961년 우여곡절 끝에 크록은 270만 달러의 빚을 내어 맥도날드 형제의 모든 사업을 인수했다. 큰 빚을 지긴 했지만, 이제 자신의 마음대로 할 수 있게 된 크록은 회사 비행기로 미국 전역을 샅샅이 돌아다니면서 맥도날드 매장을 세울 곳을 물색했다.¹¹ 제러미 리프킨Jeremy Rifkin은 교회 뾰족탑이 크록의 전략적인 계획에서 긴요한 역할을 했다며 다음과 같이 말한다.

"그는 의도적으로 교회 근처에 레스토랑의 위치를 정했다. 맥도날드 레스토랑과 근처 교회의 순수하고 건전한 이미지가 서로 상승효과를 일으킨다고 계산한 것이다. 일찌감치 주요한 시장 고객으로 교회에 다니는 교외 가족들을 목표로 삼았음은 말할 것도 없다. 심지어 몇몇 사회 논평가들은 맥도날드의 황금빛 아치와 천국의 문의 생생한 이미지가 놀라우리만치 닮았다는 점을 지적한다. 크록은 배고픈 대중들이 혼란하고 예측 불가능한 세상의 떠들썩함에서 벗어나 편히 쉴 수 있는 그런 신성한 장소의 이미지를 창조하고 싶어 했다.……크록은 고도의 기술과 기계적 효율의 풍토에서 성장한 이들에게 '마음의 평화'를 제공했다. 그는 맥도날드에서 '선행'을 '효율성'으로, '영원한 구원'을 '하룻동안의 휴식'으로 대체시켰다."¹²

맥도날드의 종교화는 소를 숭배하는 진정한 힌두교도가 미국인들이 아닐까 하는 의문을 갖게 만든다. 먹어 없애는 게 숭배냐고 반문할 수도 있겠지만, 소가 없어지면 죽는 건 미국인들이지 소를 숭배하는 정통 힌두교도들일 것 같지는 않아서 해본 생각이다.

햄버거학을 가르치는 햄버거대학

크록은 품질 관리를 위해 1961년 햄버거대학을 세웠는데, 최초 졸업생 18명을 배출한 감격을 이렇게 적고 있다. "우리는 그들에게 햄버거학Hamburgerology 학사 학위를 수여했다. 부전공은 프렌치프라이였다. 아아, 푸름을 간직한 채 성장한다는 것은 얼마나 기쁜 일인가! 전국 각지의 신문에는 맥도날드가 업계에 미친 영향력을 인정하고, 지역사회 문제에 적극 참여하는 가맹점 운영자를 칭송하는 기사가 실렸다. 이 또한 즐거운 일이었다."13

고교 2학년 중퇴가 최종 학력인 크록은 그런 이유 때문인지 '진로 교육'의 신봉자다. "진로 교육. 이것이야말로 이 나라에 필요한 것이다. 많은 젊은이들이 안정된 직장을 잡을 준비도, 요리를 하거나 집안일을 할 각오도 전혀 되지 않은 상태로 대학을 졸업한다. 그리고 이 때문에 곧 좌절에 빠진다. 이는 당연한 결과다! 그들은 진로를 정하기 위한 교육을 받으며 자립하는 법과 일을 즐기는 법부터 배워야 한다. 그런 다음에도 배움에 대한 열망이 더 있다면 야간 학교를 다니면 될 일이다."14

크록은 다른 기부는 하면서도 대학엔 기부를 거절했는데, 그 이유가 무엇일까? "미국에서 손꼽히는 대학 몇 곳이 내게 기부를 부탁한 적이 있다. 하지만 나는 대학에 직업학교를 설치하기 전에는 동전 한 푼도 내놓을 생각이 없다고 대답했다. 이 나라의 대학은 교양을 쌓는 공부는 잔뜩 하지만 생계를 꾸리는 법은 배우지 못하는 젊은이들로 가득하다. 학사 학위를 받은 이들은 너무 많은데 푸줏간 주인은 너무 적다. 내가 이렇게 얘기하면 교육자들은 불쾌한 기색을 보이며 나를 지식인 혐오자라고 비난한다. 하지만 그것은 사실이 아니다. 내가 싫어하는 것은 가짜 지식인이며 나는 그런 사람들이 너무 많다는 것을 지적하는 것뿐이다."[15]

햄버거대학의 교육 내용은 실무적인 것에만 국한되지 않는다. 일종의 동기부여 교육 차원에서 열정을 꽤나 강조하는 모양이다. 한 신입사원은 햄버거대학에 입소한 지 2~3일가량 지난 어느 날 자리에서 벌떡 일어나 "너희는 다 미치광이야!"라고 외친 후 밖으로 나가더니 다시는 돌아오지 않았다고 한다.[16] 어떤 사람들에겐 미치광이로 보일 수 있는 열정, 이게 바로 가맹점을 경영할 수 있는 자격 조건이기도 했다. 그게 없인 집요할 정도로 이루어지는 본사의 교육을 감당하긴 어려운 일이었다.

"지원자가 직장을 그만두고, 살던 집을 처분하고, 매장이 들어설 지역에 새집을 구하는 등 운영자가 될 준비를 하는 동안 우리는 계속해서 그와 긴밀한 연락을 주고받는다. 그는 맥도날드 매장에서 추가로 500시간을 더 일해야 하며 오리엔테이션과 경영 수업에 참석할 것을 권유받는다. 또 개점 4~6개월을 앞둔 시점이 되면 햄버거대학의 상급 운영 과정을 수강한다. 이를 통해 손님을 맞기 위해 필요한 경영 기술과 운영 노하우를 한층 더 갈고닦는 것이다. 이 모든 준비 작업과 교육 과정은 맥도날드 가맹권을 얻은 소기업 경영자들의 성공 가능성을 끌어올리는 역할을 한다. 이것이 전부가 아니다. 이후에도 현장 담당 인력을 통해 필요할 때면 언제든 운영자를 지원한다."[17]

가맹점은 혁신의 원천

물론 지원은 곧 간섭이기도 했다. 본사 직원들이 매장을 방문해 이모저모 살펴본 뒤 가맹점별로 등급을 매기는 등의 통제를 하는 걸 좋아할 가맹점은 없을 것이다. 그러나 맥도날드는 1980년대에 품질 관리 통제가 어렵다는 이유로 미군의 모든 기지에 맥도날드 매장을 개설할 수 있는 기회를 거절할 정도로 'QSC&V'에 집착했으며, 그것이 곧 맥도날드의 성공 비결이었으니, 성공과 통제는 동전의 양면과 같은 것이었다.

크록은 '맥도날드의 가족화'를 강조했는데, 이는 나중에 '맥패밀리 McFamily'라는 말로 표현되었다.[18] 이는 자신의 가부장제적 간섭을 정당화하는 것이기도 했다. 기업들이 '가족' 개념을 강조하는 건 상투적인 것 아니냐고 하겠지만, 중요한 건 맥도날드에선 그것이 관료제의 한계를 극복하게 해준다는 점이었다. 예컨대, 크록은 자신의 '가족 관리'에 대해 이렇게 말한다.

"간부 중에는 벽에 전국 지도를 걸어두고 매상에 따라 지역별로 다른 색깔의 핀을 꽂아두는 사람도 있다. 하지만 내겐 그런 지도가 없다. 머릿속에 전부 그려져 있기 때문이다. 내 머릿속 지도에는 특정 지역에 어떤 매장이 있는지, 운영자는 누구인지, 매상은 어느 정도인지, 문제는 무엇인지 등등의 내용이 모두 담겨 있다. 그렇게 기억하는 매장이 4,000곳 정도 되지만 현장 컨설턴트나 구역 관리자만큼 최근의 운영 상황을 상세히 파악하기는 어렵다."[19]

맥도날드의 성장사에서 가장 눈에 띄게 두드러지는 게 바로 가맹점을 혁신의 원천으로 간주해 대등한 파트너 대접을 한 것이다. 1960년대와 1970년대의 맥도날드가 1990년대의 마이크로소프트, 2000년대의 구글과 마찬가지로 수많은 백만장자를 만들어낸 것도 바로 그런 파트너십에서 비롯된 것이다.

단기적인 이익을 놓고 보자면 가맹점 대신 직영점을 두는 게 훨씬 낫지만, 맥도날드는 직영점의 비율이 높아지는 걸 두렵게 생각했다. 그래서 본사 소유의 직영점 비율은 전체 업소의 30퍼센트 이상을 넘지 않게끔 하는 원칙도 정했다(현재 직영점 비율은 15퍼센트). 거대 관료조직에 소속된 직영점에선 성공을 해야 한다는 절박함과 더불어 지역사회에 대한 이해 부족으로 아무런 혁신도 나올 수 없다고 보았기 때문이다. 실제로 맥도날드가 성공을 거둔 혁신과 새로운 아이디어는 거의 대부분 가맹점들에서 나온 것이다.

다른 프랜차이저들은 가맹점들에 설비와 재료를 팔아 큰 차익을 남겼지만, 크록은 가맹점들의 불만을 살 수도 있는 갈등의 소지를 없애기 위해 독립적인 설비·재료 공급업체들에게 그 일을 맡겼다. 그들에게서 당시 관행으로 통용되고 있던 이른바 '리베이트'도 전혀 받지 않았다. 그 대신 그들에게 품질 기준을 엄격하게 충족시켜줄 것을 요구했다.[20]

맥도날드는 공급업자들과도 파트너십을 형성했다. 1959년 공급업자들이 회사를 구한 적도 있다. 본사가 부도가 날 위기에 처하자 원료 공급업체 5곳에서 각각 10만 달러를 내 50만 달러를 제공함으로써 부도를 막아준 것이다.[21] 맥도날드에 장기간 빵을 공급해온 피터 그림은 다음과 같이 말한다.

"대부분의 회사에서 저는 일개 공급업자일 뿐입니다. 하지만 맥도날드에서 저는 한층 중요한 사람이 됩니다. 큰 차이가 있는 것이죠. 다른 회사에서 원료 공급업자들은 교체되기 쉽습니다. 거기서 우리는 파트너가 아닌, 원료를 공급하는 업자에 불과합니다. 다른 곳에서는 맥도날드와 같은 인간관계를 본 적이 없습니다."[22]

1975년의 가맹점 반란 사건

맥도날드에 대해 비판적인 책을 쓴 에릭 슐로서Eric Schlosser도 맥도날드의 그런 장점을 흔쾌히 인정한다. 그는 "맥도날드가 성공한 이유 중 가장 중요한 것은 레이 크록이 기꺼이 기다릴 줄 아는 사람이었기 때문이다. 다른 체인점은 많은 액수의 선금을 요구했고, 한 지역에 여러 개의 프랜차이즈 가맹점을 내는 데 혈안이 되었으며 자신들의 가맹점에 직접 재료를 공급하여 돈을 벌었다. 그러나 크록은 탐욕에 눈 먼 사람이 아니었다.……돈을 빨리 버는 것보다는 맥도날드라는 브랜드를 확장하는 데 주력했다. 실제로 1950년대 맥도날드에서는 회사 창립자보다 가맹점 사장들이 돈을 더 버는 경우가 많았다"며 다음과 같이 말한다.

"크록은 맥도날드를 단지 또 다른 투자 수단 정도로 여기는 부유한 사업가들 대신 자신의 점포를 운영하려는 평범한 사람들과 계약하기로 결심했다. 크록은 사람들이 이전의 삶을 완전히 잊고 오직 맥도날드에 헌신할 것을 요구하였다.……새로운 가맹점 사장들은 오직 맥도날드 가게 하나만으로 인생을 새출발해야 했던 것이다. 크록의 지시에 반박하거나 이를 무시한 사람들은 두 번 다시는 맥도날드 프랜차이즈를 얻지 못했다. 크록을 전제적인 지배자라고 부를 수도 있겠지만, 동시에 그는 가맹점의 의견과 불만을 주의 깊게 들었다. 로널드 맥도날드, 빅맥, 에그 맥머핀Egg McMuffin, 필레-오-피시 샌드위치 등 인기 상품은 전부 지역 가맹점들이 만들어낸 것이다."[23]

맥도날드는 1974년 업계 최초로 옴부즈맨 제도를 도입했다. 이 제도를 이용해 사원은 물론 가맹점 운영자들도 중립적 위치에 있는 제3의 기관에 불만을 제기할 수 있었다. 그럼에도 1975년 가맹점들의 반란이 있기는 했다. 1973년에 조직된 맥도날드운영자협회MOA: McDonald's Operators Association가 회보를 통해 "맥도날드는 변했다. 저항하지 않는다면 계약이 만료되었을 때 여러분은 퇴출당하고 회사가 매장을 인수할 것이다"고 선전·선동을 하고 나선 것이다.

크록은 자서전에서 MOA의 주장은 말도 안 되는 악의적 선전이라고 비난했다. MOA 조직자는 본사 직원이었던 돈 콘리였는데, 그가 '은혜를 원수로 갚는 비열한 수작'을 부렸다는 것이다.[24] 마찬가지로 MOA를 '악질적인 조직'으로 규정한 맥도날드 중역 출신의 폴 퍼셀라Paul Facella는 "이들은 맥도날드가 그동안 거둔 성공의 토대를 뒤흔들려고 했으며, 시스템이 제대로 기능하는 데 이바지했던 '회사-가맹점' 간의 관계를 위협했다"면서도, 이 사건이 미친 영향에 대해 다음과 같이 말한다.

"이 사건은 조직에 필요한 견제와 균형 장치를 구축하는 데 중요한 계기가 되었다. 회사는 매장 운영자들이 자기주장을 펼칠 포럼을 개최하는 것을 허락했고, 가맹점과의 관계에서 좀더 협력적인 접근법을 추구했다. 그 결과 전국 운영자 자문위원회가 결성되었고 맥도날드는 사태를 성공적으로 타개할 수 있었다. 각 지역에서 매장 운영자가 선출한 위원들로 구성된 이 위원회는 토론과 대화를 위해 전국 포럼을 개최했다. 이로써 파트너십을 한층 더 강화할 수 있었다."[25]

맥도날드는 쇼비즈니스

크록은 매장을 방문할 때마다 늘 "우리는 햄버거 비즈니스가 아니라 쇼비즈니스에서 일합니다We're not in the hamburger business; we're in show business"라는 말을 했다.[26] 그의 종교인 'QSC&V'는 고객에게 보여주고 더 나아가 과시하기 위한 것이었는데, 이를 쇼비즈니스화해야 한다는 주문이었다.

1920년대 시카고 라디오 방송국의 오디션에 참가한 적도 있고 몇 년 동안 나이트클럽에서 일했던 크록은 쇼맨십이 충만한 홍보 전문가였다. 맥도날드의 각종 광고와 PR 활동도 쇼비즈니스의 원리에 따라 이루어졌다. 예컨대, 1966년 '햄버거 20억 개 판매 돌파' 시 맥도날드가 배포한 보도자료를 보자. 맥도날드는 언론이 흥미를 느끼게끔 "20억 개의 햄버거를 한 줄로 늘어놓으면 지구를 5.4바퀴나 돌 수 있습니다!"라고

말했다.[27]

맥도날드는 자주 이런 통계 엔터테인먼트 보도자료를 냈는데, 그때마다 언론은 앞다투어 보도했다. 광고도 엔터테인먼트 효과를 중요시했다. 아이들을 타깃으로 한 맥도날드 광고에 대해 크록은 "우리 회사의 텔레비전 광고를 좋아하는 아이는 매장에 할아버지와 할머니를 이끌고 오고, 결국 이로 인해 우리는 두 명의 고객을 더 확보하게 된다"고 말했다.[28]

사실 우리가 맥도날드와 관련해 한 가지 잊지 말아야 할 것은 맥도날드가 '세뇌'라고 해도 좋을 정도로 엄청난 광고 공세를 퍼부었으며 지금도 그렇게 하고 있다는 점일 것이다. 월터 레이피버Walter LaFeber는 농구 스타 마이클 조던Michael Jordan을 모델로 쓴 맥도날드 광고의 억척스러움에 대해 다음과 같이 말한다.

"마지막 버저가 울렸을 때, 그러나 조던이 팀 동료와 승리의 기쁨을 나누기도 전에, 맥도날드의 광고 제작팀이 코트에 올라와 광고를 찍었다. 광고상에 나오는 목소리는 '마이클, 당신은 세 번 연속으로 NBA 챔피언을 따냈습니다. 네 번째 우승도 차지하고 싶습니까?'라고 말했다. 조던은 땀을 흘리며 웃으며 대답했다. '빅맥이 먹고 싶습니다.' 광고 필름에는 조던이 마지막 경기에서 레이업 슛을 하며 골을 향해 날아가는 장면이 덧붙여졌다. 편집은 12시간 만에 완료되었다. 광고는 24시간 만에 비케이블 네트워크뿐만 아니라 위성을 통해 ESPN, MTV 등 케이블 네트워크에 보내졌다."[29]

맥도날드는 매출액의 15퍼센트를 광고비로 지출하고 있으며, 새로운 햄버거를 선보일 땐 20~25퍼센트를 광고비로 지출한다. 브랜드 인지도 제고 차원에서 광고를 하는 게 아니다. "오늘 아침 드셨습니까?"라는 광고 문구가 말해주듯이, '식사=맥도날드'를 추구하겠다는 것이다.[30] 그런 점에서 맥도날드는 미디어 현상이기도 하다.

맥도날드의 반反엘리트주의적 포퓰리즘

맥도날드가 보통 사람들에게 어필하는 또 하나의 이유는 '포퓰리즘' 과 관련이 있다. 조 킨첼로Joe L. Kincheloe는 많은 미국인이 맥도날드의 반反엘리트주의적 포퓰리즘에 호감을 갖고 있다고 말했다. 그들은 맥도날드에 대한 비판을 자신들에 대한 비판, 즉 자신들의 정치성, 미학, 먹는 습관을 경멸하는 것으로 간주하여, 그에 대한 반발심으로 오히려 맥도날드를 옹호한다는 것이다.[31]

2004년 11월에 미국의 패스트푸드 체인인 하디스가 웰빙 열풍과는 정반대로 칼로리와 지방 덩어리인 초대형 '몬스터 뚱보 햄버거'를 선보여 큰 인기를 얻은 것도 바로 그런 이유와 무관치 않을 것이다. '몬스터 뚱보 햄버거'는 햄버거와 감자튀김, 콜라 등 세트 메뉴를 먹는 사람을 마치 '비문명인' 취급하는 음식문화 때문에 햄버거를 먹을 때마다 이유 없이 불편함을 느끼고 주눅 들고 심지어 '죄책감'까지 느꼈던 젊은 남자 소비자들에게 선풍적인 인기를 끌었다.[32]

정치인들이 그런 포퓰리즘 효과를 놓칠 리 만무하다. 2005년 10월 19일 미국 하원은 "햄버거를 먹는 바람에 살이 쪘다는 이유로 햄버거 회사에 소송을 걸 수 없다"는 내용의 이른바 '치즈버거 법'을 공화당 주도로 찬성 306표, 반대 120표로 통과시켰다. 하원 법사위원장 제임스 센센브레너James Sensenbrenner는 "식품 산업과 1,200만 종사자들이 소송 남발의 위협에서 벗어날 수 있게 됐고 소비자는 소송 비용 예비에 따른 가격 인상을 피할 수 있게 됐다"고 말했다. 빈곤, 학력 저하, 비만 등의 사회문제를 놓고 개인의 책임감을 강조하는 공화당 철학이 반영된 발언이었다. 반면 일부 민주당 의원들은 맥도날드·코카콜라 등 거대 기업들이 의원들을 움직여 법안 통과를 조정했다고 비판했다.[33]

포퓰리즘은 논란의 소지가 있는 개념이겠지만, 맥도날드를 떠받치고 있는 게 평등주의 정서egalitarian ethos라는 건 분명해 보인다. 고객이 음식을 자신이 직접 받아 치우는 것도 보기에 따라선 고객을 부려먹는다고 하겠지만 그것도 고객과 종업원 사이의 평등관계를 보여주는 것이다.[34]

포퓰리즘과 평등주의 정서 사이의 지점을 파고드는 게 바로 맥도날드의 이른바 '풀뿌리 마케팅grass-roots marketing이다.[35] 이는 지역 기반을 가진 가맹점이 잘할 수 있는 것인바, 맥도날드 가맹점들의 경쟁력이기도 하다.

그뿐만 아니라 맥도날드는 많은 미국인에게 애국심의 상징이기도 하다. 외국산 제품들이 물밀 듯이 미국 시장을 파고들어 미국의 무역적자가 심화되고 있는 상황에서 맥도날드는 미국이 여전히 세계 최고의 경쟁력을 갖고 있다고 믿고 싶어 하는 서비스 분야에서 전 세계를 제패하는 대표하는 미국 기업이 아닌가.[36] 맥도날드가 애국적 포퓰리즘의 상징으로 미국인들의 사랑을 받는 건 당연한 일인지 모른다.

크록은 맥도날드에 대해 자신과 똑같은 생각을 하는, 자신이 아들처럼 키워온 프레드 터너Fred Turner, 1933~2013를 맥도날드의 후계자로 삼음으로써 맥도날드는 크록의 사후에도 그의 철학을 그대로 따르는 방향으로 성장을 지속해나갔다. 터너로 말하자면, 1958년 75페이지에 이르는 운영·훈련 매뉴얼을 만든 사람이다. 이 매뉴얼엔 햄버거는 깔끔하게 6줄로 그릴에 얹어야 하고 프렌치프라이의 두께는 정확하게 0.28인치여야 한다든가 하는 기준이 미주알고주알 다 적혀 있다.[37]

"크록의 진정한 공로는 프랜차이즈 시스템의 창조"

유럽, 특히 프랑스에서 맥도날드에 대한 반감의 이면엔 두 나라의 음식문화 차이도 자리 잡고 있는 것 같다. 프랑스인들이 미국의 뷔페식 레스토랑을 경멸하는 것도 같은 이유인데, 그건 바로 "음식이란 무엇인가?"라는 철학의 문제와 관련이 있다.

프랑스의 문화인류학자 클로테르 라파이유Clotaire Rapaille는 "음식에 대한 미국인의 코드는 '연료fuel'다. 미국인들이 음식을 다 먹고 나서 '배가 찼다'고 말하는 까닭은 무의식적으로 음식 먹는 것을 연료 공급으로 생각하기 때문이다. 그들의 사명은 자신의 연료통을 가득 채우는 일이므로, 그 일이 완료되면 임무를 완수했다고 알리는 것이다. 흥미로운 점은 미국 어디에서나 고속도로에서 주유소와 음식점을 겸한 휴게실을 찾아볼 수 있다는 것이다"며 다음과 같이 말한다.

"다른 여러 문화에서는 음식은 도구가 아니라 세련됨을 경험하는 수단이다. 프랑스에서는 음식을 먹는 목적이 쾌락이며, 가정에서 만든 음식도 손님들이 오랜 시간 감상하는 훌륭한 요리가 된다. 프랑스 레스토 랑의 요리는 많은 연주자들(요리사와 웨이터, 포도주 담당자, 지배인)이 동시 에 연주하는 예술성 높은 교향악이다. 실제로 프랑스인들은 훌륭한 요 리사와 교향악단의 지휘자에게 모두 셰프[chef]라는 단어를 사용한다."[38]

'연료 충전' 모델의 이면엔 시간이 있다. 미국 인류학자 시드니 민츠 Sidney W. Mintz는 "미국인들의 식습관에 관련된 과정 중에서 그 무엇보다 '시간'이라는 요소는 대단히 중요한데도 불구하고 사람들은 거기에 거 의 관심을 기울이지 않는다"며 "대개의 '간편식'이 성공을 거두는 이유 는 시간을 최우선적으로 생각하는 관념 때문이다"고 말한다.[39]

데이비드 핼버스탬[David Halberstam, 1934~2007]은 맥도날드의 놀라운 사 회적 통찰은 햄버거에 대한 미국인들의 엄청난 식욕을 간파한 것이 아 니라, 새로운 고속도로와 자동차에 의해 초래된 이동성의 확산과 먼 거 리를 통근하는 노동자들, 도중에 신속하게 식사를 마쳐야 할 필요성을 이해했다는 데에 있다고 말한다.[40]

1983년 12월 『에스콰이어』는 20세기 미국인의 생활 방식에 위대한 기여를 한 50명 중 '선지자'군의 1명으로 크록을 선정했다. 작가 톰 로 빈스는 『에스콰이어』에 기고한 글에서 "콜럼버스는 미국을 발견했고, 제퍼슨은 미국을 세웠으며, 레이 크록은 미국을 '맥도날드화'했다. 이 나라의 대표적인 분위기를 형성한 것은 전지전능한 컴퓨터도, 아무도 막을 수 없는 무기 체계도, 정치 혁명도, 예술 사조도, 혹은 유전자 변형 약물도 아니다. 그것은 다름 아닌 햄버거였다"고 말했다. 이에 대해 로 버트 앤더슨은 다음과 같이 말한다.

"하지만 크록의 진정한 공로는 미국인의 입맛을 표준화한 것이 아니라 맥도날드 프랜차이즈 시스템을 창조한 것이다. 그는 타고난 리더로서 탁월한 능력을 발휘해 새로운 사업 구조를 창조하고 수많은 기업가들을 끌어들였다. 이 구조는 높은 수준의 품질과 서비스 제공을 강조하는 동시에 운영자들에게 독립된 사업가로서 자유롭게 매장을 운영하도록 했다. 이들 가맹점 운영자에 본사 관리자와 다양한 식재료 및 설비 공급자가 더해져 하나의 시스템이 형성되었다.……맥도날드 가맹점은 계속해서 세계적으로 가장 인기 있는 사업 아이템 중 하나로 꼽히고 있다."[41]

그렇다. 맥도날드는 늘 뜨거운 논란의 한복판에 선 글로벌 기업으로서 글로벌 자본주의의 폐해를 보여주는 상징으로 간주되지만,[42] 잠시 눈을 돌려 경영학적 관점에서만 보자면 가맹점들과의 운명 공동체적 파트너십을 형성한 것이 성공 비결이자 중요한 사회적 기여였다. 크록의 다음과 같은 좌우명은 '갑질'을 해대는 한국의 프랜차이저들이 꼭 배워야 할 교훈이 아닐까? "당신이 먼저 1달러를 벌면, 우리가 그다음 1달러를 번다."[43] 아니면 앞서 소개한 바 있는 에릭 슐로서의 다음과 같은 진단에 주목해보는 건 어떨까? "맥도날드가 성공한 이유 중 가장 중요한 것은 레이 크록이 기꺼이 기다릴 줄 아는 사람이었기 때문이다."

브루스 바턴

1886~1967

예수는 '세계에서 가장 위대한 세일즈맨'인가?

브루스 바턴의 '복음 상업주의'

현대 비즈니스의 창시자

"그는 비즈니스의 밑바닥에 있던 12명을 골라 조직을 만들어 세계를 제패했다He picked up twelve men from the bottom ranks of business and forged them into an organization that conquered the world."1

그는 누구인가? 예수다. 광고업자 브루스 바턴Bruce Barton, 1886~1967은 1925년에 출간한『아무도 모르는 남자: 참 예수의 발견The Man Nobody Knows: A Discovery of the Real Jesus』에서 그렇게 말했다. 역사가들이 이 책을 논할 때에 가장 많이 인용하는 구절이다. 미국의 1920년대 시대정신을 논할 때에 꼭 거론되는 이 역사적인 책의 국내 번역판은 두 권이 나와 있다.『예수 영원한 광고인』(김충기 옮김, 1995)과『예수의 인간경영과 마케팅 전략』(이동진 옮김, 2000)이다.

예수는 '세계에서 가장 위대한 세일즈맨'이라는 게 바턴의 주장이다. 오늘날에야 그렇게 볼 수도 있겠다며 이 책을 포용하는 게 쉽겠지만, 1925년의 미국에선 충격으로 받아들여졌다. 바로 그해 여름 테네시주의 작은 마을 데이턴에선 고교 생물학 교사 존 스콥스^{John T. Scopes,} _{1900~1970}가 수업 시간에 진화론을 가르쳤다는 이유로 재판을 받은 이른바 '원숭이 재판' 사건이 벌어지지 않았던가.

바턴은 그간 기독교인들에 의해 묘사되어온 예수, 즉 나약하고 불행하고 기꺼이 죽으려고 하는 양^羊의 이미지에 불만을 느껴 이 책을 쓰기로 했다고 밝히면서 전혀 새로운 예수 이미지를 제시한다. 예수는 건강하고 체력이 매우 좋은 활동파였으며, 사교에도 뛰어났고 여자들에게도 인기가 아주 좋은 남성적 매력의 소유자였다는 것이다.

또 바턴은 예수를 '현대 비즈니스의 창시자'로 간주하면서, 예수의 모든 언행을 비즈니스와 광고의 전략·전술 차원에서 분석했다. 예수가 오늘날 살아 있다면 무엇을 했을까? 전국적인 광고인이 되었으리라는 게 그의 주장이다. 바턴은 무엇보다도 예수의 비유법을 높이 평가했다.

"비유를 잘해야 광고가 뜬다. 예루살렘에서 예리코로 가던 사람이 강도의 습격을 받아 쓰러져 있을 때 많은 사람들이 그냥 지나갔지만 사마리아 사람만이 그를 구해준다. '착한 사마리아인의 비유'는 이웃을 사랑하라는 예수의 핵심 사상을 비유한 최고의 광고 문안으로 평가받을 만하다. 예수의 비유법은 카피라이터가 연구해야 할 교과서이다."²

예수의 광고 마케팅 비결은 무엇일까? "첫째, 철저히 압축된 문장. 둘째, 단순한 언어 선택. 셋째, 성실한 묘사. 넷째, 반복 또 반복. 이 4가지가 예수의 광고 마케팅 전략의 비결이다. 예수는 사람들에게 어떻게 말하고 써야 효과적인가를 꿰뚫고 있었다.……미국의 저명한 언론인인 찰스 대너^{Charles A. Dana, 1819~1897}는 뉴욕의 신문 『선』지의 신입 기자에게 기사를 더 짧게 줄여 다시 써오라고 명령했다. 지면이 넉넉하지 않았던 모양이다. 신입기자는 기사 내용이 중요해서 더 줄일 수 없다고 반발하자 대너가 대꾸했다. '성서를 가져와 창세기 제1장을 읽어보게. 천지창조가 육백 단어로 기록돼 있다 이 말이네.'"[3]

바턴은 예수가 반복의 중요성을 터득했다는 점도 강조한다. "'평판은 반복에 있다'고 흔히들 말한다. 아무리 중요한 내용이라 해도 단 한 번 말해가지고는 많은 사람에게 강한 인상을 줄 수 없다. 예수가 널리 펴려한 사고방식은 매우 간결했지만 혁신적이었다. '하나님은 너희 아버지다. 인간의 아버지이므로 너희 한 사람 한 사람의 행복을 원한다. 하나님의 나라는 행복이다. 하나님의 법은 사랑이다.' 예수의 가르침은 이것뿐이었으나 이것을 여러 가지 방법으로 부르짖어야 한다는 것을 예수는 알았다."[4]

광고업계의 비공식 대변인

도대체 바턴은 어떤 사람이길래 이런 발칙한 주장을 하게 된 것일까? 가난한 목사의 아들로 태어난 바턴은 1907년 앰허스트대학^{Amherst College}을 졸업한 뒤 홍보 전문가, 잡지사 기자 등으로 일하다가 제1차 세계대전의 슬로건 작성 작업에 관여했다.[5] 그는 이 일을 하면서 광고업자 알렉스 오즈번^{Alex Osborn}과 로이 더스틴^{Roy Dustine}을 만났다. 1918년 오즈본과 더스틴이 뉴욕에 새로 개업한 광고 회사에 바턴을 초대함으로써 1919년 BDO[Barton, Durstine & Osborn]라는 광고대행사가 탄생했다. BDO가 1928년 조지 배튼 컴퍼니[George Batten Company]와 합병해 태어난 BBDO[Batten, Barton, Durstine & Osborn]는 업계 최고의 광고대행사가 되었다.[6]

바턴의 광고 작품 가운데 가장 널리 알려진 것은 식품회사 제너럴 밀스[General Mills]를 위해 만든 '베티 크로커[Betty Crocker]' 캠페인이다. 여성 식품 전문가인 베티 크로커는 가공의 캐릭터로 1921년 제너럴 밀스 주최 요리 경연대회에 참여한 주부들에게 보내는 회사 편지에 서명을 하기 위해 처음 창조되었다.

김동규는 "붉은색 재킷에 검은 머리를 한 이 다정한 여성은 단순한 광고 캐릭터가 아니다. 오랫동안 지속된 캠페인을 통해 이제 미국의 식문화食文化를 상징하는 하나의 아이콘이 되어버렸다. 'Betty Crocker'란 단어가 요리 잘하는 여자라는 비유어로 영어사전에 등재되었을 정도다"며 다음과 같이 말한다.

"베티 크로커가 단순한 가공인물에서 벗어나 생명을 얻게 된 것은 라디오를 통해서였다. 제너럴 밀스는 1924년과 1925년에 걸쳐 지역 요리학교를 위해 라디오 토크쇼를 송출하기 시작한다. 이때 블랑시 잉거솔[Blanche Ingersol]이란 성우를 내세워 살아 있는 생생한 캐릭터를 창조한 것이다. 친근한 음성으로 수다를 떠는 베티의 음성은 금방 핵심 소비자 계층인 주부들의 관심과 인기를 끌게 되었다. 이 캐릭터는 이후 제너럴 밀스의 제품 광고에 대대적으로 등장하면서 모턴 소금 소녀[Morton Salt girl]와 쌍벽을 이루는 광고 역사상 불멸의 심벌로 자리를 굳혔다. 그리고 오늘날도 제너럴 밀스의 케이크와 제빵용 믹스mix 캐릭터 및 브랜드 네임으로 활발히 사용되고 있다."[7]

바턴은 1961년까지 BBDO의 사장을 지내면서 제너럴 일렉트릭General Electric과 제너럴 모터스General Motors가 미국인들에게 아주 친근한 단어household word가 되게 만드는 등 광고인으로서 탁월한 역량을 보였다. 바턴은 자동차 딜러 대상 조사를 통해 그들의 90퍼센트가 회사 캠페인만으로도 차가 더 잘 팔린다고 대답한 것을 근거로 대대적인 기업 광고 캠페인을 전개해 미국인들이 GM을 '가족'처럼 여기는 데에 큰 기여를 했다.[8]

바턴의 BBDO는 또 다른 광고대행사 테드 베이츠Ted Bates와 함께 1952년 대선에서 공화당 후보 드와이트 아이젠하워 캠프에 참여했는데, 이들은 연설과 같은 언어의 비중을 낮추고 텔레비전 중심의 그림을 강조하는 캠페인을 구사했다.[9] 이런 전략에 따라 아이젠하워는 "아이젠하워가 미국에 답한다Eisenhower Answers America"라는 제목의 40편에 달하는 텔레비전 시리즈 광고에 출연해 큰 재미를 보았다. 길거리에서 보통 사람들의 질문에 응답하는 형식의 1분짜리 텔레비전 광고는 이후 모든 선거에서 유행하게 되었다.[10]

1959년 BBDO는 2,100명을 고용하고, 16개 도시에 지사를 두었으며, 몬트리올·토론토·런던·밀라노·파리·프랑크푸르트 등에 해외 지사를 둔 거대 광고대행사가 되었다. BBDO는 고객(광고주)당 평균 14년간 관계를 유지함으로써 업계 평균 5년을 훨씬 뛰어넘는 독보적인 광고대행사로 업계의 지도적 위치에 섰다.[11]

하지만 광고업계에 대한 바턴의 진정한 기여는 다른 곳에 있었다. 1920년대까지도 광고업은 사회적 인정을 제대로 받지 못하고 있었다. 경제가 팽창하면서 광고의 중요성이 커졌지만 여전히 사회적 냉대에 시달려야 했다. 예컨대, 사회 각계의 유명 인사들을 싣는 '인명사전'들은 광고계의 주요 인물들을 포함시키지 않고 있었다. 광고업계는 널리 쓰이는 ad 대신 advertisement로 불러줄 것을 요구하는가 하면 스스로 ad man 대신 consumption engineer라고 부르는 등 자신들의 위상을 높이기 위해 발버둥을 치고 있을 때였다.[12]

바로 그런 상황에서 바턴은 광고업계의 비공식 대변인 노릇을 자청했다. 그는 죽는 날까지 광고업계의 권익 옹호와 더불어 그 사회적 위상의 격상을 위해 애를 썼다. 단지 경제적 이익만을 위해서 그런 건 아니었다. 그는 광고의 사회적 가치에 대한 신앙 수준의 신념을 갖고 있는 사람이었다. 바턴은 1927년 10월 미국광고대행사협회American Association of Advertising Agencies 연례 총회 연설에서 '현대 광고인의 신조Creed of an Advertising Man'를 발표했다.

"나는 광고를 믿기 때문에 광고계에 몸담고 있습니다. 광고는 광고계를 대변합니다. 광고가 사람들로 하여금 자기 재력 이상으로 살게 하는 것이라면, 결혼도 그런 역할을 합니다. 광고가 한 사람에게 영향을 미치기 위해 천 명의 사람에게 이야기한다면, 교회도 역시 그렇게 합니다. 광고가 시끄럽고 지나치게 많으며 지겹다면, 미국 의회 역시 그렇습니다. 우리는 젊지만 법이나 의약이나 신학은 이미 늙었습니다."[13]

'광란의 1920년대'를 강타한 '노바디 신드롬'

바턴이 광고에 대한 그런 호전적 신념의 실천을 하는 가운데 쓰게 된 책이 바로 『아무도 모르는 남자』다. 바턴은 책을 출간하기 전 원고를 부모에게 보냈다. 목사인 아버지가 반대하면 책을 내지 않겠노라고 했다. 그의 부모는 책의 출간을 허락했다. 그는 다른 지인들에게도 원고를 미리 보여주었는데, 그들은 대부분 이 책의 핵심인 '세일즈맨으로서의 예수' 개념이 큰 논란을 부를 거라며 그걸 빼자고 했다. 그러나 바턴은 원래대로 밀어붙여 책을 출간했다.

반응은 뜨거웠다. 이 책은 1925년과 1926년 2년간에 걸쳐 베스트셀러가 되었으며, 1926년엔 영화로 만들어졌다. 할리우드 최초의 '성경 스펙터클 영화Biblical spectacular'라고 할 수 있는 세실 데밀Cecil B. DeMille, 1881~1959의 〈왕 중의 왕King of Kings〉이 바로 그 영화인데, 바턴은 이 영화의 컨설턴트로 참여했다.[14]

이렇게 뜨거운 화제가 된 가운데 이 책을 둘러싸고 격렬한 찬반 논란이 벌어졌다. 당시 목회 활동을 하던 신학자 라인홀드 니부어Reinhold Niebuhr, 1892~1971는 "예수의 복음은 분명한 성공의 복음이 아니라 분명한 실패를 통한 궁극적인 성공의 복음"이라며 바턴을 비판했으며,[15] 대부분의 개신교·가톨릭 성직자들이 바턴을 '신성모독'을 저지른 자로 거세게 비난했다. 특히 근본주의자들의 분노가 거셌다. 종교적 우파뿐만 아니라 문화적 좌파도 비난에 가세했다.

그러나 대중은 바턴의 편이었다. 독실한 기독교인들도 바턴의 책을 읽고서 예수를 더욱 가깝게 여기게 되었다고 고백했다. 일부 리버럴 크리스천 지도자들도 호의적이었다. 날이 갈수록 세속화되어가는 세상에서 신앙을 유지하는 게 복잡해지고 어려워진 환경에 대한 지침서 역할을 했다는 점이 『아무도 모르는 남자』가 누린 인기의 비결이었다.[16]

『아무도 모르는 남자』는 '노바디 신드롬'을 불러 일으켰다. 책 제목에서 슬로건에 이르기까지 The Man Nobody Knows를 흉내낸 표현들이 우후죽순 쏟아져나왔다. 예컨대, The Suburb Nobody Knows라는 식이었다. The Man Everybody Reads, The Girl Everybody Knows, The Place Everybody Goes, The Man Every One Knows 처럼 다소의 응용이 가해진 표현들도 풍년이었다. 이런 '노바디 신드롬'으로 바턴은 대중문화의 아이콘으로 부상했다.[17]

'바턴 붐'은 1960년대까지 지속되었다. 『아무도 모르는 남자』는 바턴이 그 속편으로 쓴 성경 해설서 『아무도 모르는 책The Book Nobody Knows』과 함께 지속적인 인기를 누리면서 1956년에도 100만 부 이상 팔려나갔으며, 1965년엔 『리더스다이제스트』가 이 책들의 축약본을 연재하기도 했다. 독일, 스칸디나비아, 이탈리아, 일본 번역판까지 출간되었다.

'바턴 붐'이 최초로 조성된 1920년대는 부자가 존경받는 시대였다. 버튼 맬킬Burton G. Malkiel은 "사람들은 사업가를 경건한 선교사처럼 좋아했고 거의 숭배하다시피 했다"고 말한다.[18] 그럴 만한 역사적 배경이 있었다.

1919년 제1차 세계대전이 끝나자 미국은 돈 버는 데 관심을 쏟아 제조업 생산량은 10년간 64퍼센트나 늘어났다. 디트로이트 자동차 공장에서는 17초마다 승용차가 1대씩 굴러나왔고, 미국인 5명당 1대꼴로 자동차를 가지면서 교외 거주자들이 늘어나 건설업이 폭발적 호황을 맞았다. 경제와 사업은 번성했고, 주식시장은 급등했다. 실업률은 감소했고, 생활수준은 높아졌다. 이렇듯 미국에서 1920년대는 '광란의 20년 대Roaring Twenties' 또는 '재즈시대Jazz Age'라고도 할 만큼 번영과 즐거움이 솟구친 시대였다.[19]

"미국의 비즈니스는 비즈니스다"

물질적으론 풍요로웠지만, 정신은 빈곤했다. 1922년에 간행된 『미합중국의 문명』을 공동집필한 20명의 지식인은 "오늘날 미국의 사회적 삶에서 매우 흥미롭고도 개탄할 사실은 그 정서적 · 미적 기아 상태"라고 진단했다.[20] 이런 시대상은 문학작품에도 반영되었다. 고발의 성격을 띤 반영이었는데, 이 방면의 선두 주자는 미국인의 물질 만능주의와 순응주의를 묘사한 해리 싱클레어 루이스Harry Sinclair Lewis, 1885~1951다.

루이스는 1920년 10월 장편소설 『메인 스트리트Main Street』, 1922년 『배빗Babbitt』, 1925년 『애로스미스Arrowsmith』, 1927년 『앨머겐트리Elmer Gantry』 등을 발표했다. 특히 『메인 스트리트』와 『배빗』에서 루이스는 시골 마을의 추악함, 그 삶의 문화적 빈곤, 편견에 가득 찬 군중의 횡포, 투자가들의 뻔뻔한 야비함과 편협성을 폭로했다. 『배빗』의 주인공은 자신이 속한 골프 클럽이 첫째가 아니고 두 번째라는 점에 언짢아한다. 이후

자기계발과 PR의 선구자들

속물적이면서 거만을 떠는 사람은 누구든지 '배빗'이라고 불렸다. 루이스의 작품 외에도 기업인들이 미국을 지배하는 것에 대한 지식인들의 불만과 커져가는 환멸감을 담은 책들이 홍수처럼 쏟아져나왔다. 루이스는 『앨머겐트리』로 1930년 미국인 작가로는 최초로 노벨문학상을 수상했는데, 여기엔 미국 문화를 경멸하던 유럽인들의 시각이 작용한 건지도 모르겠다.[21]

시어도어 드라이저Theodore Dreiser, 1871~1945는 1925년 『미국의 비극An American Tragedy』을 출간했다. 부잣집 딸과 결혼하고 싶은 출세욕 때문에 동료 여공원인 애인을 살해해 결국 사형선고를 받은 청년 클라이드 그리피스Clyde Griffithes의 이야기다. 물질 추구와 배금주의 사상이 팽배하던 사회에서 실제로 일어났던 사건을 소재로 만든 작품이다. 이 소설은 미국 사회에서 돈의 유용성이 다른 어느 사회보다 높고 유혹적이며, 돈의 매력이 강할수록 그 매력의 희생자들은 더욱더 타락의 깊은 수렁으로 빠질 기회가 많다는 걸 보여주면서 정신적 가치의 중요성을 강조했다.[22]

많은 작품 중에서도 재즈시대의 모습을 묘사한 대표작으로는 1925년 스콧 피츠제럴드Francis Scott Fitzgerald, 1896~1940의 『위대한 개츠비The Great Gatsby』가 꼽힌다. 미국 사회의 풍요와 광기, 정체성의 문제를 다룬 작품이다. 피츠제럴드는 "재즈시대의 특성은 정치에 대한 철저한 무관심"이라며 이렇게 말했다. "1920년의 불안감은 안정적인 황금빛 포효에 가려 더이상 들리지 않았고 파티는 더 크게, 공연은 더 거창하게, 건물은 더 높게, 도덕규범은 더 느슨하게, 술은 더 싸게 변해갔다."[23]

정치 컨설팅을 겸했던 바턴의 도움으로 대통령이 된 캘빈 쿨리지^{Calvin}

Coolidge, 1872~1933는 집권 기간(1923~1929) 내내 그런 시대적 상황에 어울리는 언행을 한 것으로 유명하다. 쿨리지의 어록 중 가장 유명한 것은 "미국의 비즈니스는 비즈니스다The business of America is business"라는 말이다. 『월스트리트저널』은 이 명언(?)에 맞장구를 치면서 "그 어느 때에도, 그 어느 곳에서도 정부가 이처럼 비즈니스와 완벽히 혼연일체가 된 적은 없었다"고 썼다.[24]

같은 취지로 쿨리지는 이런 말도 했다. "공장을 건설하는 사람은 교회를 건설하는 것이다. 공장에서 일하는 사람은 교회에서 경배하는 것이다." 그는 "광고는 더 나은 것을 위해 욕망을 창조하는 방법이다"는 말도 했는데, 이런 일련의 발언들은 흥청망청대던 1920년대의 사회상을 반영한 것이었다.[25]

청교도주의에 대한 반작용

그런 상황에서 사업은 국민적 종교가 되었으며, 역으로 교회는 사업 만능 풍조에 충실했다. 예수를 믿으면 능률이 오른다는 광고도 등장했으며, 어느 교회는 교회 건립 자금으로 100달러를 기부한 사람들에게 "하늘나라 우선주에 대한 투자증명서"를 발급하기까지 했다. 그러니 예수를 '세계에서 가장 위대한 세일즈맨'이라고 부른 건 당시의 시대상을 잘 표현한 셈이었다.[26]

극과 극은 통하는 걸까? 교회의 사업 만능 풍조는 청교도주의Puritanism

에 대한 극단적인 반작용이기도 했다. 1920년대에 지식인들과 여론 선도자들은 청교도주의를 맹공격했으며, 바턴도 때때로 그런 공격에 참여했다. 저널리스트 독설가인 헨리 루이 멩켄Henry Louis Mencken, 1880~1956은 청교도주의를 "누군가 어느 곳에서 행복을 느끼고 있을지도 모른다는 공포로서의 신조"라고 비판했다.[27] 자기만족에 빠진 미국의 청교도적 중산층을 통렬히 비판하는 작품들을 쓴 멩켄은 "컨트리클럽에 우글거리는 겉만 번지르르한 야만인들, 저 영국 귀족을 흉내내는 골판지 상자들"이라고 독설을 퍼붓기도 했다.

교회의 사업 만능 풍조는 이미 1910년대부터 나타나고 있었다. 프레더릭 테일러Frederick Winslow Taylor의 『과학적 관리법Principles of Scientific Management』이 출간된 1911년 시카고대학 신학대 학장인 셰일러 매슈스Shailer Mathews는 교계 지도자들에게 성공한 기업인의 경험을 활용하라고 촉구했다. 그는 교회를 위해 일하는 사람들이 너무 비과학적으로 일을 한다며 테일러에게 배우라고 했고, 기업가들이 기도를 열심히 하면 더 큰 돈을 벌 수 있다고 말했다.

사회적 복음Social Gospel 계열에서 가장 잘 알려진 목사인 해리 에머슨 포스딕Harry Emerson Fosdick은 1913년에 출간한 『주님의 남성성The Manhood of the Master』이라는 책에서 그간 묘사된 예수의 유약하고 슬픈 이미지를 거부하고 예수를 쾌활하고 사회적이고 남성적인 남성으로 재창조했다. 그는 예수를 비즈니스맨이라고 하진 않았지만, 군대를 선호해 예수를 위대한 장군이라는 의미에서 '영적인 가리발디spiritual Garibaldi'라고 했다.[28]

1923년부터 라디오 설교로 유명해진 목사 파크스 캐드먼S. Parkes Cadman, 1864~1936은 메트로폴리탄 손해보험회사가 발행한 『인류의 설득자 모세Moses, Persuaders of Men』라는 소책자의 서문에 이렇게 썼다. "모세는 최대의 세일즈맨이고, 불세출의 부동산업자 가운데 한 사람이며, 유사 이래 가장 장대한 캠페인 중 하나를 당당하고, 두려움 없이, 성공적으로 이끈 인물이다."[29]

청교도주의에 대한 반작용으로 증폭된 사업 만능 풍조 속에서 사교가 대성황을 누리면서 친목 도모 단체들도 우후죽순 늘어났다. 1905년에 창립된 로터리클럽Rotary Club은 1930년에는 회원 15만 명과 44개국에 3,000개가 넘는 클럽을 거느리게 되었다. 1917년에 만들어진 라이온스클럽Lions Club도 1920년대 말에 클럽 수가 1,200개로 증가했다. 이들은 사회봉사활동을 하면서 '사업에 의한 구제'를 역설했다.[30]

1929년 대공황은 그런 잔치판에 찬물을 끼얹은 셈이 되었지만, 광고의 중요성은 더욱 커졌다. 어떻게 상품을 생산할 것인지에서 어떻게 상품을 소비할 것인지 하는 문제가 제기되었기 때문이다. 따라서 바턴이 할 일도 더욱 많아진 셈이었다.

바턴은 파시스트인가?

바턴은 1930년 유럽 여행 후 쓴 글에서 이탈리아의 파시스트 독재자 베니토 무솔리니Benito Mussolini, 1883~1945를 긍정 평가했다. 무솔리니는 이탈리아의 정신에 국가적 의무감을 재창조했다는 것이다. 그는 "우리도 상원을 없애고 독재체제를 가져야 하나?"라고 물음을 던진 뒤, "나는 때때로 그로 인한 희생을 감수할 만한 가치가 있다고 생각한다"고 말해 두고두고 '토종 파시스트native Fascist'라는 공격을 받게 된다.[31]

과연 바턴은 파시스트였나? 그렇게 보긴 어렵다. 미국 민주주의의 비효율과 정체 상태에 대한 환멸로 파시즘 실험에서 무언가를 찾으려고 한 사람은 미국에서 바턴만이 아니었고, 당시 무솔리니에 대한 호의적 평가가 많았기 때문이다. 1930년대 초까지도 파시즘에 대한 세상의 인식은 지금 생각하는 것과는 판이하게 달랐다. 오늘날 파시즘에 대한 평가는 파시즘 체제가 제2차 세계대전이라는 엄청난 범죄를 저지르고 패배한 이후에 내려진 것이다.

1930년대까지만 해도 파시즘은 공산화를 막아줄 수 있는 유일한 '구원의 사상'으로 여겨지기도 했다. 인도의 간디는 무솔리니를 '이탈리아의 구세주'로 보았고, 영국의 윈스턴 처칠은 그에게서 '아주 유쾌하고 우호적인 인상'을 받았다고 했다. 미국 대통령 프랭클린 루스벨트Franklin Delano Roosevelt, 1882~1945도 1930년대 중반까지 무솔리니에게 '호감과 신뢰'를 표현했다.[32]

심지어 조선에도 무솔리니 예찬론자들이 적지 않았다. 이광수는 1928년 9월 『동아일보』에 쓴 글에서 당대의 위대한 개인으로 무솔리니, 레닌, 쑨원 등 세 사람을 들었다. 그는 이후에도 여러 차례 무솔리니와 히틀러를 예찬했다. 윤치호도 무솔리니 예찬론자였다. 그는 1929년 2월 11일자 일기에 이렇게 썼다. "그는 대단히 유능하고, 정직하고, 상식 있고, 정력적인 사람이다. 이탈리아뿐만 아니라 중국, 러시아, 인도,

조선에도 무솔리니와 같은 인물이 반드시 필요하다. 낭만적인 국제주의, 짐승 같은 볼셰비즘, 구역질나는 사회주의 같은 지긋지긋한 것들로부터 사람들을 구제해내기 위해서 말이다."[33]

바턴은 스페인 정치철학자 호세 오르테가 이 가세트Jose Ortega y Gasset, 1883~1955의 『대중의 반역The Revolt of the Masses』(1930)에 매료되었다. 엘리트와 대중이라는 이분법적 사회 구성을 상정한 가세트는 이 책에서 대중이 엘리트를 대신해 사회적 권력의 자리에 앉는 '대중 사회'를 비판했다. 그는 "오늘날 우리는 과대민주주의hyperdemocracy를 목격하고 있다"며 다음과 같이 말했다.

"여기서 대중은 법을 따르지 않고 직접적인 행동을 통해 물리적 압력을 행사하면서 자신들의 열망과 욕망을 실현시킨다.……예전에 대중은 소수의 정치인들이 결함과 약점을 지니고 있기는 하지만, 공적인 문제에 대해서는 자신들보다 좀더 잘 알고 있다고 생각했다. 그러나 이제 대중은 찻집에서 논의되는 화제들에 법의 힘을 실어줄 권리가 자신들에게 있다고 생각한다. 우리 시대만큼 군중이 직접적으로 지배하는 시대가 역사상 언제 있었을까 의심스럽다. 그래서 과대민주주의라고 말하는 것이다."[34]

바턴은 『대중의 반역』이 "우리 시대에서 가장 중요한 책 3권 가운데 하나"라고 예찬하면서 이 책의 메시지를 자주 써먹었다. 예컨대, 그는 1936년 은행산업 종사자들을 상대로 한 연설에서 "오늘날 기업 경영에 있어서 가장 중요한 사실은 대중이 권력, 그것도 정치적 권력과 경제적 권력을 갖고 있다는 점이다"고 말했다.[35]

바턴은 1937년에서 1940년까지 뉴욕주 공화당 하원의원을 두 번 지내면서 프랭클린 루스벨트 대통령과 뉴딜 정책의 비판자로 맹활약했다. 1936년 선거 시 민주당 쪽은 "파시스트를 의회에 보내지 말자Don't send a Fascist to Congress"는 슬로건을 사용했지만, 이는 선거에 아무런 영향을 미치지 못했다. 1938년 선거에서도 미국 공산당 뉴욕 지부는 바턴이 파시스트라며 대대적 반대 시위를 벌였지만, 이 또한 마찬가지였다. 유권자들은 파시스트가 뭔지 아무런 관심이 없었기 때문이다.[36]

뉴딜의 광고 규제에 대한 투쟁

1930년대에 광고업계는 광고에 부정적인 뉴딜주의자들의 광고 규제 가능성 때문에 전전긍긍하고 있었는데, 바턴은 의회 활동을 통해 광고산업의 대변인 노릇을 했다. 그는 뉴딜이 광고를 파괴함으로써 언론을 파괴한다고 비난했다. 그런 일련의 비판 덕분에 바턴은 한때 공화당 대통령 후보감으로 거론되었고, 루스벨트는 바턴을 '뉴딜의 적'으로 비판하기도 했다.

파시스트로 손가락질을 받던 바턴이 루스벨트를 비판하면서 파시즘이란 말을 쓴 게 흥미롭다. 그는 1939년 3월 루스벨트의 3선 가능성에 대해 맹공을 퍼부었다. 그는 루스벨트가 집권 이래로 39번의 비상조치를 취했다며, 6주에 한 번 꼴이라고 지적하면서 또 다른 4년은 파시즘의 시작이라고 주장했다. 그러나 유권자들은 1940년 대선에서 루스벨트의 3선을 지지했다. 그렇게 적대 관계였음에도 직업 근성은 버릴 수 없었던 걸까? 바턴이 루스벨트를 칭찬한 건 딱 하나, 그건 바로 루스벨트가 대중을 향해 광고 언어로 말하는 탁월한 능력을 가졌다는 것이었다.[37]

바턴은 1940년 상원의원 도전에 실패하면서 광고계로 복귀했다. 1942년 전쟁 분위기가 감돌면서 광고업계가 광고인 총회를 취소하려고 하자, 바턴은 "그렇게 하면 광고가 평화 시의 사치일 뿐이라고 스스로 인정하는 꼴"이라며 취소를 강력 반대하고 나섰다. 바턴이 옳았다. 광고업계는 그런 소극적인 자세를 버리고 '전쟁광고위원회War Advertising Council'을 만들어 전쟁 프로파간다를 생산하고 유포하는 일에 적극 나섰다. 이런 애국적인 활동을 통해 광고업계는 사회적으로 굳건한 위치를 확보할 수 있었다.[38]

제2차 세계대전 시기에 광고업계가 정부에 기증한 광고의 시가는 10억 달러에 이를 것으로 추산되는데, 이에 대해 바턴은 다음과 같이 말했다. "우리는 물론 진실을 말한 것은 아닙니다. 단순히 그림을 설명하거나 정부의 주장을 세련되게 표현한 것이지요.……전쟁 중에는 이러한 행동이 건전하고 애국적이며 도덕적이었습니다."[39]

전후 미국 광고의 성장은 눈이 부실 정도였고, 그래서 광고 비판도 세간의 주목을 받게 되었다. 베스트셀러가 된 대표적인 광고 비판서는 프레더릭 웨이크먼Frederic Wakeman의 소설 『헉스터스The Hucksters』(1946), 슬론 윌슨Sloan Wilson의 『회색 플란넬 양복을 입은 남자Man in the Gray Flannel Suit』(1955), 밴스 패커드Vance Packard의 『숨은 설득자들The Hidden Persuaders』(1957) 등이었다.

1957년엔 전 대통령 해리 트루먼Harry Truman, 1884~1972까지 광고 비판에 가세했다. 그의 비판은 바턴의 BBDO가 보인 정치적 편향성에 관한 것이었다. 그는 BBDO를 공화당 선전기구로 간주하면서 BBDO가 미국 정치의 쇠락을 나타낸다고 말했다. 그는 아이젠하워 행정부의 텔레비전 프레젠테이션을 BBDO^{Bunko, Bull, Deceit & Obfuscation}라고 비난했다. BBDO는 그 문제의 프로그램과는 아무런 관계가 없었음에도 워낙 성공한 탓에 "음모, 헛소리, 사기, 얼버무리기"라는 독설을 감수해야 했다.[40]

바턴은 광고에 대한 비판의 목소리가 나올 때마다 업계를 대변해 반격을 가했다. 그러나 굳이 그럴 필요가 있었을까? 미국은 이미 독보적인 '광고 공화국'이었는데 말이다. 1958년 미국 광고비는 국민 1인당 62달러에 이르렀다. 영국(18달러)과 프랑스(6달러)와 비교하면,[41] 미국을 '광고 공화국'이라고 부를 만하지 않은가.

바턴이 목청 높여 광고계를 옹호할 때만 해도 광고는 공격적이었다. 그래서 패커드의 『숨은 설득자들』과 같은 비판서들은 사실상 광고 산업의 '세뇌^{洗腦} 공작'을 비판했다. 그러나 1960년대부터 광고는 이른바 '크리에이티브 혁명^{creative revolution}'을 거치면서 우회적이며 은근하고 세련되고 정교해진다.[42] '광고 공화국'의 자체 방어 메커니즘이 형성된 셈이다.

광고는 '민주주의의 수사학'

역사가 윌리엄 로이히텐버그^{William E. Leuchtenburg}는 바턴의 『아무도 모르는 남자』를 '종교의 세속화'이자 '기업의 종교화'를 보여주는 대표적 사례로 평가한다.[43] 역사가 프레더릭 루이스 알렌^{Frederick Lewis Allen}도 바턴의 책을 쿨리지 시대를 풍미했던 기업·상업 제일주의의 상징으로 묘사한다.[44] 이런 시각의 연장선상에서 바턴은 기업의 이익을 대변하기 위해 싸운 선전꾼 정도로 폄하되기도 한다.

그러나 바턴이 맹목적으로 기업을 옹호한 것은 아니며, 1920년대 기업의 어떤 면에 대해선 부정적이었다는 점을 들어 그를 긍정 평가하려는 시각도 있다. 설사 바턴이 일방적으로 기업의 편을 들었다 하더라도 그건 그 나름의 소신에 따른 것이었다는 해석도 따라붙는다. 당시 점잖은 유럽인들은 미국 문화를 천박한 것으로 보았지만, 바턴은 정반대로 유럽을 '시대착오^{anachronism}'로 폄하했다. 예컨대, 바턴은 주말을 길게 쉬고 노동을 고역으로 여기는 유럽의 게으름을 경멸했으며, 행여 미국이 유럽의 그런 점을 닮아갈까봐 걱정했다는 것이다.[45]

그게 과연 걱정할 일이었는지는 의문이다. 광고 일은 정말 쉽지 않은 일이었으니 말이다. 특히 신경쇠약^{nervous breakdown}에 걸리는 사람이 많았다. 바턴을 비롯해 수많은 광고계 거물이 신경쇠약으로 인한 정신적 고통을 호소했다. 높은 노동 강도, 창의성을 발휘해야 하는 고통과 더불어 그들의 면전에서 이루어지지 않는 결정(즉, 늘 광고주의 비위를 맞춰야 하는 작업 조건)에 의존해야 하는 삶 때문이었다.[46]

바턴은 예수와 광고인에겐 공통점이 있다고 했다. 둘 다 우화^{parable} 형식으로 말하는 게 같다는 것이다. 그는 언젠가 광고인들을 대상으로 한 연설에서 이렇게 말하기도 했다. "광고가 한 사람에게 영향을 미치기 위해 천 명을 대상으로 말한다면, 교회 역시 마찬가지가 아닌가^f

advertising speaks to a thousand in order to influence one, so does the church." 이와 관련, 제임스 트위첼은 "종교는 편안한 사람에게 고통을 주고 고통받는 사람에게 편안을 준다Religion afflicts the comforted and comforts the afflicted"라는 오래된 격언을 실천한 사람이 바로 바턴이라고 말한다.[47]

그럼에도 유럽의 게으름에 상반되는 미국의 일중독 풍토라고 하는 관점에서 보자면, 『아무도 모르는 남자』로 대변되는 바턴의 '복음 상업주의'에서 방점은 '복음'에 찍혀야 한다. 그의 신앙관과 방법론을 문제 삼을 순 있을망정 그는 진정 종교와 광고의 합일화를 바람직한 것으로 여겼다는 의미에서다. 미국에선 1950년대에 『개정 표준 성경Revised Standard Version』이 놀라울 정도로 엄청나게 많이 팔렸는데, 이걸 가능케 한 건 바로 바턴이 주도한 광고 캠페인이었다.[48] 선교와 광고의 결합이 무엇이 문제란 말인가? 바턴 지지자들이 던지는 질문이다.

예수가 광고인에게 나아갈 길을 제시해주었다면, 기업 CEO들이 예수에게서 배울 게 왜 없겠는가? 오늘날에도 예수를 기업 CEO 리더십의 이상으로 여기는 책이 많이 나오는 건 당연한 일이라 하겠다. 이런 책들은 예수를 '섬김 리더십servant leadership'의 원조로 여기면서 "예수처럼 팀을 꾸려 팀플레이를 해야 한다"거나 "모든 걸 버리고 따를 수 있는 비전을 제시해야 한다"는 등의 처방을 제시한다.[49]

1967년 바턴이 죽자 영국 저널리스트 앨리스터 쿡Alistair Cooke, 1908~2004은 바턴에게 '광고의 모세Moses of advertising'라는 타이틀을 헌납하면서, 바턴은 전 인류사를 '설득의 역사'로 보았다는 점에서 광고의 철학을 구축한 인물이라고 평했다.[50]

미국의 관점에서 보자면, 바턴은 광고가 미국 정신의 핵심임을 간파한 인물로 평가하는 것이 옳을지도 모른다. 미국은 유럽에서 사람을 끌어들이기 위한 광고, 그것도 과대광고에 의존해 건국된 나라가 아닌가. 역사가 대니얼 부어스틴Daniel Boorstin, 1914~2004이 잘 지적했듯이, 광고는 대표적인 '민주주의의 수사학rhetoric of democracy'이다.

부어스틴은 이미 플라톤의 시대부터 수많은 철학자가 경고한 민주주의의 한 가지 위험은 '수사학rhetoric'이 '인식론epistemology'을 대체하거나 압도하는 것이었음을 상기시킨다. 즉, 설득의 문제가 지식의 문제를 압도하게끔 허용하는 건 위험하지만, 민주사회는 무엇이 진실인가 하는 것보다는 사람들이 무엇을 믿느냐에 더욱 관심을 갖는 경향이 있다는 것이다.[51]

설득의 문제가 지식의 문제를 압도하는 대중 민주주의, 그 본질이 바로 광고임을 바턴은 간파했다고 보아야 하지 않을까? 혹 우리는 민주주의를 대체할 다른 마땅한 대안이 없음을 너무도 잘 알기에, 민주주의에 대한 불만을 민주주의의 경제적 버전이라 할 광고에 대한 혐오와 비판을 통해 표출하고 있는 건 아닐까? 우리가 중요하게 여기는 동시에 긍정적으로 여기는 정치인의 대중성이라는 것은 사실상 자신에 대한 광고 능력임에도 우리는 그것이 광고와는 본질적으로 다른 그 무엇이라고 믿고 싶어 하는 경향이 있다. 예수를 세일즈맨으로 묘사하는 것이 불경하다고 생각하는 것처럼 말이다.

데일 카네기

1888~1955

8

어떻게 친구를 얻고
사람을 움직일 것인가?

데일 카네기의 '처세술 혁명'

실패한 세일즈맨의 세일즈 강의

미국 처세술 전문가 데일 카네기Dale Carnegie, 1888~1955가 1936년에 출간한 『친구를 얻고 사람을 움직이는 방법How to Win Friends and Influence People』은 출간되기 무섭게 단 몇 주 만에 14쇄를 찍는 등 1937년 최고의 베스트셀러가 되었으며, 이후 3년 동안 3위 이하로 떨어지지 않았다. 그가 사망한 1955년까지 31개 언어로 번역되어 500만 부 이상 판매되었으며, 오늘날까지 전 세계적으로 1,500만 부 이상 판매되었다.[1]

'처세술 혁명'이라고 해도 좋을 정도로 그의 영향력은 오늘날까지도 지속되고 있다. 카네기의 영향력은 책뿐만 아니라 카네기가 프랜차이즈 시스템으로 조직한 카네기 훈련 프로그램에서 비롯된다. 자기계발, 세일즈 방법, 기업 훈련, 연설, 대인관계 등을 다루는 이 프로그램의 수강생은 1950년대 말까지 300만 명에 이르렀다. 1970년 한 해에만 수강생은 150만 명을 넘었고 수강료는 지역에 따라 135달러에서 185달러를 받았다.

카네기 훈련 프로그램에 참가한 수강생들 중엔 훗날 유명 인사로 성공한 이들이 많다. 켄터키 주지사, 메릴랜드 주지사를 비롯하여 수많은 대기업 CEO가 카네기 훈련 프로그램 출신이다. 21세 때인 1951년 카네기 훈련 코스를 수강한 월스트리트의 거물 투자가 워런 버핏Warren Buffet은 그 수료 증서를 지금도 자기 사무실에 자랑스럽게 걸어놓고 있다고 한다.[2]

전 크라이슬러 회장 리 아이어코카Lee Iacocca도 자서전에서 자신이 카네기 훈련을 받지 않았다면 '수줍은 사람shrinking violet'으로 남았을 것이라고 했다. 영국에서는 2005년 '세계 책의 날'을 맞아 책에 대한 여론조사가 있었는데, '총선을 앞둔 토니 블레어 총리에게 권하고 싶은 책은?'이라는 설문에 대해 응답자의 3분의 1 이상이 『친구를 얻고 사람을 움직이는 법』을 추천했다.[3]

카네기는 1939년 7월 24일 일본을 방문했는데, 8월 6일 시모노세키에서 중국 베이징으로 가는 길에 부산에 잠시 체류하기도 했다. 그는 9월 1일 다시 일본을 방문했고, 9월 4일 미국으로 출국했다. 14년 후인 1953년 7월 카네기는 일본을 세 번째로 방문했는데, 카네기의 일본에 대한 이런 관심 덕분에 일본에선 1962~1963년에 카네기 훈련 프로그램이 조직되었다.

카네기 훈련 코스는 일본을 비롯하여 세계 전역으로 퍼져나갔다. 카네기 훈련 프로그램에 깊은 감명을 받은 미얀마 수상 우누U Nu,

1907~1995는 카를 마르크스의 『자본론』과 함께 카네기의 『친구를 얻고 사람을 움직이는 방법』을 미얀마어로 번역하기도 했다.[4] 오늘날 전 세계 80여 개국에까지 퍼져나간 카네기 훈련 프로그램의 수강생은 800만 명이 넘는다. 어떻게 이런 일이 가능했을까?

1888년 미주리 농민의 아들로 태어난 카네기는 주립 사범대학State Teachers College at Warrenburg에 진학했지만, 기숙사비를 댈 돈이 없어 매일 약 10킬로미터 거리를 말을 타고 등교했다. 그는 풋볼팀에 들어가고 싶었지만 체격 조건이 안 되어 토론 동아리에 가입했다. 토론을 잘해서 가입한 게 아니었다. 그는 말을 너무도 못해 학우들에게 인기가 없었다. 그는 다른 학생들보다 열등하다는 생각에 젖어 있었으며 심지어 스스로 목숨을 끊을 마음마저 품었다.

그렇지만 그에겐 한 가지 큰 장점이 있었으니, 그건 불굴의 투지였다. 그는 말을 잘하기 위해 색인 카드에 농담을 적어가지고 다닐 정도로 열성을 보였다. 그는 훗날 "나도 그들만큼이나 번듯하다는 것을 보여주고 싶었다"고 했는데, 그 방법이 바로 대중 연설이었다. 토론 동아리에 들어가 피땀 어린 노력을 기울인 결과, 그는 졸업할 무렵 학교에서 알아주는 논객이 되어 있었다.[5]

카네기는 농부들에게 일종의 방송통신대 강좌와 교재 등을 파는 세일즈맨으로 사회에 첫발을 내디뎠지만, 실패의 연속이었다. 여전히 자신의 화술이 부족하다고 느낀 카네기는 다시 웅변을 배우기 위해 보스턴으로 갔다. "연극배우가 되는 편이 더 나을 것 같다"는 웅변 강사의 말을 듣고, 그는 뉴욕으로 가 연극학교를 거쳐 지방 순회극단의 연극배우가 되었다. 부업으로 트럭을 파는 세일즈맨으로 뛰기도 했지만 다 재미를 보지 못하고 실패하고 말았다.

어느 날 카네기는 뉴욕 YMCA에서 비즈니스맨을 상대로 한 대중 연설 강좌를 수강했는데, 이게 그의 인생을 송두리째 바꿔놓는 결정적 계기가 되었다. 실패한 세일즈맨이었지만 그의 화술이 워낙 뛰어났기 때문이다. 카네기는 곧 강사로 채용되어 전국 순회강연을 다녔는데, 이 강연이 점차 인기를 끌면서 드디어 그의 인생에 서광이 비치기 시작했다.[6]

'사람들 앞에서 말하는 법'

카네기의 원래 이름은 Dale Carnagey였다. 1919년에 사망한 철강왕 앤드루 카네기Andrew Carnegie, 1835~1919가 사후 그간의 자선사업으로 큰 존경을 누리게 되자, 그는 1922년 자신의 성을 Carnegie로 바꾸었다. 이를 '카네기 마케팅'의 최대 성공 사례 중의 하나로 보는 시각도 있다.[7] 카네기는 1926년에 『사람들 앞에서 말하는 법Public Speaking: A Practical Course for Business Men』,[8] 1932년에 『링컨 이야기Lincoln the Unknown』라는 책을 출간했지만,[9] 큰 성공을 거두진 못했다.

카네기는 『사람들 앞에서 말하는 법』에서 성공의 비결로 '열정'을 강조했다. "이 마법의 단어인 '열정enthusiasm'은 '안에'를 뜻하는 그리스어 'en'과 '신'을 뜻하는 그리스어 'theos'의 두 단어에서 유래되었다. 열정은 어원적으로 '우리 안에 있는 신'이라는 의미를 갖고 있다. 열정적인 사람은 결국 '신들린'듯이 말하는 사람이다. 이것은 물건을 광고하거나 팔 때 혹은 어떤 일을 시작할 때 가장 효과적이고 중요한 요인이다."[10]

카네기는 말을 할 때에 상대방의 이해를 높이기 위해선 비교를 사용하라고 권했다. 그는 자신의 대학 시절 한 강사가 알래스카에 대해 한 강연을 실패 사례로 규정하면서 실감나는 설명 방식을 제시한다. 그 강사는 알래스카의 총 면적은 59만 840제곱마일이고, 인구는 6만 4,356명이라고 했는데, 이런 식으로 말하지 말고 면적은 다음과 같이 말해야 듣는 사람에게 그 어떤 그림이 떠오를 것이라고 했다.

"알래스카와 그곳에 있는 섬들의 해안선을 합친 총 길이는 지구를 한 바퀴 돈 거리보다 더 길고, 면적은 버몬트, 뉴햄프셔, 메인, 매사추세츠, 로드아일랜드, 코네티컷, 뉴욕, 뉴저지, 펜실베이니아, 델라웨어, 메릴랜드, 웨스트버지니아, 노스캐롤라이나, 사우스캐롤라이나, 조지아, 플로리다, 미시시피, 그리고 테네시를 모두 합친 것보다 더 넓다."[11]

또 카네기는 전문적인 용어는 피해야 한다면서 다른 사람들이 명쾌하게 이해할 수 있는 표현을 좋아한 에이브러햄 링컨Abraham Lincoln, 1809~1865의 일화를 소개한다. "그는 의회에 처음으로 '사탕발림sugar-coated'이란 표현을 사용했다. 링컨의 친구였던 인쇄업자 드프리는, 그 표현이 일리노이에서 가두연설을 할 때 써먹긴 좋았지만, 역사에 남을 정부 문서에 기록되기에는 격이 떨어진다고 지적했다. 그때 링컨은 이렇게 말했다. '혹시 사람들이 사탕발림이란 말을 이해하지 못하면 바꿔보겠지만, 그게 아니면 그냥 두겠네.'"[12]

카네기는 많은 사람 앞에서 연설을 할 때엔 청중의 즉각적 관심을 받기 위해 제대로 소개받는 게 중요하다면서 '소개'라는 단어의 어원까

자기계발과 PR의 선구자들

지 파고든다. "'소개'를 의미하는 인트로덕션introduction은 인트로intro(안으로)와 듀서ducere(이끌다)라는 두 개의 라틴어가 합쳐진 말이다. 소개는 청중을 주제의 핵심 내부로 끌고 가서 그들에게 이야기를 듣고 싶다는 충동을 일으켜야 한다. 소개는 연사와 관련된 중요 사실들, 그가 이 특별한 주제에 대한 말을 하기에 적합한 인물이라는 것을 증명하는 사실들 속으로 우리를 인도해야 한다. 다시 말해, 소개는 청중에게 주제와 연설가를 팔아야 한다. 그것도 짧은 시간에 말이다."[13]

카네기는 화법을 향상시키기 위해서는 단어의 어원을 아는 것이 중요하다고 했다. "당신이 매일 사용하는 말이 지루하고 활기 없는 표현이라는 생각은 잠시 멈춰라. 그것을 깊이 살펴보면 그 느낌과 개성 그리고 그 안에 담긴 로맨틱한 이야기를 알 수 있다." 그가 제시한 몇 가지 사례를 감상해보자.

"그로셔grocer라는 말은 고대 프랑스어 그로시어grossier에서 나온 말이고, 그 말은 라틴어 그로세리어스grossarius에서 나왔다. 그 뜻은 '도매로 물건을 파는 이'를 말한다.⋯⋯어떤 회사company에서 당신이 일하는지, 소유하는지 모른다. 여기서 컴퍼니company는 고대 프랑스어인 컴퍼니언companion에서 유래된 것이며, '함께'라는 컴com과 '빵'이라는 파니스panis가 합쳐진 말이다. 따라서 컴퍼니언은 '빵을 함께 나누는 사람'을 말하고 컴퍼니는 빵을 만들기 위해 모은 사람들을 말한다.⋯⋯당신이 지금 보고 있는 책book은 사실 너도밤나무beech를 가리킨다. 예전에 앵글로색슨 사람들은 너도밤나무에 글을 적었다. 지갑에 있는 달러dollar는 골짜기valley라는 뜻이다. 달러는 16세기 성 요아킴 계곡에서 처음 만들어졌다.”[14]

카네기는 자신이 뜻하는 바를 정확하게 전달하고 미묘한 생각의 차이를 표현하기 위해 문장에 공을 들이고 진부한 표현은 피하라고 조언한다. 그는 “패니 허스트는 한 문장을 50번에서 100번까지 고쳐 쓴 적도 있다고 했다. 나와 이야기를 하기 며칠 전에도 그녀는 한 문장을 104번 고쳐 썼다고 고백했다. 그녀는 『코즈모폴리턴』지에 이야기 한 편당 2천 달러를 받을 정도로 유명한 작가였다”며 다음과 같이 말한다.

“정확한 것 외에도 신선하고 독창적이 되도록 해라. 다른 사람을 신경쓰지 말고 내가 본 그대로 표현할 수 있는 용기가 있어야 한다. 예를 들어, 대홍수가 끝나고 얼마 지나지 않아 독창적인 인물이 아주 냉정하고 침착하다는 뜻을 처음으로 ‘오이처럼 차가운cool as a cucumber’이란 비유를 사용해서 표현했다. 이 표현은 새롭고 신선했으며 고대 바빌론의 벨사살 왕의 그 유명한 축제 때 식후 만찬 연설에서 유용하게 사용할 수 있을 정도로 매력적인 표현이었을 것이다. 하지만 요즘에 자신의 표현에 자부심을 가지고 있는 사람이라면 그 표현을 사용할 수 없을 것이다.”[15]

‘걱정을 멈추고 삶을 시작하는 법’

카네기가 1930년대 초부터 개설한 ‘친구를 만들고 사람을 움직이는 방법’이라는 강좌의 수강생이던 사이먼 앤드 슈스터Simon & Schuster 출판사의 편집자인 레온 쉼킨은 어느 날 카네기에게 그 과정을 책으로 내자고 제안했다. 1934년 카네기 강좌 14주를 녹취해 출간한 책이 바로 『친구를 얻고 사람을 움직이는 방법』이다.

이 책이 큰 성공을 거두면서 책 제목을 흉내낸 수많은 변종이 책이나 드라마의 제목으로 등장했다. 『How to Talk Dirty and Influence People』, 『How to Shoot Friends and Influence People』, 『How to Lose Friends and Alienate People』, 〈How to Win Friends and Influence Monsters〉 등등. 카네기도 1937년 『5분 명상록Five Minute Biographies for Your Success』에 이어,[16] 1948년 『걱정을 멈추고 삶을 시작하는 법How to Stop Worrying and Start Living』이라는 제목의 책을 출간했다.[17]

이미 성공을 거둔 자신감 탓인지 카네기는 1948년 저서에서는 이렇게 큰소리를 친다. "부디 먼저 이 책을 44쪽까지만 읽어보기 바란다. 그때까지도 당신이 걱정을 멈추고 삶을 즐길 새로운 힘과 새로운 자극을 얻지 못한다면 이 책을 쓰레기통에 던져버려도 좋다. 당신에게 이 책은 쓸모가 없다."[18]

1948년은 1936년과는 달리 완전 고용이 이루어진 시기였기 때문일까? 이 책에선 자신을 조종하고 통제하는 것이 개인적인 성취보다는 자신에게 주어진 운명과 사회적 상황에 적응하기 위한 수단으로 제시되고 있다.[19] 카네기의 행복론이라고 해도 좋을 이 책의 주요 메시지를 몇 가지 감상해보자면 다음과 같다.

"무시하고 잊어버려야 할 사소한 일들이 우리 마음을 어지럽히도록 놔두지 말자. '사소한 일에 신경 쓰기에 인생은 너무 짧다'는 것을 기억하라."[20] "절대 우리의 적들에게 앙갚음하기 위해 애쓰지 말자! 우리가 그들에게 앙갚음하려 하면 그들을 다치게 하는 것보다 우리 자신이 훨씬 더 상처 입는다. 아이젠하워 장군처럼 우리가 좋아하지 않은 사람들에 대해 생각하는 데 단 1분도 낭비하지 말자."[21] "당신에게 닥친 어려움이 아니라 당신에게 주어진 축복을 헤아려보라."[22] "운명이 우리에게 레몬을 건넨다면 레모네이드를 만들기 위해 노력하자."[23] "부당한 비난은 칭찬의 다른 이름이다. 그것은 당신이 부러움과 질투를 하고 있다는 것을 의미한다. 아무도 죽은 개를 걷어차지 않는다는 사실을 기억하라."[24]

결코 총론으로만 만족할 카네기가 아니다. 그는 이 책에서 '피로와 걱정을 막고 활력과 기운을 높여줄 6가지 방법'을 제시하는데, 휴식의 중요성을 '과학적 관리의 아버지'라 할 프레더릭 테일러의 연구 사례를 들어 역설하는 게 흥미롭다. 이런 이야기다.

테일러는 베들레헴 철강회사에서 과학관리 기술자로 일하는 동안 노동자 한 사람당 하루에 거의 12.5톤의 선철을 화물 차량에 실어 올리며 정오가 되면 몹시 지쳐버린다는 사실을 알게 되었다. 그는 슈미트라는 사람을 선택해 스톱워치에 따라 일하도록 했다. "이제 선철을 들고 걸어가세요. 이제 앉아서 쉬세요. 이제 걸어가세요. 이제 쉬세요"라는 말을 들으면서 일한 슈미트는 놀랍게도 다른 사람이 12.5톤을 옮기는 동안 47톤을 옮겼다. 슈미트가 그렇게 할 수 있었던 이유는 지치기 전에 휴식을 취했기 때문이다. 그는 1시간에 26분 정도를 일했고 34분 정도는 휴식을 취했다. 이를 소개한 뒤 카네기는 이런 결론을 내린다. "당신의 심장이 그러하듯, 지치기 전에 휴식을 취하라. 그러면 당신은 하루에 1시간을 더 활동할 수 있다."[25]

'사회적 가면'이 필요한 구어의 시대

『친구를 얻고 사람을 움직이는 방법』이 출간되기까지 카네기는 25년 가까이 강의를 해왔으니, 결코 벼락출세는 아니었다. 하지만 이 책의 성공은 마케팅의 승리이기도 했다. 이 책이 출간된 1936년엔 마거릿 미첼Margaret Mitchell, 1900~1949의 『바람과 함께 사라지다Gone with the Wind』가 선풍적인 인기를 끌고 있었다. 이 책의 선전 문구는 "단돈 3달러로 완벽한 휴가를"이었지만, 당시 3달러는 결코 적은 돈이 아니었다. 카네기의 처세술 책은 1.96달러에 팔려 수십만 부가 나갔지만, 이 또한 부담이 되는 가격이었다. 페이퍼백으로 나온 카네기 책은 25센트라는 가격 파괴와 더불어 당시로서는 놀라운 액수인 25만 달러의 판매 촉진비를 2년간에 퍼부음으로써 수백만 부가 나갔다.[26]

그러나 싼 가격과 판촉보다 중요한 게 있었으니, 그건 바로 시대적 상황이었다. 당시 미국 사회는 대공황과 대량 실업 사태에 지칠 대로 지쳐 성공에 대한 갈망이 꿈틀거리고 있었다. 성공을 위한 '인상 관리impression management'의 중요성과 그에 따른 '사회적 가면'의 필요성이 인식되기 시작하던 때였다.[27] 1933년 프랭클린 루스벨트Franklin Delano Roosevelt, 1882~1945는 대통령 취임 연설에서 "우리가 두렵게 생각해야 할 유일한 것은 두려움 그 자체다"고 했는데, 대중의 일상적 삶에서 두려움을 극복할 수 있는 방법론적 메시지를 던진 것이 바로 카네기였다.[28]

카네기가 사람들 앞에서 말하기의 중요성을 강조한 것도 시대상황과 맞아떨어졌다. 전화의 시대가 도래했기 때문이다. 미국의 전화는 1900년

150만 대에 불과했지만, 1932년엔 1,750만 대로 늘었다. 전화의 시대 이전은 주로 글로 소통하는 문어의 시대였지만, 전화는 구어의 시대를 활짝 열어젖혔다. 카네기의 책도 평이한 문체에 광고 카피와 같은 느낌을 주는 구어에 충실했다.[29]

『친구를 얻고 사람을 움직이는 방법』을 차례대로 읽어보기로 하자. 우선 가장 먼저 눈에 띄는 건 전통적인 선전 기법 중의 하나인 증언 기법testimonial이다. 사회적으로 권위가 있거나 인기가 높은 사람을 통해 어떤 주장에 대해 말하게끔 하는 기법이다.[30] 이 책은 그 기법에 충실한데, 그 솜씨가 뛰어나다. 몇 가지 사례를 살펴보자.

"전성기를 누리던 시절의 존 D. 록펠러는 '사람을 다루는 능력 역시 설탕이나 커피처럼 사고파는 상품이네. 그리고 나라면 세상 어떤 것보다 그 능력을 사는 데 훨씬 더 비싼 값을 치를 것이네'라고 말했다."[31] 카네기는 록펠러의 말을 인용함으로써 자신의 책이 필요하면서도 소중하다는 정당성을 확보한다.

"하버드대학의 유명한 윌리엄 제임스 교수는 이렇게 말했다. '우리가 가진 능력에 견주어볼 때, 우리는 단지 절반 정도만 깨어 있습니다. 우리는 육체적, 정신적 자원의 극히 일부분만을 사용하고 있을 뿐입니다. 이를 더 넓게 일반화해보면, 인간 개개인은 자신의 한계를 뛰어넘어 살 수 있습니다. 인간은 습관적으로 사용하지 않는 다양한 종류의 능력을 소유하고 있습니다.'" 카네기는 제임스의 말을 인용한 뒤 "이 책의 유일한 목적은 그동안 잠자고 있던 사용되지 않은 당신의 자산을 발견하고 개발해 이익을 얻을 수 있게 도와주는 것이다"고 말한다.[32]

"프린스턴대학의 총장이었던 존 G. 히번 박사는 '교육은 살면서 벌어지는 여러 상황에 대처하는 능력'이라고 말했다. 만약 당신이 이 책의 3장까지 읽고서도 살면서 벌어지는 여러 상황에 대처하는 능력이 조금이라도 나아지지 않았다면 나는 당신에게만큼은 이 책이 완전히 실패했다고 인정하겠다. 허버트 스펜서의 말처럼 '교육의 가장 큰 목표는 지식이 아니라 행동'이기 때문이다. 그리고 이 책은 바로 행동의 책이기 때문이다."[33]

"버나드 쇼가 언젠가 말했다. '당신이 누군가에게 무엇인가를 가르친다면 그 사람은 결코 아무것도 배우지 못한다.' 버나드 쇼의 말이 옳다. 배움은 능동적인 과정이다. 사람은 행함으로써 배운다. 그러므로 당신이 이 책에 있는 원칙들을 완전히 익히고 싶다면 실행에 옮겨야 한다."[34]

"비판을 하지 말고 칭찬을 하라"

이렇듯 권위 있는 저자들의 인용을 적재적소에 배치한 카네기가 첫 번째로 힘주어 던지는 메시지는 비판을 하지 말라는 것이다. "비판은 쓸모가 없다. 이는 사람을 방어적으로 만들며 자신을 정당화하기 위해 안간힘을 쓰게 한다. 비판은 위험하다. 이는 사람의 귀중한 긍지에 상처를 주고, 자신의 진가를 상하게 하여 적의를 불러일으키기 때문이다.……비난은 집으로 돌아오는 비둘기와 같다는 것을 명심하자. 비난은 항상 되돌아온다. 그리고 우리가 바로잡아 주려고 하거나 비난하고 싶은 사람은 아마도 자신을 정당화하려 할 것이고 도리어 우리를 비난할 것임을 명심하자."[35]

　카네기는 이 논지의 연장선상에서 사람들이 갖고 있는 '인정 욕구'의 중요성을 강조한다. 이를 위해 "사람들은 칭찬을 좋아한다"는 에이브러햄 링컨의 말, "인간 본성에서 가장 근본적인 원리는 인정받으려는 갈망이다"는 윌리엄 제임스William James, 1842~1910의 말을 인용한다. 심지어 딜린저라는 은행 강도가 FBI의 추적을 받다가 한 농가에 뛰어들어가 "난 너를 해치지 않겠다. 다만 나는 딜린저다"라고 말했다는 것까지 소개한다. 은행 강도가 자신이 공적 제1호라는 사실을 자랑스러워할 정도로, 우리 인간의 인정 욕구가 강하다는 것이다.[36]

　무엇을 말하려는 것일까? 남을 칭찬하라는 것이다. 이를 위해 앤드루 카네기의 성공 사례까지 동원한다. "카네기는 자신의 직원들을 남몰래 칭찬할 뿐만 아니라 공개적으로도 칭찬했다. 카네기는 묘비에까지 직원들을 칭찬하길 원했다. 그는 스스로 비문을 썼다. 그 내용은, '여기 자신보다 현명한 사람들을 주변에 끌어 모으는 법을 알던 사람이 잠들었다.'"[37]

　데일 카네기는 찬사는 아첨과는 다르다는 걸 강조한다. "찬사와 아첨의 차이는 무엇일까? 그것은 간단하다. 전자는 진심이고, 후자는 위선이다. 전자는 마음에서 우러나오고, 후자는 입에서 흘러나온다. 전자는 이타적이고, 후자는 이기적이다. 전자는 일반적으로 환영받지만 후자는 일반적으로 비난받는다.……아첨을 잊고 거짓 없고, 진심에서 우러나오는 칭찬을 하자."[38]

　물론 찬사와 아첨의 구분법은 설득력이 크게 떨어지지만, 아첨을 하더라도 수명이 긴 아첨을 하자는 뜻으로 이해하면 되겠다. 반면 이어지는 질문은 귀를 번쩍 열리게 한다. "우리는 왜 자신이 원하는 것만 이야기할까?" 헨리 포드Henry Ford, 1864~1947의 입을 빌려 답을 제시한다. "성공 비결이 하나 있다면 그것은 타인의 입장을 이해하고, 자기 자신뿐만 아니라 타인의 관점에서 사물을 보는 능력이다." 즉, 자기가 하고 싶은 말보다는 상대방이 원하는 것에 대해 이야기를 나누라는 것이다.[39]

이어 카네기는 "당신이 먼저 다른 사람에게 관심을 보이면, 다른 사람이 당신한테 관심을 갖게 하는 방식으로 2년 동안 사귈 수 있는 친구보다 훨씬 더 많은 친구를 2달 안에 사귈 수 있다"며 이렇게 말한다. "뉴욕 전화회사에서 통화 중 가장 많이 사용하는 단어에 관한 세부 조사를 실시했다. 당신이 짐작한대로 1위는 1인칭 대명사 '나'였다. '나'라는 단어는 500통의 전화 중에 3,990번 사용되었다. 단체 사진을 볼 때 당신은 누구를 가장 먼저 찾아보는가?"[40]

다른 사람에게 관심을 보이려면 어떻게 해야 할까? 카네기는 상대를 위해 무언가를 해주는 노력이 필요하다며, 자신의 경험을 들어 사람들의 생일을 기억해주는 게 중요하다고 역설한다. "나는 점성술에 대해서는 문외한이지만 우선 상대방에게 생일이 성격이나 기질과 관계가 있다는 걸 믿느냐는 얘기를 꺼내면서 이야기를 시작한다. 그러고 나서 그의 생일을 물어본다. 예를 들어, 상대방이 11월 24일이 생일이라고 하면 나는 속으로 '11월 24일, 11월 24일'을 되뇐다. 그리고 상대가 자리를 비울 때 그의 이름과 생일을 간단히 메모해놓고 나중에 생일 기록장에 옮겨적는다. 그리고 그 생일을 연초마다 달력에 표시해둔다. 그러면 자동적으로 생일을 신경 쓰게 된다. 생일이 되면, 나는 편지를 보내거나 전보를 쳤다. 이는 엄청난 효과를 낳는다. 나는 종종 그의 생일을 기억해주는 유일한 사람이 되었기 때문이다."[41]

"미소를 짓고 이름을 기억하라"

사람들에게 좋은 첫인상을 남기려면 어떻게 해야 할까? 가장 중요한 건 '미소'다. 체질적으로 미소와는 거리가 먼 사람은 어떻게 해야 할까? "억지로라도 웃어라. 혼자 있다면, 휘파람을 분다거나 콧노래를 흥얼거려라. 나는 이미 행복하다는 듯이 행동하라. 그러면 정말로 행복해질 것이다." 여기서 독자들은 "정말 그런가?" 하고 의아해할 수도 있겠다. 카네기는 자신의 주장을 뒷받침해주는 전문가들의 이론을 제시한다.

"좋고 나쁜 것은 아무것도 없다. 다만 생각이 그것을 만들어낼 뿐이다"는 윌리엄 셰익스피어William Shakespeare, 1564~1616의 말, "대부분의 사람들은 그들이 마음먹은 만큼 행복해진다"는 에이브러햄 링컨의 말과 더불어 다시 윌리엄 제임스의 심리학 이론을 제시한다. "행동은 감정에 따라 일어나는 것처럼 보이지만 실제로 행동과 감정은 함께 발생한다. 따라서 더 직접적으로 의지의 통제하에 있는 행동을 조절하여 의지의 통제하에 있지 않은 감정을 간접적으로 조절할 수 있다. 그러므로 유쾌하지 않을 때, 저절로 유쾌해지는 최고의 방법은 유쾌한 마음을 먹고 이미 유쾌하다는 듯이 행동하고 말하는 것이다."[42]

이어 카네기는 이름의 중요성을 강조한다. 여러 역사적 사례가 제시된다. 앤드루 카네기는 펜실베이니아 철도 회사에 강철 레일을 팔기 위해 피츠버그에 거대 규모의 강철 공장을 짓고 펜실베이니아 철도 회사의 사장인 J. 에드거 톰슨의 이름을 따 '에드거 톰슨 제철소'라는 이름을 붙였다. 이런 '이름 아첨'을 통해 재미를 본 앤드루 카네기는 침대 열차 사업에서 우위를 차지하기 위해 조지 풀먼과 경쟁을 벌일 당시, 풀먼과의 공동 투자를 성사시켰는데 그 비결 또한 '이름 아첨'이었다. "'새 회사는 뭐라고 부를 건가요?'라고 풀먼이 묻자, 카네기는 즉시 대답했다. '그야 물론 풀먼 객차 회사지요.' 풀먼의 표정은 밝아졌다. 그러고는 '제 방에 가서 얘기를 좀더 나눕시다'라고 말했다. 이 대화로 산업계의 역사가 세워졌다."[43]

카네기는 자신의 이름을 남기고 싶어 하는 사람들의 욕망을 재미있는 에피소드 중심으로 풀어간다. "허풍이 심하고 고집 센 당대 최고의 쇼맨이었던 P. T. 바넘P. T. Barnum, 1810~1891은 그의 이름을 물려줄 아들이 없어 실망하고 외손자 C. H. 실리에게 자신의 이름 '바넘'으로 개명을 하면 2만 5천 달러를 물려주겠다고 제안할 정도였다."[44]

그래서 어쩌자는 건가? 만나는 사람들의 이름을 꼭 외워두라는 것이다. "수많은 사람들이 다른 사람의 이름을 기억하지 못하는 이유는 이름을 반복해서 외우려고 애쓰는 데 시간이나 공을 들이지 않기 때문이다. 사람들은 이름을 외우기에는 자신들이 너무 바쁘다는 핑계를 댄다. 하지만 사람들이 아무리 바빠도 프랭클린 D. 루스벨트만큼 바쁜 사람이 있을까? 그래도 루스벨트는 자신과 만난 기계공의 이름까지도 기억하고 외우는 데 시간을 냈다.……루스벨트는 타인의 호의를 얻는 가장 단순하고, 가장 명확하며, 가장 중요한 방법은 상대의 이름을 기억하고 그를 중요한 사람이라고 느끼게 하는 것임을 알고 있었다. 그러나 우리 중에는 몇 명이나 그렇게 하고 있는가?"[45]

카네기는 다음으로 중요한 것은 남의 말을 열심히 들어주는 경청敬聽이라고 말한다. "『사랑의 이방인』에서 잭 우드퍼드는 '상대방의 이야기에 귀를 기울이는 것과 같은 은근한 아부에 넘어가지 않는 사람은 없다'라는 말을 적었다.……전 하버드 총장이었던 찰스 W. 엘리엇의 말에 따르면 '성공적인 사업 상담에 대한 비법은 없다. 당신에게 말하는 사람에게만 집중하는 것이 가장 중요하다. 그것보다 상대방을 기분 좋게 만드는 것은 없다'고 한다."[46]

"논쟁을 피하고 상대가 좋아할 질문을 하라"

그 밖에 카네기는 "상대의 관심사에 대해 이야기하라", "상대방이 스스로 중요한 사람이라고 느끼게 만들어라" 등과 같은 '사람을 다루는 기본적인 기술'을 소개한 후, '상대방을 설득하는 12가지 비결'을 제시한다. 첫 번째 비결은 논쟁을 피하라는 것이다.

"논쟁에서 이기는 가장 좋은 방법은 세상에서 유일하다는 것을 알았다. 바로 논쟁을 피하는 것이다. 방울뱀이나 지진을 피하듯이 논쟁을 피하라. 논쟁은 열이면 아홉이 결국 참가자가 자신의 의견에 대해 전보다 더 확신을 갖는 결과만을 초래한다. 사람은 논쟁에서 이길 수 없다. 논쟁에서 지면 당연히 지는 것이고, 만약 이긴다고 해도 그 역시 지는 것

자기계발과 PR의 선구자들

이기 때문이다. 왜 그런 것일까? 자, 당신이 상대방의 허점을 찾아 그가 틀렸음을 입증해서 이겼다고 치자. 그래서 뭐가 어쨌다는 것인가? 물론 당신이야 기분이 좋을 것이다. 그러나 그 상대방의 기분은 어떻겠는가? 당신은 상대방이 열등감을 느끼게 했고 그의 자존심을 상하게 했다. 그는 당신의 승리에 분개할 것이다."[47]

나머지 11가지 비결은 이런 것들이다. "상대방 의견을 존중하고, 절대로 틀렸다고 말하지 마라. 잘못을 했으면 신속하고 확실하게 인정하라. 우호적인 태도에서 출발하라. 상대방이 신속하게 '네' 하고 답하도록 이끌어라. 상대방으로 하여금 많이 이야기하게 만들어라. 상대방에게 당신의 생각을 상대방 자신의 생각인 것처럼 느끼게 만들어라. 상대방의 입장에서 사물을 보도록 진심을 다하라. 상대방의 생각과 욕구에 공감하라. 상대방의 고결한 동기에 호소하라. 당신의 생각을 극적으로 연출하라. 도전 정신을 불러일으켜라."[48]

이어 카네기는 '감정을 상하게 하는 일 없이 상대를 변화시키는 9가지 비결'을 제시한다. "칭찬과 진실된 감사의 인사로 시작하라. 상대방의 실수를 간접적으로 알아차리게 하라. 상대방을 탓하기 전에 자신의 실수에 대해 먼저 말하라. 직접적인 명령 대신 질문을 하라. 상대방의 체면을 세워줘라. 작은 발전에 대해 칭찬하고 모든 발전에 대해 칭찬하며, 진심으로 인정해주고, 칭찬을 아끼지 마라. 상대방에게 부응할 만한 훌륭한 명성을 제공하라. 격려하고, 고쳤으면 하는 잘못은 쉽게 고칠 수 있는 것처럼 대하고, 상대방이 했으면 하는 행동이 쉬운 것처럼 보이게 하라. 상대방이 당신이 원하는 바를 기쁜 마음으로 하게 하라."[49]

카네기는 끝으로 '가정을 행복하게 만드는 7가지 비결'에 대해 썼지만, 그 자신이 책을 출간하기 전인 1931년 이혼을 했기에 설득력이 크게 떨어진다. 차라리 이혼과 가정의 행복은 무관하다는 주장을 담은 글을 추가했더라면 좋았을 것 같다. 카네기는 1944년 도로시 프라이스 밴더풀Dorothy Price Vanderpool과 재혼했는데, 도로시는 남편에게는 없는 비즈니스 감각이 뛰어나 카네기 사후에 회사를 세계적인 기업으로 성장시켰다.[50]

카네기의 처세술은 오늘날에도 수많은 사람을 감동시키면서 여러 분야에서 활용되고 있다. 심지어 미디어 인터뷰를 공부하는 언론학도들에게도 좋은 지침이 된다. 박성희는 『미디어 인터뷰』에서 "좋은 인터뷰어란 좋은 질문자"라며 카네기의 말을 다음과 같이 소개한다.

"상대방이 대답하기 좋아하는 질문을 하라. 그들이 스스로 이룩한 성취에 대하여 말하도록 하라. 상대방은 당신이나 당신의 문제보다는 자신의 희망이나 문제에 100배나 관심이 많다는 사실을 명심하라. 사람은 본래 100만 명을 희생시킨 중국의 기근보다 자신의 치통이 더 중요하다고 여긴다. 아프리카에서 발생하는 지진보다, 자기 눈앞의 이익이 훨씬 더 중요하다. 다음에 당신이 대화를 시작할 때는 이 점을 꼭 명심하라."[51]

'새로운 스타일의 미국식 자본주의'

독자들은 카네기의 글을 읽으면서 '날카롭다'고 생각하겠지만, 그의 인간관 자체를 불편하게 여기는 사람도 많다. 『아부의 기술』이란 책을 쓴 저널리스트 리처드 스텐걸Richard Stengel도 그런 비판자 중의 한 명이다. 그는 "대공황 끝물에 나온 이 책에 힘입어 미국인들은 전통적인 성공에 대한 믿음을 회복하게 되었다. 카네기와 루스벨트는 미국인들에게 두려움이라는 단어만 존재할 뿐, 실제로 두려워할 게 없다는 자신감을 주었다"며 다음과 같이 말한다.

"카네기는 시대가 낳은 인물이라고 할 수 있다. 『친구를 얻고 사람을 움직이는 방법』은 기업이 종업원과의 관계를 제일 중요하게 평가하던 시대에 출간되었다. 직장에서의 성공은 인격character이 아닌 개성personality에 달려 있다고 주창되는 시대에, 카네기는 인격이 아닌 개성의 형성에 지대한 영향을 미쳤다. 그는 적합한 인간을 갈구하는 바로 그때, 기업에 적합한 인간을 창조하고 공급했을 뿐만 아니라, 소비자에게 서비스를 제공하는 기업에서 꼭 필요한 종업원들을 안전하게 교육해주었다."[52]

스텐걸은 인간 본성에 대한 카네기의 시각을 간략하게 정리할 수 있다며 이렇게 말한다. "인간이란 매우 비이성적 존재이다. 인간은 자신에게 그저 열중해 있는 정도가 아니라 대단히 열중하고 있다. 진정으로 타인에게 관심이 있는 사람은 아무도 없다. 인간은 쉽게 속아 넘어간다. 또 자신을 비판할 줄 모르는 존재다. 그들은 존경에 굶주려 있고, 자신의 가치를 남들이 알아주기 몹시 갈망한다. 그 결과 자신에게 관심을 쏟고, 자신의 진가를 알아주는 간단한 말이나 행동에, 그리고 사소한 아부에 마음을 쉽게 내어준다."[53]

이어 스텐걸은 "사실 데일 카네기의 철학은 토머스 홉스만큼 어둡고, 마키아벨리보다 더 교활하며, 감정을 배제한 인간 본성에 대한 시각을 기본으로 하며, 냉정하게 실용성만을 추구하는 철학이다"며 다음과 같이 말한다.

"결국 카네기가 마케팅한 상품은 새로운 스타일의 미국식 자본주의이다. 이 미국식 자본주의의 속성 가운데 하나는 자신을 팔아야 하는 절박성이다. 인간 자신이야말로 최고의 상품이다.……『친구를 얻고 사람을 움직이는 방법』은 대공황의 비관주의에 빠져 있던 미국인을 낙관주의로 되돌려놓는 계기가 되었다. 동시에 이 책은 미국인 페르소나 자체의 변화를 상징화했다고 볼 수 있다."[54]

이 책 직후 출간된 나폴레온 힐Napoleon Hill, 1883~1970의 저서 『생각하라! 그러면 부자가 되리라Think and Grow Rich』(1937)는 카네기보다 요란한 마술적인 성공의 공식을 주장하고 나섰다. 힐은 독자들에게 적어도 하루에 한 번씩 눈을 감고 20여 분에 걸쳐 돈에 집중해야 한다고 조언했다. 1952년 출간된 노먼 빈센트 필Norman Vincent Peale, 1898~1993의 『긍정적 사고의 힘The Power of Positive Thinking』도 이 계보를 잇는 작품으로 4년 가까이 베스트셀러 자리를 지켰다. 필은 "행복하기를 원하는가?"라고 물으면서 "그렇다면 행복한 생각을 하라"고 조언했다.[55]

힐링·멘토 열풍을 어떻게 볼 것인가?

카네기, 힐, 필 이후 처세술은 어떻게 달라졌을까? 크리스토퍼 래시Christopher Lasch는 1979년에 출간한 『나르시시즘의 문화Culture of Narcissism』에서 카네기와 필의 처세술은 냉소주의의 표현으로나마 볼 수 있지만 오늘날엔 그것을 능가하는 노골적인 성공 처세술이 지배하고 있다고 진단했다. 과거 돈에 따라붙던 윤리적 원칙은 사라졌으며, 성공 그 자체가 목적이고 돈에 대한 사랑 자체가 대접받는 시대로 변화했다는 것이다.[56]

오늘날 인기를 끌고 있는 처세술 책들도 크게 보자면 다 이 계보에 속하는 작품들이라고 볼 수 있는데, 그 원조元祖가 바로 카네기인 셈이다. 카네기 시절과 오늘날의 차이점이 있다면, 처세술이 '팝 사이콜로지pop psychology(대중심리학)'의 영역으로 확대되었다는 점일 게다. 이와 관련, 고나무는 다음과 같이 말한다.

"심리·고민 상담소를 찾는 사람들이 는다. 동정 없는 세상에 지친 한국 사람들은 상담과 치유에 목마르다. 윗세대에서 '멘토(조언을 주고 모범이 되는 사람)'를 찾지 못하는 젊은이들이 특히 그렇다. 한때 유행이던 성공을 위한 처세술 대신 이들은 심리학 책과 상담 책을 집어든다.……팝 사이콜로지는 소통 없는 세상의 소통이고, 동정 없는 세상에서 공감을 구하는 사람들의 목소리다. 누가 그 목소리에 돌을 던지겠는가."[57]

카네기의 주요 상품이 새로운 스타일의 미국식 자본주의라면, 오늘날의 팝 사이콜로지는 그 자본주의에 짓눌려 피폐해진 또는 피폐해질까봐 염려하는 사람들에게 힐링과 멘토링을 주기 위한 건 아닐까? 날이 갈수록 인맥의 중요성이 더해지면서, '친구를 얻고 사람을 움직이는 방법'은 더할 나위 없이 중요한 삶의 문법이기에 우리 시대의 사람들은 카네기의 후예들에게서 눈을 뗄 수 없는 건지도 모르겠다.

그렇지만 여기서 한 가지 짚고 넘어갈 점이 있다. '거시적 분석'과 '미시적 실천' 사이의 괴리에 대해 이해할 필요가 있다. 자신의 생존과 성장을 위해 애쓰는 대중은 여전히 카네기에 열광한다. 그렇지 않다면, 한국을 포함하여 전 세계적으로 열리는 그 수많은 카네기 관련 프로그램의 성황을 어찌 이해할 수 있겠는가. 그런 열광은 인터넷에서 카네기 책에 대한 독자들의 서평을 잠시라도 살펴보면 금방 알 수 있다.

그런데 지식인들은 이념의 좌우左右를 막론하고 카네기에 대해 비판적이다. 한국 사회를 강타했으며 지금도 여전히 그 기운이 살아 있는 힐링과 멘토 열풍도 마찬가지다. 지식인들은 거의 대부분 이 열풍에 대해 비판적이거나 냉소적이다. 이들은 한결같이 구조나 제도 차원의 분석을 제시하면서 개인을 위로하거나 개인적 수준의 처세술을 제시하는 것은 올바른 답이 아니라는 점을 강조한다. 다 옳은 말씀이지만, 이런 비판을 대할 때마다 늘 떠오르는 생각은 "역지사지易地思之를 해보는 건 어떨까?" 하는 점이다.

힐링과 멘토 열풍에 대한 비판자들은 힐링과 멘토링이 필요치 않을 정도로 이미 자신의 입지를 사회적으로 구축한 사람들이다. 절박한 처지에 놓인 개인에겐 일시적인 위로나마 소중한 게 아닐까? 사회적 약육강식弱肉强食의 논리가 하루아침에 바뀔 수 없는 거라면, 개인 차원에서 강자가 되려고 애쓰는 건 당연한 일이 아닐까? 사실 이런 질문이야말로 카네기 연구의 핵심일지도 모르겠다.

자기계발과 PR의 선구자들

노먼 빈센트 필

1898~1993

9

긍정·낙관·확신하면
꿈꾼 대로 이루어지는가?

노먼 빈센트 필의 '적극적 사고방식'

'노먼 빈센트 필' 열풍

"LG의 최고경영자CEO들이 여름휴가 때 읽어볼 만한 책을 사내 인트라넷LGIN에 게시해 관심을 끌고 있다.……김반석 LG화학 사장은 자신의 잠재력을 신뢰하고 끝까지 포기하지 않는 자세로 성공한 사람들의 이야기를 담은 『믿는 만큼 이루어진다』(노먼 빈센트 필)를 권유했다."[1]

"이수창 삼성생명 사장은 매사에 적극적이고 긍정적이다. 직원들에게 '승리를 꿈꾸지 않는 사람은 이미 패배한 것이다'라는 서양 속담을 자주 인용할 정도로 적극적인 자세를 강조한다. 이 사장이 주위 사람들에게 노먼 빈센트 필 목사의 『적극적인 사고(불가능은 없다)』를 읽어보라고 추천하는 것도 이런 배경에서다."[2]

"필자는 대학입학 시험이나 입사 시험에 떨어져 낙심한 젊은이들에게 권하는 책이 있다. '긍정적 사고'의 창시자로 알려진 노먼 빈센트 필

박사의 『적극적 사고방식』이란 책이다. 작은 실천의 중요성을 경험하게
도와주는 책이다. 저자는 실천할 내용을 작은 메모 용지에 적어서 주머
니에 넣고 다니면서 하루에도 몇 번씩 읽으라고 권한다."[3]

"로버트 슐러의 『불가능은 없다』(1993)에서 노먼 빈센트 필의 『적극
적 사고방식』(2001), 릭 워런의 『목적이 이끄는 삶』(2003), 조엘 오스틴
의 『긍정의 힘』 시리즈(2005~) 등에 이르기까지, 기독교 출판 시장을 휩
쓴 이른바 '기독교 자기계발 서적'들은 '적극적 사고'론이 대형 교회 목
회자만이 아니라 폭넓은 기독교 대중의 생각과 일상에 강력한 영향을
끼치고 있음을 시사한다."[4]

"'적극적 사고'를 신학적 키워드로 제시한 노먼 빈센트 필이나 『목적
이 이끄는 삶』을 쓴 릭 워런, 『긍정의 힘』 저자 조엘 오스틴 등 미국의
대표적인 대형 교회 목사들이 제시한 번영 신학은 '번영'을 신앙적 현실
관의 최상위에 두고 이를 위해 자신의 내면을 적극적으로 구성해가는
자기계발적 삶의 태도를 강조하는 것이다."[5]

"조용기 목사님도 젊은 시절 외국의 유명한 목회자들의 사상과 생각,
말투를 모방했다고 합니다. 로버트 슐러나 노먼 빈센트 필 박사의 긍정
적 사고에 관한 이해는 조용기 목사님에게 많은 영향을 끼쳤습니다."[6]

금욕적인 칼뱅주의에 대한 반발

앞에 인용한 기사들이 잘 말해주듯이, 미국은 물론 한국 사회에까지 큰
영향을 미친 노먼 빈센트 필Norman Vincent Peale, 1898~1993은 1898년 오

하이오주 바워스빌Bowersville에서 개신교 목사인 찰스와 애나의 세 아들 중 장남으로 태어나 소년 시절에 어니스트 홈스Ernest Holmes, 1887~1960의 신사상New Thought 운동에 이끌렸다. 필은 훗날 "소년 시절의 나를 알았던 사람들만이 어니스트 홈스가 내게 해준 것이 무엇인지 제대로 판단할 수 있다. 왜냐하면 그가 나를 긍정적으로 생각하는 사람으로 바꿔놓았기 때문이다"고 말했다.[7]

신사상 운동은 미국의 초기 종교 이념인 칼뱅주의가 금욕과 엄격한 자기 절제를 강요함으로써 개인의 욕망을 억눌러 사회적 우울증을 낳았다는 문제의식을 갖게 된 일부 종교인들이 1800년대 중반부터 그런 문제를 해결해보자는 취지로 일으킨 운동이다. 이 운동은 성공과 부를 찬미함으로써 자기계발 운동self-help movement의 이론적 근거가 된 사상이다.

필은 보스턴신학대학을 거쳐 1922년 감리교 목사가 되었지만, 1932년 칼뱅주의 계열 네덜란드 개혁교회Reformed Church in America로 종파를 바꾸면서 돈, 결혼, 사업 등 일상적인 문제를 풀 수 있게끔 기독교를 '실용화'하려고 했다. 신사상 운동이 그렇듯이 필은 부분적으로 자신을 치유자로 여겼다.

필은 1935년부터 〈삶의 기술The Art of Living〉이라는 라디오 방송으로 명성을 떨치기 시작했으며,[8] 이 명성을 기반으로 필은 1940년 정신분석가인 스마일리 블랜턴Smiley Blanton과 같이 『신앙이 답이다: 정신분석가와 목사가 당신의 문제들을 다룬다Faith Is the Answer: A Psychiatrist and a Pastor Discuss Your Problems』라는 책을 출간했고, 1945년 여러 사람과 같이 『가이드포스트Guideposts』라는 신앙 잡지를 창간했다.

필은 1948년 『자신감 있는 삶을 위한 가이드 A Guide to Confident Living』라는 책을 출간했다. 그는 이 책에서 "'자신에 대한 불신'을 안고는 한 발짝도 못 나간다. 먼저 나를 알고, 내 열등감을 알고, 그것과 마주서라. 그리고 그것을 완전 폭파시켜라"고 선언하면서 다음과 같이 말한다.

"'한 사람의 몸속에는 뉴욕시를 파괴하고도 남을 만큼의 원자력 에너지가 존재한다.' 어느 저명한 물리학자의 말이다. 우리의 몸속에 뉴욕시를 날려버릴 만큼의 충분한 에너지가 존재한다니, 그것도 이런 말을 다른 사람도 아닌 물리학자가 했다니, 그냥 가볍게 흘려들을 게 아니라 마음에 담아두고 곱씹어볼 일이다. 이 말이 사실이라면 인간이 열등감 콤플렉스를 갖는다는 것은 말도 안 되는 일이다."9

필은 "세상에서 가장 큰 감옥은 바로 '나'"라고 외친다. 그는 "생각을 바꾸라. 그러면 당신의 세상도 바뀔 것이다. 생각을 올바르게 교정하라. 그러면 주변의 모든 것이 내면의 평화와 행복, 개인적 능력을 증진시키는 쪽으로 변화될 것이다"며 다음과 같이 말한다.

"행복한 삶을 살고 싶다면 먼저 행복한 생각을 하는 법부터 배워야 한다.……실패하는 사람들은 즐거운 마음이 아닌 패배주의적 심리를 습관적으로 되풀이한다. 그들의 마음에는 어두운 그림자가 잔뜩 드리우고, 그 결과 인생 전반이 어둠에 휩싸이게 된다. 인간의 본성은 습관적으로 반복적으로 생각하는 대로 되어가는 성향이 있다는 중요한 진리를 유념하고, 의도적으로 즐겁게 생각하도록 애쓰라."10

수천만 부가 팔린 『적극적 사고방식』

『자신감 있는 삶을 위한 가이드』는 베스트셀러가 되긴 했지만, 큰 반향을 불러일으키진 못했다. 심리학적 요소가 부족했기 때문이었던 것으로 보인다. 필은 1951년 정신분석가인 블랜턴과 같이 책을 쓴 인연을 계기로 '미국종교·정신의학재단American Foundation of Religion and Psychiatry'을 세웠다. 필이 회장을 맡고 블랜턴이 사무국장을 맡았는데, 필은 종교 문제를 다루고 블랜턴은 정신의학 문제를 다루는 역할 분담이 이루어졌다.

필은 다음 해인 1952년 자신을 세계적인 유명 인사로 만들어줄 결정적 계기가 된 책을 출간했는데, 그 책이 바로 그 유명한 『적극적 사고방식The Power of Positive Thinking』이다. 이 책은 186주 연속 『뉴욕타임스』 베스트셀러가 되었으며, 오늘날까지 수십 개국에서 수천만 부가 팔린 불멸의 베스트셀러가 되었다.

그러나 이 책이 출간 당시 호평만 받은 건 아니었다. 무엇보다도 정신분석을 공부한 적이 없는 필이 사실상 정신분석의 영역을 다루었다는 이유로 전문가들의 비판을 받았다. 일부 전문가들은 필의 자기암시법을 그대로 따라하는 건 위험하다고 경고했으며, 심지어 '필은 사기꾼'이라는 비난까지 나왔다. 동업자인 블랜턴이 나서서 옹호해줄 법도 했지만, 블랜턴은 필이 비판을 받을 때에 침묵으로 일관했으며 필과 거리를 두려고 애를 썼다. 둘 사이에 그 어떤 불화가 있었던 것으로 추정된다. 필의 주장이 전문가인 블랜턴으로선 감당할 수 없는 수준의 것이었기 때

문이라는 설도 있다.[11]

『적극적 사고방식』이 받은 비판 중엔 논란의 소지가 있는 주장을 '어떤 의사의 말'이라든가 '한 유명 심리학자'라는 식으로 처리하는 등 출처 불명의 주장이 많다는 지적도 있었다.[12] 세 군데만 지적하자면 다음과 같다.

"어떤 의사의 말에 따르면, 신경쇠약에 걸린 대부분의 환자들은 그 원인을 죄의식에서 찾아볼 수 있다고 한다. 이 경우 그런 환자는 죄의식을 보상하기 위해 무의식적으로 노력하게 되며, 결국 과로하게 된다고 한다.……한 유명 심리학자는 이렇게 말하고 있다. '기도는 개인적 문제를 해결하는 데 이용할 수 있는 가장 강력한 능력이다. 그 능력은 언제나 나를 놀라게 한다.'……한 유명한 심리학자는 '걱정은 인간의 인격을 파괴하는 가장 무서운 적'이라고 주장하고 있으며, '걱정은 인류의 온갖 질병 가운데 가장 간교하며 파괴적인 질병'이라고 주장한 의사도 있고, 이 밖에도 여러 의사들은 수많은 사람들이 쌓이고 쌓인 걱정으로 마침내는 병에 걸리고 만다고 주장하고 있다."[13]

필의 번영 신학Prosperity Gospel은 교계 내에서도 적잖은 시련을 겪어야 했다. '뻥쟁이'에서부터 '악마 같은 목사'에 이르기까지 적잖은 비난이 쏟아졌다. 필은 이런 비난을 목사 아버지의 강력한 정신적 지원으로 돌파해나갔다. 부자父子 사이의 대화를 들어보자.

"아버지, 주요 성직자들 중 일부와 그 지도자들을 따르는 사람들이 저를 못 잡아먹어서 안달이에요. 정말이지 차라리 사임하고 교회 밖에서 사역하고 싶은 마음이 굴뚝같아요."

아버지는 그를 한참 동안 말없이 바라보더니 이렇게 말했다.

"그런 말을 들으니 가슴이 아프구나. 넌 예수 그리스도의 진정한 종이며 교회에 충실한 사람이다. 이 늙은 목사에게서 들은 말을 명심하거라. 그리고 한 가지 더, 필 가문은 절대로 중도에 그만두는 법이 없단다."[14]

사실인지 모르겠지만 이런 유머도 있다.

"52년 동안 뉴욕시의 명설교자로 이름을 떨쳤던 노먼 빈센트 필에게도 암울한 고비가 있었다. '긍정적 사고의 힘'을 저술한 후 일부 목사들이 그를 괴롭히는 바람에 그는 사퇴할 것을 생각하고 있었다. 그래서 부친을 찾아갔는데 감리교 목사로 있다가 은퇴한 부친은 그 무렵에는 늙은이었다. '애, 나는 너를 내내 지켜봤다. 너는 언제나 복음을 설교했고 언제나 예수 그리스도에게 충실했다. 너는 건실하다. 다만 이제 한 가지만이 남았다'라고 노인은 말하는 것이었다. '그게 뭡니까?' 하고 아들은 물었다. '그자들 보고 뒈지라고들 해라Tell those people to go to hell.'"[15]

'자신감의 결여'로 고민하는 사람들을 위해

일반 독자들은 전문가들과 교계 일부의 비난에 아랑곳하지 않고 필의 성공학에 열광했다. 무엇보다도 필의 책은 당시 미국인들이 안고 있던 문제를 정면으로 지적하면서 그 해법까지 제시했기에 뜨거운 대중적 지지를 누릴 수 있었다. 책의 몇 대목을 살펴보기로 하자.

필은 "어느 대학의 심리학 교실에서 600여 명의 학생들에게 '자신을 괴롭히고 있는 개인적인 문제는 무엇인가?'라는 설문조사를 한 일이 있

자기계발과 PR의 선구자들

었다. 놀랍게도 응답자의 75퍼센트가 '자신감의 결여'라고 대답했다"며 다음과 같이 말한다.

"나는 일반 사람들을 조사해도 크게 다르지 않을 거라고 생각한다. 당신은 이 세상 어디를 가도 막연한 공포에 시달리며, 적극적인 생활에서 도피해버리고, 심각한 열등감과 불안감에서 헤어나지 못하며, 본래부터 지니고 있는 힘마저 믿지 못하는 사람들을 만날 수 있을 것이다. 그들은 자신에게 스스로를 책임질 능력이 있다는 사실을 믿지 못하고 있거나 주어지는 기회를 붙잡을 만한 능력이 있는지에 대해서도 늘 회의적이며 언제나 모든 일이 뒤틀려가고 있다는 막연하고 불길한 공포에 사로잡혀 있고, 자신이 바라고 있는 것을 자신이 가지고 있다는 사실을 믿지 않는다. 언제나 자신이 이룰 수 있는 것 이하의 것에 만족하려고 한다."[16]

필은 '사실'보다는 '사실을 보는 태도'가 중요하다고 역설한다.

"유명한 정신병리학자인 칼 메닝거 박사는 '사실에 대한 태도는 그 사실보다 훨씬 중요하다'고 말한 바 있다. 이 말의 의미를 완전히 깨달을 때까지 몇 번이고 되새겨 음미해보라. 우리가 직면한 어렵고 절망적인 상황으로 보이는 그 어떠한 사실이라도 그 사실은 그 사실에 맞서는 우리의 태도에 비하면 그다지 중요하지 않다. 어떤 사실에 대해 어떻게 생각하느냐 하는 사고방식은 당신이 그것에 대해 어떤 조치를 취하기도 전에 미리 당신을 패배시킬 수도 있다. 당신은 어떤 사실에 직면해서 실제로 그 일을 처리하기도 전에 심리적으로 압도될 수도 있다. 반대로 자신 있고 낙관적인 사고방식은 그 사건을 전면적으로 수정하거나 혹은 정복할 수 있게 해준다."[17]

필은 더 나아가 독자들에게 명확한 암시의 표현이라는 기술을 구사하라고 권한다. 예컨대, 마음의 평화를 원한다면 어떻게 해야 하는가?

"만일 당신이 평화와 고요함을 연상케 하는 말을 하면, 당신의 마음은 평온한 태도로 반응해올 것이다. '평온하다'와 같은 말을 해보라. 이런 말을 천천히 몇 번이고 되풀이해서 말하라. 영어의 '평온Tranquility'이란 말은 아름답고 선율적인데, 단순히 그런 말을 입 밖에 내서 말하기만 해도 평온한 상태로 돌아가는 효과를 볼 수 있다."[18]

필은 행복은 습관의 문제라며, 행복의 습관을 기르는 방법도 제시한다.

"행복의 습관은 단순히 행복을 연상케 하는 생각을 하는 것만으로도 기를 수 있다. 우선 행복을 연상케 하는 생각들의 목록을 머릿속에 만들어 두고, 하루에도 몇 번씩 그런 생각들을 마음속에 떠올려라. 만일 불행을 연상케 하는 생각이 마음속에 자리를 잡으려 한다면, 그 즉시 그런 생각을 멈추고, 그것을 추방하려고 의식적으로 노력하고, 행복을 연상케 하는 생각으로 대체하라. 매일 아침 일어나기 전에 이부자리에 편하게 누운 채로 행복을 연상케 하는 생각을 마음속에 그려라. 당신이 그날 하루 동안에 누릴 것으로 기대되는 행복한 일들을 당신의 마음속에 그림으로 그려라. 그 상상의 기쁨을 맛보라. 이런 생각들은 실제로 하루 동안에 일어나는 일들이 당신이 마음속에 그리는 방향으로 전개되도록 도울 것이다."[19]

행복해지기 위해선 쉽게 흥분해서 화내는 버릇부터 고쳐야 한다.

"'쉽게 흥분해서 조급하게 화를 낸다fume'는 말은 '끓어오르다', '울분을 풀다', '증기를 발산하다', '소용돌이치다', '정신이 혼미해지다', '들끓다'는 뜻을 가지고 있다. 이와 마찬가지로 '안달하다^{fret}'라는 말은 '한밤중에 몸이 좋지 않아서 끈질기게 울고 칭얼대며 보채는 어린아이'의 모습을 떠오르게 한다. 그 아이가 잠시 울거나 칭얼대기를 멈추는 것은 오로지 다시 울고 칭얼대기를 시작하기 위해서일 뿐이다. 안달은 사람들을 신경질 나게 하고 성가시게 하며 날카롭게 찔러대는 성질이 있다. '안달하다'는 말은 어린아이들에게나 어울리는 말이지만, 수많은 어른들의 정서적 반응을 설명해주기도 한다."[20]

이어 흥분을 진정시키는 방법들이 제시된다.

"편안한 마음으로 의자에 깊숙이 앉아라. 자신의 마음을 심한 폭풍우로 인해 요동치는 호수의 수면과 같다고 생각하라. 2~3분 동안 과거에 보았던 것들 중에서 가장 아름답고 평화로운 경치를 떠올려보라. 고요와 평화를 나타내는 문구를 조용히, 그리고 천천히 하나하나 가락을 붙여 읊어보라."[21]

'자신감을 키우기 위한 10가지 규칙'

필은 "곤란한 것은 심리적인 것일 뿐이다. 나는 승리를 생각한다. 고로 나는 승리를 얻는다"는 공식을 기억하면서 끊임없이 반복해 자신에게 말하라고 권한다.

"종이에 써서 지갑에 넣어 가지고 다니고, 아침에 면도를 할 때 보는 거울에 붙여두고, 주방의 싱크대 위에, 화장대 위에 붙여두어라. 그래서 이 진리가 당신 의식의 저 깊은 곳에까지 스며들 때까지, 당신의 모든 정신 자세에 두루 가득하게 될 때까지, 이 말이 당신의 변하지 않는 성격의 특성이 될 때까지 늘 이 구절을 바라보라."[22]

늘 걱정을 하는 사람들을 위해 걱정을 제거하는 방법도 제시한다.

"상상은 걱정을 만들어내는 한 원천이지만, 동시에 걱정의 치료제가 될 수도 있다. '상상의 공학imagineering'은 사실적인 결과를 얻기 위해 심상을 이용하는 것인데, 놀랄 만큼 효과적인 방법이다. 상상은 환상과는 다른 것이다. 상상이라는 말은 상상한다는 관념에서 나온 말이다. 다시 말하면, 당신은 걱정의 심상, 아니면 걱정에서 해방된 심상을 구성한다. 당신이 구성하는 심상(당신의 상상)은 당신이 충분한 믿음을 가지고 마음속에 계속 가지고 있으면, 결국 사실이 되고 만다. 그러니 당신 자신을 걱정에서 벗어나 있는 모습으로 상상하라. 그러면 이 배수 작용이 조만간 당신의 생각에서 비정상적인 두려움을 제거할 것이다."[23]

질병을 치유하는 마음 자세도 필요하다.

"최근에 와서 우리는 종교가 오랫동안 병을 치료하는 활동을 수행해 왔다는 사실을 간과해버리려고 하는 경향이 있다. '목사pastor'라는 말은 '영혼을 구함, 구령救靈: the cure of soul'이라는 말에서 나왔다.……'신성함holiness'이란 말이 '완전wholeness'을 뜻하는 말에서 나왔으며, 보통 종교적인 의미로 많이 쓰이는 '명상meditation'이라는 말과 '약물치료 medication'라는 말의 어원이 유사하다는 것은 의미심장하다."[24]

결국 자신감을 키워야 한다는 이야기인데, 필이 제시한 '자신감을 키우기 위한 10가지 규칙' 중 처음의 4가지만 보자면 다음과 같다.

"1. 자신이 성공하는 모습을 영상으로 확실하게 그리고 그 영상이 지

자기계발과 PR의 선구자들

워지지 않도록 마음속에 확실하게 각인하라. 끈질기게 그 그림을 붙들고 늘어져라. 결단코 그 그림이 흐려지게 방치하지 마라. 당신의 마음은 그 그림이 실현되기를 염원하게 될 것이다. 결단코 자신이 실패하는 모습을 생각하지 마라. 당신이 그린 그림의 실현성을 추호도 의심하지 마라."

"2. 자신의 능력에 대한 부정적이고 소극적인 생각이 마음에 떠오를 때에는 언제든지 신중히 긍정적이고 적극적인 생각을 말하라. 긍정적이고 적극적인 생각은 부정적이고 소극적인 생각을 완전히 몰아낼 것이다."

"3. 당신의 상상 속에 장애물을 쌓아올리지 마라. 소위 장애물이라고 불리는 모든 것들을 과소평가하라. 그것을 극소화시켜라. 난관은 세밀히 검토해서 신중히 처리해야 하지만, 난관을 현재의 모습 그대로 보아라. 난관을 공포로 키워나가서는 안 된다."

"4. 다른 사람의 위세에 눌리거나 그들을 모방하려 하지 마라. 어떤 사람이라도 당신이 할 수 있는 것만큼 효과적으로 당신이 될 수는 없다. 많은 사람들이 겉보기에는 자신감에 넘치는 것처럼 행동하지만, 실은 그들도 당신처럼 불안을 느끼고 자신의 능력을 의심하고 있는 경우가 많다는 사실을 명심하라."[25]

경멸받는 영업사원들을 겨냥한 마케팅

자기계발 담론과 결합한 이런 종류의 '번영 신학'은 필 혼자만의 것은 아니었으며, 1950년대 전반의 시대정신이었다. 1954년 가톨릭 신부 풀턴 쉰Fulton Sheen, 1895~1979의 『행복의 길Way to Happiness』, 1955년 남부

침례교 목사 빌리 그레이엄Billy Graham, 1918~의 『행복의 비밀The Secrets of Happiness』도 베스트셀러가 되었는데, 이 책들은 필의 『적극적 사고방식』과 함께 1950년대 전반을 풍미한 번영 신학의 3부작이라 할 수 있는 것이었다.[26]

필과 그레이엄 사이엔 일종의 역할 분담이 이루어졌는데, 필이 백인 중산층 프로테스탄트를 대상으로 했다면, 그레이엄은 중하층 노동계급을 주요 대상으로 삼았다. 세 사람 모두 한 가지 공통점이 있었는데 그건 바로 성공과 행복을 목표로 하는 종교와 심리학의 결합이었다. 로널드 드워킨Ronald W. Dworkin은 이 시기엔 사람들을 행복하게 만드는 것이 종교의 주요 목적이 되었으며, 이 전통은 오늘날에도 지속되고 있다고 평가했다.[27]

필의 『적극적 사고방식』을 출간한 출판사는 기업 시장으로 눈을 돌려 "기업 임원 여러분, 이 책을 직원들에게 주십시오. 커다란 이익을 낼 것입니다"라는 광고를 냈다. 광고는 영업사원이 이 책을 읽으면 자신이 파는 상품과 자기가 속한 조직에 새로운 신뢰를 갖게 될 것이며, 내근 직원들의 효율성도 높아져 퇴근 시간만 기다리는 사람이 현저히 줄어들 것이라고 장담했다.[28]

바버라 에런라이크Barbara Ehrenreich는 "1950년대부터 노먼 빈센트 필은 경멸받는 영업사원들을 핵심 영역으로 삼았다. 필은 최고 경영진과 어울리는 생활을 하면서도 비천한 영업사원들을 대상으로 강연하는 것을 특별히 좋아했고, 심지어 자신을 그들의 일원으로 여길 정도여서 '나는 하나님의 영업사원'이라는 표현을 즐겨 사용했다. 계속되는 거절만 제외하면 실제로 필의 삶은 자신이 긍정적 사고로 전도한 영업사원들과 많이 닮아 있었다"며 다음과 같이 말한다.

"『적극적 사고방식』이 성공을 거둔 이후 그의 생활은 여행과 강연의 연속이었다. 아이들을 키우는 것은 아내의 손에 맡기고, 자기 교회의 운영도 다른 사람들에게 일임했다. 전기 작가는 노먼 빈센트 필이 '끊임없이 움직이며 유랑하는 생활방식과 한 건 한 건의 거래가 모두 개인적인 도전이자 실적이 된다는 인식을 영업사원들과 공유했다'고 썼다. 『적극적 사고방식』을 보면 대부분의 일화에서 배경이 되는 곳은 호텔이나 회의실이며, 불안하고 지친 영업사원이 그를 붙들고 사적인 조언을 청한다. 모텔 방에서 생활하는 외로운 사람들이 필의 고정 고객층이었다."[29]

그러나 필은 정치적으론 좀 다른 자세를 취했다. 그는 정치적으론 보수적이었으며, 그 가치의 실현을 위해 정치에 적극 개입했다. 공화당 후보 드와이트 아이젠하워Dwight D. Eisenhower, 1890~1969와 민주당 후보 아들라이 스티븐슨Adlai E. Stevenson, 1900~1965이 맞붙은 1952년 대선에서 필은 스티븐슨이 이혼 경력이 있다는 이유로 스티븐슨 반대 운동을 전개했다.

다시 아이젠하워와 스티븐슨이 경쟁한 1956년 대선에도 필이 반대 운동을 전개하자, 스티븐슨은 "기독교인으로서 말하는데, 사도 바울은 사람의 마음에 호소하지만, 필은 사람을 오싹하게 만든다Speaking as a Christian, I find the Apostle Paul appealing and the Apostle Peale appalling"고 쏘아붙였다.[30]

필은 공화당의 리처드 닉슨Richard M. Nixon, 1913~1994과 민주당의 존 F.

케네디^{John F. Kennedy, 1917~1963}가 맞붙은 1960년 대선에서도 케네디 반대 운동을 전개했다. 이번엔 케네디가 가톨릭이라는 이유 때문이었다. 필은 150명의 개신교 목사들을 대표해 가톨릭 대통령을 뽑으면 미국 문화가 위기에 처하게 될 것이며, 미국의 이익보다는 가톨릭의 이익을 위해 일할 것이라고 주장했다.

이에 민주당 지지자들은 물론 신학자인 라인홀드 니부어^{Reinhold Niebuhr, 1891~1971}와 파울 틸리히^{Paul Tillich, 1886~1965}가 필과 그 일행들의 편견을 비판하고 나서자, 필은 자신의 발언을 취소했다. 그러자 이번엔 케네디를 반대하는 다른 목사들이 크게 반발해 필은 자신이 만든 위원회에서 축출당한 건 물론 한동안 비난 공세에 시달려야 했다.[31]

'강인한 낙천'과 '열정'을 위하여

케네디 반대 운동 사건의 후유증에 시달린 자신을 위로하고 싶었던 걸까? 필은 1961년 『강인한 낙천주의자^{The Tough-Minded Optimist}』라는 책을 출간했다. 책의 첫 대목엔 이런 일화가 소개되어 있다.

"노트르담대학의 전 미식축구팀 코치이자 여러 주요 미식축구팀들을 창단했던 프랭크 리히는 탈의실 벽에 다음과 같은 글귀를 커다랗게 써 붙여, 선수들이 경기장에 나가기 전에 한 번씩 보고 나갈 수 있게 했다고 한다. '상황이 어려워질수록 강인한 사람들은 앞으로 나아간다^{When the going gets tough, let the tough get going}.' 당신도 의식 속에 이 글귀를 크게 새겨 넣어보라. 그러면 당신 안에 숨어 있던 강인함이 조금씩 살아 움직이기 시작해 제아무리 나쁜 상황에서도 당신을 계속 전진하게 해줄 것이다."[32]

필은 자신의 초등학교 때 선생님 이야기를 곁들이면서 '강인한 낙천'의 필요성을 역설한다.

"선생님은 칠판에 큰 글씨로 'CAN'T'라고 쓰시고, 다시 돌아서서 부리부리한 눈으로 우리를 바라보셨다. 그러면 우리는 뭘 해야 하는지 알고 있었다. 모두 한 목소리로 'CAN'T에서 T를 빼버려요'라고 합창하는 것이다. 그러면 선생님은 지우개로 힘차게 T자를 지우고 CAN이라는 단어만 남겨 놓으셨다.……그러고 나서 선생님은 CAN 밑에다 내게 결코 잊히지 않는, 잊을 생각도 없는 문장을 쓰셨다. '할 수 있다고 생각하면 할 수 있다You can if you think you can.' 그렇다. 하나도 어렵지 않다. 당신의 CAN'T에서 T를 지워버려라. 그러면 어떤 역경이라도 극복할 힘을 기를 수 있을 것이다. 강인한 낙천주의자들은 이런 식으로 생각한다."[33]

강인한 낙천주의자가 되기 위해선 좋지 않은 일은 오래도록 마음에 두지 말라는 조언도 제시한다.

"분노가 병을 일으킨다는 말은 이 단어의 기본적인 뜻을 고려하면 이해가 쉽다. 분노resentment란 말은 '다시 느끼다'라는 뜻의 라틴어에서 나왔다. 예를 들어 누군가 당신에게 상처를 주었다고 해보자. 당신은 집에 가서 아내에게 무슨 일이 있었는지 이야기한다. 그러면 그 설명 과정에서 당신은 아까 받았던 상처를 '다시 느끼게' 된다. 밤에 자다가 깨어서도 그 사람 말이 떠오른다. 그러면 또 다시 그 감정을 느끼게 된다. 이렇게 당신이 분노할 때마다 당신은 그 상처를 다시금 느끼게 되는 것이다."[34]

필이 1967년에 출간한 『열정이 차이를 만든다Enthusiasm Makes the Difference』는 "열정을 잃은 사람이 가장 늙은 사람이다"고 한 헨리 데이비드 소로Henry David Thoreau, 1817~1862의 말을 삶의 좌우명으로 제시한다. "내 말을 믿기 바란다. 그것은 내 마음의 벽에 새겨놓은 행운의 말이기도 하다. 가장 늙고 슬픈 사람은 젊은 시절의 열정을 모두 써버린 사람들이다."[35]

어떻게 하면 살면서 열정을 내 것으로 만들 수 있을까? 이 물음에 대해선 '열정은 곧 사랑'이라는 해법을 제시한다.

"사실 그 방법은 무척 간단하다. 삶을 사랑하는 힘을 기르기만 하면 되기 때문이다. 사람을 사랑하고, 머리 위의 하늘을 사랑하고, 아름다움을 사랑하는 것이다. 사랑하는 사람의 인생은 환희와 즐거움으로 가득차 저절로 열정적으로 변한다. 그러면 인생이 의미로 가득해진다. 자신이 열정적이지 않다고 생각한다면 지금부터 자신의 생활을 사랑하기 시작하라."[36]

그렇다고 해서 필이 무작정 열정을 예찬하는 건 아니다.

"열정은 가슴에 불을 지피지만, 생각이나 계획에 있어서는 열정에 좌우되지 말고 그것을 통제해야 한다. 이성으로 무장하여 무절제한 예측이 난립하지 못하게 막아야 한다는 말이다. 통제된 열정은 창조하지만, 통제되지 않은 열정은 파괴할 수 있다."[37]

필은 더 나은 삶으로 가기 위해 넘어야 할 장벽 중의 하나로 분노를 지목한다.

"'화를 잘 내는 사람soreheads'이라는 표현도 분노에 의해 유발되는 마음의 고통을 잘 설명한다. 정신적인 고통^{soreness}이 계속해서 반복되기 ^{head} 때문이다. 분노는 진정한 삶을 가로막는 큰 장애물이지만 열정은 그것을 뛰어넘을 수 있게 해준다."³⁸

필의 모든 저서에 등장하는 자기암시법이 빠질 리 없다. 필은 "저명한 심리학자인 윌리엄 제임스는 유명한 '그런 척하기^{As if}' 원칙을 발표했 다. 그는 '어떤 자질을 갖고 싶으면 그것을 이미 가지고 있는 것처럼 행 동하라'고 말했다. 당신도 '그런 척하기' 원칙을 한번 시도해보라. 놀라 운 힘과 효과를 느낄 것이다"며 다음과 같이 말한다.

"심한 열등감에 사로잡혀 수줍음을 많이 타는 소심한 사람이 있다고 가정해보자. 그가 외향적으로 변하려면 먼저 자신의 현재 모습이 아니 라 앞으로 되고 싶은 모습을 상상해야 한다. 다시 말해, 자신이 스스럼 없이 사람을 만나고 상황을 현명하게 다루는 확신에 찬 사람이라고 믿 어야 한다는 것이다. 자신이 바라는 것에 대한 생각이나 심상을 깊은 의 식 속에 심기 시작할 때는 부딪치는 상황과 사람을 얼마든지 다룰 수 있 는 것처럼 의식적으로 당당하게 행동해야 한다. 자신의 이상적인 모습 을 상상하고, 그런 사람이 되었다는 가정을 바탕으로 행동하다 보면 점 점 그런 모습으로 변모한다는 것은 이미 입증된 인간 본성의 법칙이다. 바라는 대로 달라진다는 법칙은 수많은 사람들을 통해 증명되었다."³⁹

필은 1974년에 출간한 『믿는 만큼 이루어진다^{You Can If You Think You Can}』에선 젊은 시절 성공하겠다는 야망에 불타 고급 사전을 산 뒤 '불가 능'이란 단어를 찾아 오려 내버린 나폴레온 힐의 일화를 소개한다. 그는 "지금 당장 사전을 가져다 '불가능'이란 단어를 잘라버리라는 소리가

아니다. 하지만 마음에서 잘라버리라고는 말하고 싶다"며 다음과 같이
말한다.

"대화에서 그 단어를 없애고 생각에서 그 단어를 쫓아내고 태도에서
그 단어를 지워버려라. 눈앞에서 없애버려라. 불가능을 합리화하려고
하지 말라. 변명을 찾지 말라. 그 단어와 그 개념이 영원히 사라져버리
게 하고 그 자리를 밝고 빛나는 '가능'이라는 단어로 대신하라. 다시 말
해 '할 수 있다고 생각하면 할 수 있다'를 채워넣어라."[40]

바버라 에런라이크의 『긍정의 배신』

이상 살펴본 것은 필이 쓴 46권의 책들 가운데 극히 일부에 지나지
않지만, 모든 책들에 걸쳐 그의 메시지는 한결같다. 긍정하고 낙관하고
확신하면 꿈꾼 대로 이루어진다는 것이다. 필의 이런 '긍정적 사고'가
가진 매력 또는 마력을 미루어 짐작하긴 어렵지 않다. 특히 실패와 좌절
에 빠진 사람들에겐 그 얼마나 큰 힘이 되랴.

그래서 오늘날에도 긍정적 사고의 인기는 여전하다. 그렇지만 무엇이
건 지나치면 부작용이 있기 마련이다. 사회운동가 겸 작가인 바버라 에
런라이크Barbara Ehrenreich는 2009년에 출간한 『긍정의 배신: 긍정적 사
고는 어떻게 우리의 발등을 찍는가』(2009)에서 과도한 긍정의 위험과
배신을 지적한다.

에런라이크는 "긍정적 사고는 19세기 윌리엄 제임스의 과학적 인가認可
와 미국에서 가장 인기 있는 철학자인 랠프 월도 에머슨의 승인을 받고

출현했다. 20세기 중반에 '긍정적 사고'란 구절을 대중화시킨 노먼 빈센트 필은 『성경』만큼은 아니었지만 그 두 사람을 뻔질나게 인용했다. 긍정적 사고가 좋은 평판을 얻게 된 데는 특히 제임스의 힘이 컸다. 그것은 그가 긍정적 사고를 지적으로 수긍했기 때문이 아니라 칼뱅주의에 희생된 가련한 병약자들을 치료하는 능력을 보증했기 때문이었다"며 다음과 같이 말한다.

"아이러니하게도 병약함을 널리 조장함으로써 칼뱅주의는 자신을 파괴할 무기를 스스로 만든 셈이었다. 칼뱅주의는 후에 긍정적 사고로 불리게 된 신사상의 손에 자기 가슴을 찌를 단검을 쥐어주었다. 하지만 이야기는 여기서 끝이 아니다. 최종적인 왜곡이 남아 있다. 긍정적 사고의 가장 좋은 점이라면 칼뱅주의에 분명한 대안을 제시했다는 것일 텐데, 한편으로는 칼뱅주의의 유독한 요소를 보존하고 말았다는 최악의 일면이 함께 존재한다. 가혹한 판단, 죄악에 대한 칼뱅주의식 비난, 자기반성이라는 끊임없는 내면 과제를 강조하는 것이 그러한 요소다. 칼뱅주의의 미국적 대안은 쾌락주의가 아니었고, 단순하게 감정의 자발성을 중시하는 것도 아니었다. 긍정적 사고 주창자들에게 감정이란 여전히 의혹의 대상이었으며 따라서 내면의 삶은 철저히 감시되어야 했다."[41]

이어 에런라이크는 "지옥과 파멸의 가능성이 아니라 성공의 기회에 몰입하는 것, 죄악이 아니라 힘을 찾아내기 위해 내면의 자아를 탐색하는 것은 분명 바람직한 일이다. 문제는 왜 그렇게 내적인 부분에만 오로지 몰입하는가 하는 점이다. 왜 사랑과 연대감을 품고 다른 사람에게 손을 내밀지 않는가?……실제로 해야 할 진짜 일들이 쌓여 있는데 왜 자기 자신에 관한 일에 그렇게 많은 시간을 쏟는가?"라고 물으면서 다음과 같이 말한다.

"20세기 중반 이후 이런 물음에 대해 지나치게 실제적인 대답이 쏟아져나왔다. 점점 더 많은 사람이 긍정적 사고가 요구되는 직업에 종사하게 되었으며 그런 일에는 자기 향상 및 정비가 수반된다는 것이다. 노먼 빈센트 필은 이 부분을 누구보다 확실히 파악했다. 화이트칼라 무산계급이 날로 증가하면서 고용주와 고객, 동료, 잠재 고객에게 더 호감을 줄 수 있는 모습을 만들기 위해 자아를 훈련시키는 것이 직업 생활에서 큰 비중을 차지하게 되었다. 이제 긍정적 사고는 불안한 사람을 위한 진정제, 심리적인 문제를 겪는 사람을 위한 치료제에 머무르지 않는다. 긍정적 사고는 모든 사람에게 부과된 의무가 되었다."[42]

그렇다면 긍정적 사고가 학문의 한복판에까지 진출한 것도 놀랄 일은 아닐 것이다. 1997년 펜실베이니아대학 심리학 교수 마틴 셀리그먼 Martin Seligman이 미국 심리학회 회장 선거에서 당선되어 긍정심리학을 회장 재임 기간의 연구 주제로 삼겠다고 발표했다. 이에 대해 에런라이크는 "셀리그먼이 심리학 전문가들 사이에서 주도권을 행사하기 이전까지 긍정적 사고는 학계에 발을 붙이지 못했다. 1950년대의 지식인들은 노먼 빈센트 필을 조롱했고, 그로부터 40년 뒤의 학자들은 필의 계승자들을 하루살이 대중문화 현상이나 싸구려 행상으로 취급했다"며 다음과 같이 말한다.

"하지만 셀리그먼이 조종간을 잡자 (그리고 각종 재단의 자금을 잔뜩 끌어들이기 시작하자) 존경받는 박사급 심리학자들이 낙천성 및 행복감을 건

강과 직업의 성공 같은 바람직한 결과와 연결시킨 학문적 저작들을 쏟아내기 시작했고, 그중 상당수는 신생 『행복연구저널Journal of Happiness Studies』에 게재되었다.……셀리그먼은 통속적인 긍정적 사고를 '사기'라고 비난하고 '10년 안에 실제로 효과가 있는 자기계발서들을 보게 될 것'이라고 약속했다."[43]

'모조 행복'이 판치는 '행복 공화국'

긍정심리학자들은 사람들을 부유하게 만들어준다고 장담하지도 않으며 부를 경멸하는 듯한 자세를 취하는 점에선 통속적인 긍정적 사고와 분명한 차이가 있지만, 닮은 점도 많다. 어떤 점이 닮았을까?

"긍정심리학자들은 코칭과 동기유발업계의 사촌들로부터 재빨리 전술을 차용했다. 그들은 제목에 '당신you'이나 '당신의your'라는 말이 들어가는 대중서를 잇달아 출판했다. 셀리그먼만 해도 『당신이 변화시킬 수 있는 것 그리고 변화시킬 수 없는 것』과 『진정한 행복: 영속적 성취를 위한 당신의 잠재력을 일깨우는 새로운 긍정심리학 기법』을 썼다. 그들은 코칭업에도 뛰어들었다. 셀리그먼의 경우 2005년까지 전화 상담으로 수백 명의 사람들을 코칭하면서 건당 2,000달러를 받았다. 또 수익을 목적으로 한 웹사이트를 만들어 '행복을 증대시키기 위한 월간 훈련'을 선전했다.……긍정심리학자들은 동기유발 산업의 전례를 따라 기업 시장으로도 손을 뻗쳤다."[44]

아무리 필과 거리 두기를 한다지만, 그래도 셀리그먼의 『진정한 행복』에 필의 이름이 등장하지 않을까? 그런 기대를 갖고 책을 읽었지만, 본문에선 필의 이름이 전혀 거론되지 않았다. 긍정심리학과 통속적인 긍정적 사고의 차이점을 설명하는 각주에서 필의 이름을 단 한 번 언급했을 뿐이다.[45]

그러나 긍정심리학자들과 필은 억만장자 투자자인 존 템플턴John Templeton, 1912~2008을 매개로 만나고 있다. 필의 숭배자였던 템플턴은 1954년에 세운 템플턴성장펀드Templeton Growth Fund의 글로벌 뮤추얼 펀드mutual fund 사업을 통해 억만장자가 된 사람이다. 그는 도박으로 예일대학 학비를 마련했는가 하면 세금을 안 내려고 1964년 미국 국적을 포기하고 바하마 국적과 영국 국적을 취득한 괴짜다.[46]

그는 템플턴 재단의 2004년 보고서에서 70년 전에 읽은 필의 『적극적 사고방식』에서 깨달음을 얻었다고 했다. 무슨 깨달음? "짧은 인생에서 내가 무엇이 되느냐 하는 것은 나의 정신적 태도에 달려 있다"는 것을 깨달았다는 것이다. 그는 『템플턴 플랜』, 『범세계적 인생 법칙』, 『삶의 법칙의 발견Discovering the Laws of Life』 등 여러 권의 자기계발서를 출간했다.

1994년에 출간한 『열정』은 필이 사망 직전 서문을 썼는데 그 글에서 필은 템플턴을 '우리 시대 기독교 교회의 가장 위대한 평신도'라고 극찬했다. 이 책에 추천사를 쓴 로버트 슐러Robert H. Schuller, 1926~ 목사는 필의 후계자라고 할 수 있는 성공학 전도사로, 두 사람은 28년의 나이 차이에도 서로 끌어주고 밀어주는 동지적 관계였다.

보수적 이념 싱크탱크로 활약하고 있는 템플턴 재단은 21세기 들어

10년 동안 셀리그먼의 긍정심리학센터에 220만 달러를 기부하고, 다른 긍정심리학 연구에도 130만 달러를 기부하는 등 긍정심리학과 통속적인 긍정적 사고 사이의 가교 역할을 충실히 해내고 있다.[47]

수많은 행복학 전도사의 노력 덕분에 미국은 '행복 공화국'이 되었지만, 그 정체는 좀 아리송하다. 로널드 드워킨은 2006년에 출간한 『모조 행복: '신행복계급'의 그림자Artificial Happiness: The Dark Side of the New Happy Class』에서 "'인위적으로 행복한 미국인들'이라는 하나의 새로운 계급을 형성하기에 충분할 정도로 지금 미국엔 인위적으로 행복한 사람들이 많이 존재한다"고 말한다.[48]

그는 이 책에서 불행을 치료해야 할 질환으로 간주하는 의사들과 행복이 종교의 사명인 양 행복 전도사 노릇을 하는 종교인들을 비판했다. 물론 필도 비판의 주요 대상이다. 그런 식의 맹목적 행복 추구는 삶의 근본적인 진실을 무시하거나 회피하게 만들며, 불행을 낳는 실망과 슬픔과 고통도 우리 삶의 불가피하거니와 필요한 요소들이라는 것이다.

사실 따지고 보면 드워킨의 행복론이 더 현실적이다. 1년 365일 내내 화창한 날씨만 계속되면 화창한 날씨가 무어 그리 대단하겠는가. 그와 마찬가지로 실망과 슬픔과 고통도 조금은 곁들여져야 행복의 기쁨도 커지는 게 아닐까? 실망과 슬픔과 고통으로 괴로워하는 사람들에겐 너무도 한가하고 배부른 소리일까? 그래서 세속적인 성공학과 행복학 책들이 늘 베스트셀러가 되는 걸까?

노먼 빈센트 필

나폴레온 힐

1883~1970

10

믿으면
정말 해낼 수 있는가?

나폴레온 힐의 인기

"조혜련이 케이블채널 tvN 〈스타특강쇼〉에서 추천한 자기계발서에 관심이 집중되고 있다. 한 포털사이트에는 조혜련의 연관 검색어로 '조혜련 추천책'이 뜰 정도로 화제다. 조혜련이 읽은 80개의 자기계발서 가운데 으뜸으로 뽑은 책은 『놓치고 싶지 않은 나의 꿈 나의 인생』이다. 개그우먼 조혜련뿐 아니라 작가 이지성 또한 『놓치고 싶지 않은 나의 꿈 나의 인생』를 읽고 자신의 대표작품 중 하나인 『꿈꾸는 다락방』를 집필했다고 밝힌 바 있다. 『놓치고 싶지 않은 나의 꿈 나의 인생』은 성공 철학의 거장 나폴레온 힐의 독특한 성공 철학을 집대성한 자기계발서로 많은 이들에게 꿈과 희망을 안겨주고 있다."[1]

"토종 브랜드인 카페베네를 정착시킨 주인공 김선권 카페베네 대표는 사업 아이디어에 대한 놀라운 집중력을 보여주는 경영자다.……김

대표가 품에서 종이 한 장을 꺼냈다. 그가 업무적으로 정리가 안 될 때 읽어보는 문구들이 적혀 있었다. '끝도 없이 겸손해야 하는 게 내 운명이다', '인간은 자신의 의지로 모든 것을 변화시킨다'는 내용이었다. 그가 여러 번 읽었다는 나폴레온 힐이 쓴『놓치고 싶지 않은 나의 꿈 나의 인생』이라는 책의 중간중간에도 굵은 밑줄이 그어져 있었다."[2]

조혜련, 이지성, 김선권 외에도 여러 유명인사가 나폴레온 힐Napoleon Hill, 1883~1970의 책을 '내 인생 최고의 책'으로 여기거나 탐독한다고 밝힌 바 있다. 목사님들도 이 책을 즐겨 인용한다. 예컨대, 강남교회 김성광 목사는 이 책에 대해 다음과 같이 말한다.

"우리가 성공한 사람들과의 만남을 직접 경험할 수 없다면, 이렇게 책을 통해 읽고 연구함으로써 그들의 성공 전략과 모범적인 삶의 태도를 간접적으로 배우고 익히는 것도 훌륭한 경험이 될 수 있습니다. 성공한 친구를 사귀십시오. 그리고 성공한 친구에게 점심을 사십시오. 적극적으로 조언과 지혜를 구하십시오. 내 주위에서 성공한 친구를 만나기 어렵다면 성공한 사람들의 책을 읽으십시오. 그들의 경험과 성공하는 방법을 배우십시오. 성공을 향한 지름길이 바로 여기에 있습니다."[3]

힐은 조용기 목사의 설교에도 등장한다. "성공학으로 유명한 나폴레온 힐은 이렇게 말했습니다. '성공의 가장 무서운 적은 우유부단, 의심, 두려움입니다. 의심과 두려움에 사로잡혀 있는 한 우유부단할 수밖에 없고, 우유부단하면 다시 의심을 구체화시켜 두려움을 더욱 크게 만듭니다. 더욱이 이러한 것들은 우리가 잠깐 방심하는 사이에 자라기 때문인 것입니다.' 우리가 의심과 두려움을 가지면 마음이 결정을 못합니다.

이것이냐 저것이냐 결정하지 못하고 중간에 서서 좌왕우왕합니다. 의심과 두려움은 내버려놓으면 우후죽순같이 자랍니다. 완전히 의심과 두려움에 포로가 되는 것입니다."[4]

힐은 참으로 행복한 저자인 셈이다. 도대체 어떤 책이길래 그런 영예로운 대접을 받는 걸까? 세계적으로 수천만 부가 팔려나간 힐의 책이 쓰이게 된 계기는 1908년 가을로 거슬러 올라간다.

'철강왕' 앤드루 카네기와의 만남

버지니아주 남서부의 와이즈 카운티Wise County라고 하는 산골마을에서 가난한 대장간집의 아들로 태어난 힐은 9세 때 어머니를 잃었지만, 어머니가 들려주었던 "너는 틀림없이 역사에 이름을 남길 위대한 작가가 될 거야"라는 말을 가슴 깊이 새기고 있었다. 힐은 13세 때부터 동네 신문기자로 활약했으며, 법대에 진학하기 위한 돈을 마련하기 위해 작은 언론사에서 기자로 일하다가 뜻밖의 길을 걷게 되었다.

힐은 1908년 가을 당대 최고의 부호인 '철강왕' 앤드루 카네기Andrew Carnegie, 1835~1919를 인터뷰할 수 있는 행운을 갖게 되었는데, 이게 바로 그의 인생의 결정적 전환점이 되었다. 카네기는 25세의 이 올챙이 기자를 자신의 피츠버그 자택으로 초대해 사흘 동안 연속해서 만남을 가졌다.

힐이 카네기에게 성공의 비결을 물었다. 카네기는 눈을 반짝이더니 이렇게 반문한다. "그래, 젊은이! 질문에 대답하기 전에 묻고 싶은 게 있다네. 대체 '성공'이란 뭐란 말인가? 자네가 정의해줄 수 있겠나?" 힐이 당황하는 기색을 보이자 카네기는 "내가 벌어들인 돈을 보고 성공했다고 말하고 싶은 거겠지?"라고 다시 묻는다. 힐이 그렇다고 시인하자, 카네기는 이런 이야기를 들려준다.

"음, 그게 자네가 말하는 성공의 의미라면, 내가 돈을 어떻게 벌었는지 그게 궁금하다면 말해주지. 우리 사업체에는 마스터 마인드라는 게 있는데 회사의 감독자, 경영진, 회계, 실험실 연구원, 그리고 다른 여러 사람들로 이루어진 마음이지. 조직에 속해 있는 한 사람만으로는 이 마음이 생기지 않고 전 조직원의 마음이 조화로운 협력의 정신으로 확실한 목표를 향해 협력되고 조직되고 이끌어질 때 돈을 벌어다주는 힘이 생기는 거지. 그룹에 속한 사람 중에는 똑같은 사람이 한 사람도 없지만, 그룹 속에서 개개인은 주어진 일을 해내고 다른 어떤 사람보다 그 일을 잘해내게 되는 거라네."[5]

사흘간에 걸친 인터뷰를 가지면서 카네기는 힐이라는 젊은이가 마음에 들었던 모양이다. 그래서 힐에게 전 세계의 많은 사람을 위해 성공의 비결을 전하는 작업을 적어도 20년 이상 계속할 생각이 있는지 묻는다. "그렇지만……." 힐의 의중을 눈치챈 카네기는 이렇게 말한다. "20년간 나는 당신에게 한 푼도 지불하지 않을 것이오!" 카네기가 제안한 일을 하기 위해선 먹고사는 문제가 해결되어야 한다. 그래서 힐은 "그렇지만……"이라고 한 건데, 카네기는 먹고사는 문제는 스스로 해결하라는 게 아닌가.

힐은 당혹해하면서도 결국 카네기의 제안을 수락하고 말았다. 카네기는 힐에게 한 푼도 줄 수 없는 이유를 나중에서야 이야기해주었다는데,

그 이유인즉슨 이렇다. "나는 성공의 노하우를 당신에게 직접 가르쳐주었다. 게다가 성공한 많은 사람과 그 방면의 대가와 당신은 앞으로 오랜 세월 서로 협력하게 될 것이다. 그런데도 당신이 성공 못할 이유가 있겠는가?"

실제로 힐은 큰 성공을 거두었다. 힐은 이렇게 말한다. "사실 그 후로 나는 학교 운영이나 컨설턴트 분야에서 착실히 신용을 쌓아간 결과 사람들로부터 대부호라는 소리를 듣게 되었다.……카네기는 또한 이 비결을 공립학교는 물론 대학에서도 가르칠 필요가 있다고 말했다. 그렇게 하면 지금까지의 교육 기간은 절반 이하로 줄어들게 될 것이며 교육제도에 커다란 개혁을 불러일으킬 것이라 확신했다."[6]

20년 만에 완성한 『성공의 법칙』

카네기의 제안은 구체적으로 성공한 사람 507명을 인터뷰해 그들의 성공 방정식을 알아내보라는 것이었는데, 이를 위해 카네기가 힐에게 도움을 준 것은 소개장이었다. 카네기는 '자동차왕' 헨리 포드Henry Ford, 1863~1947에게 소개장을 써주고, 포드는 '전화왕' 알렉산더 그레이엄 벨Alexander Graham Bell, 1847~1922, '발명왕' 토머스 에디슨Thomas Edison, 1847~1931 등에게 소개장을 써주는 식으로 꼬리물기 인터뷰가 이어졌다.

힐은 카네기와 약속한 지 정확히 20년 후인 1928년 전8권으로 된 『성공의 법칙The Law of Success』이라는 책을 출간했다. 카네기는 이미 9년 전에 사망했지만, 힐은 카네기와의 약속을 동력 삼아 20년간 성공학에 몰두한 끝에 그 나름의 대작을 내놓은 것이다. 그는 카네기가 원했던 수준 이상의 작업을 통해 '성공학 전도사'의 입지를 탄탄히 굳힐 수 있었다. 1930년대 대공황 시절엔 프랭클린 루스벨트Franklin D. Roosevelt, 1882~1945 대통령의 보좌관으로 일하는 등 정관계에도 영향력을 미치는 유명인사가 되었다.

힐의 성공학 전도는 일방적인 설교는 아니었다. 그는 미국 전역의 도시들을 돌면서 성공학을 강의할 때에 수강생들의 반응을 알기 위해 조수들을 청중 속에 함께 섞여 강의를 듣도록 했고, 이를 통해 강좌가 청중에 미치는 영향을 알아내고 수정하고 보완해나갔다.[7]

일반 독자들에게 8권이나 되는 책을 다 읽으라는 건 아무래도 무리라는 생각이 들었기 때문일까? 힐은 『성공의 법칙』의 보급판 집필에 착수해 1937년 『생각하라! 그러면 부자가 되리라Think and Grow Rich』를 출간했다.[8] 이 책의 한국어 번역판 제목이 바로 앞서 언급한 『놓치고 싶지 않은 나의 꿈 나의 인생』이다.

힐의 성공학은 어떤 내용인가? 한마디로 압축하라면, 그건 바로 '상상력'이다. 『성공의 법칙』의 서문을 보자. "상상은 사용할수록 개발되고 확장된다. 이것이 사실이 아니라면 이 저술도 불가능했을 것이다. 결국 이 책도 앤드루 카네기와의 취재 중 그가 우연히 던진 한마디에서 내가 얻은 영감靈感으로부터 비롯된 '상상'의 산물이기 때문이다. 여러분이 어디에 있고 어떤 사람이고, 어떤 직업에 종사하든 상상력의 개발과 사용을 통해 더 생산적인 방법으로 더욱 유용한 존재가 될 수 있다."[9]

힐은 상상력의 성공적 적용 사례로 로터리클럽Rotary Club을 들었다.

"로터리클럽이 존재하게 된 것도 잠재적 고객을 발굴하여 법률 업무를 확장시키는 방법을 모색하던 시카고의 폴 해리스Paul Harris, 1868~1947의 풍부한 상상력에서 비롯되었다. 법조계에서는 윤리적인 이유로 광고를 하지 못하게 되어 있었으나 폴 해리스의 상상력 덕분으로 일반적인 광고를 통하지 않고 법률 업무를 늘어나게 하는 방법을 생각하였다. 지금 운명의 바람이 당신에게 역풍일지라도 상상력을 사용하면, 오히려 불리한 상황을 반전시켜 여러분의 명확한 목표를 더 쉽게 이룰 수 있다는 것을 기억하라. 연은 바람과 함께 나는 것이 아니고 바람을 타고 나는 것이다."[10]

힐의 책을 읽다 보면 '상상력'이 '불타는 욕망'과 동의어로 쓰이고 있다는 걸 알 수 있다. 우선 이게 있어야 그다음의 진도를 나아갈 수 있지 않겠는가. 힐은 이 책에서 얻을 수 있는 '성공을 위한 15가지 법칙'으로 명확한 중점 목표, 자기 확신, 저축하는 습관, 솔선수범과 리더십, 상상력, 열정, 자제력, 보수보다 많은 일을 하는 습관, 유쾌한 성품, 정확한 사고, 집중력, 협력, 실패로부터의 교훈, 인내, 황금률(인간 행위의 보편적 법칙)의 이행 등을 제시한다.

"믿어라! 당신은 해낼 수 있다!"

가장 주목할 만한 주장은 '교육' 개념의 재정의다. 그는 "'교육'이란 단어의 해석에는 오랜 기간 부적절한 정의가 유포되고 있었다. 사전 또한 이러한 오해의 여지를 제거하는 데 하등 도움이 되지 못했는데, 사전

은 교육을 '지식을 전하는 행위'로 규정하고 있기 때문이다"며 다음과
같이 말한다.

"'교육하다'라는 단어의 어원은 라틴어인 'educo'에 있다. 그 의미는
'내부로부터 개발해낸다'는 뜻이다. 따라서 끌어내다, 이끌어내다, 추출
하다, 자라다 등의 의미를 지닌다.……소위 '배웠다'는 사람들은 사실상
그들이 '교육된' 사람의 축에 끼지도 못한다는 사실이 다소 충격적일 수
있다. 또한 자신은 '배운' 것이 없다고 생각하는데 누구보다 잘 '교육된'
사람이라는 것을 알게 되면 그 사람 역시 놀라게 될 것이다."[11]

자신의 교육을 위해선 우선적으로 자신을 알아야 하기 때문에 자신에
관한 진실을 직면하는 게 꼭 필요하다. 얼른 생각하면 쉬운 일 같지만,
결코 쉽지 않은 일이다. 힐은 "누구나 자기 인생에 영향을 미치는 진실
을 알고자 하는 것은 아니다. 내가 연구 활동을 하는 와중에 많은 사람
을 만나면서 발견한 사실은 소수의 사람만이 자신의 약점을 받아들이고
진실을 받아들이려 한다는 것이다. 사람들은 실상實像보다는 허상虛像을
더 좋아한다!"며 다음과 같이 말한다.

"우리는 조상 대대로 전해져 내려온 신념이나 편견이 교란되는 것을
꺼린다. 성숙했다고 하는 우리도, 동면에 들어간 동물처럼 고대 물신숭
배와 같은 오래된 관습에 의존한다. 만약 새로운 아이디어가 침입하면
동면을 방해받은 우리는 으르렁거리면서 겨울잠에서 깨어난다.……정
신의 타성만큼 끔찍한 것은 없다. 몸이 게으른 사람의 숫자가 훨씬 많고
정신적인 게으름에는 두려움이 자리 잡게 마련이다."[12]

진실을 직면하고 신념의 교란까지 수용할 뜻이 있다면, 다음으로 필

요한 것은 '인생의 명확한 중점 목표'다. 힐은 "지난 14년간 16,000명의 분석을 통해 도출된 사실 가운데 가장 놀라운 것은 실패자로 분류된 95%의 사람들은 '인생의 명확한 중점 목표'가 없었기 때문에 이런 부류에 속하게 되었다는 것이다"며 다음과 같이 말한다.

"이와 반대로 성공한 사람으로 분류된 5%는 목표가 명확했을 뿐 아니라 그들의 목적을 달성하기 위한 확실한 계획도 있었다는 점이다. 분석을 통해 얻어진 또 다른 중요한 사실은 실패자로 분류된 95%의 사람들은 자신이 원하지 않는 일에 종사하고 있었고, 나머지 5%는 자신이 원하는 일을 하고 있다는 현실이었다. 이런 사실로부터 '자신이 원하는 일을 하면서 성공할 수 있을까?' 하는 것은 괜한 의심임이 증명되었다. 또 다른 사실은 5%에 해당하는 사람 모두가 체계적인 저축의 습관을 형성하고 있었고 나머지 95%의 사람들은 거의 저축을 하지 않았다는 점이다. 이는 심각하게 숙고해야 할 여지가 있는 문제이다."¹³

그다음으로 필요한 건 행동인데, 힐이 이 책에서 강조하고자 하는 성공의 원리는 결국 3단계로 요약될 수 있다. "우선적으로 '불타는 욕망'이 있어야 하고 다음으로 그 욕망을 '명확한 중점 목표'로 구체화시켜야 하며 마지막으로 그 목표를 달성하기 위해 충분하고도 적절한 '행동'을 취해야 한다. 반복하지만 성공을 이루기 위해 이 세 단계는 반드시 거쳐야 할 필수요건인 것이다."¹⁴

이 책의 각 장 제목은 "믿어라! 당신은 해낼 수 있다!"로 시작한다. 왜 그렇게 한 걸까? "이 문장은 성경이 주는 가르침 중 가장 실용적이고 중요한 전제가 되는 문장이다. '믿음'이란 글자에 강조가 되어 있다. 이 단어의 의미를 되새겨보자. '믿음'이란 당신이 잠재의식으로 보내는 암시에 힘을 실어준다." 그래서 이런 결론이 가능해진다. "실패란 존재하지 않는다. 우리 눈에 보이는 건 실패가 아니라 일시적인 고난일 뿐이다. 그 일시적인 것을 영원한 것으로 만들지 마라."[15]

'인빅터스의 정신'을 가지라

비슷한 내용의 반복이긴 하지만, 『성공의 법칙』의 보급판으로 나온 『생각하라! 그러면 부자가 되리라』의 면면도 살펴보자. 힐은 자신의 책을 읽을 주요 독자들이 실패와 좌절에 시달렸을 사람들이라는 걸 염두에 두고 이런 강력한 위로의 메시지를 던진다.

"어느 경우든 성공을 거둘 때까지의 인생은 절망과 좌절의 반복이다. 일시적인 패배에서 모든 것을 단념하기란 매우 간단한 일이며, 더욱이 좌절에 그럴듯한 변명을 다는 것은 그다지 어렵지 않다. 대부분의 사람이 일시적인 패배로 곧 소망을 포기하고 마는 이유다. 성공한 미국인에 드는 500명이 들려준 이야기의 공통점은 '위대한 성공이라는 것은 사람들이 패배의 투구를 벗은 시점에서 불과 얼마 지나지 않았을 때 찾아온다'라는 것이다. 실패는 마치 사기꾼처럼 교활하고 약다. 성공이 가까이 왔을 때 우리에게 필요한 것은 이 사기꾼에게 현혹되지 않는 명민한 지혜다."[16]

위로와 격려의 메시지는 실화일수록 더욱 강력하게 다가오는 법이다. 이 점에 관한 한 독보적인 인물이 이미 존재하고 있다. 영국 시인 윌리엄 어니스트 헨리William Ernest Henley, 1849~1903다. 17세 때에 골관절 결핵으로 다리 하나를 잃은 뒤에도 꿋꿋하게 살면서 26세 때인 1875년에 쓴 시 「인빅터스Invictus(천하무적)」는 그간 실패와 좌절에 빠진 사람들에게 얼마나 큰 희망과 용기를 안겨 주었던가.[17]

"나를 감싸고 있는 밤은 구덩이 속 같이 어둡다/어떤 신에게라도 정복되지 않는 영혼을 내게 주심에 나는 감사하리라/가혹한 상황의 손아귀에서도 나는 움츠러들거나 소리 내어 울지 않으리/운명의 막대기가 날 내려쳐/내 머리가 피투성이가 되어도 나는 굽히지 않으리/분노와 비탄 너머에/어둠의 공포만이 거대하고/절박한 세월이 흘러가지만/나는 두려움에 떨지 않으리/지나가야 할 문이 얼마나 좁은지/얼마나 가혹한 벌이 기다릴지는 문제되지 않는다/나는 내 운명의 주인이며/나는 내 영혼의 선장이다."[18]

힐은 독자들에게 '인빅터스의 정신'을 가지라고 권한다. "'나야말로 내 운명의 지배자이며 내 영혼의 선장이다.' 영국의 시인 헨리가 쓴 이 시는 모든 사람에게 공통되는 진리를 담고 있다. 그것은 자신만이 자기의 사고를 조절하는 힘을 가지고 있기 때문이다."[19]

자기의 사고를 조절하는 힘, 그것이 바로 힐의 트레이드 마크라 할 '긍정적인 정신 자세'다. PMAPositive Mental Attitude라고도 한다. "긍정적인 정신 자세PMA는 희망을 품게 해주며 절망과 좌절을 이겨내도록 도와준다. 긍정적인 정신 자세를 익히면 건전하고 생산적인 마음 상태를 유지할 수 있으며, 자신이 인생에서 원하는 일들을 할 수 있을 것이다. PMA 프로그램을 '나는 할 수 있다. 나는 할 것이다' 철학으로 부르는 것도 놀라운 일은 아니다."[20]

독자들을 확실하게 이해시키기 위해 다시 여러 역사적 전문가가 동원된다. "영국의 작가 존 밀턴은 300년 전에 이미 다음과 같은 진리를 발견했다. '마음은 자신의 터전이니라. 그 안에서 지옥에 천국을, 천국에 지옥을 만들 수 있다.' 나폴레옹이나 헬렌 켈러도 밀턴의 이 말을 실증하고 있다. 나폴레옹은 모두가 열망하는 명예와 권력, 부귀를 누릴 수 있었으나 세인트헬레나에서 '나의 일생에는 행복했던 날이 단 엿새에 불과했다'라고 말했다. 내가 반세기의 생애에서 무엇인가 배운 것이 있다면 '인간에게 행복을 주는 것은 자기 자신밖에 없다'는 것이다."[21]

'잠재의식 속이기'를 위한 '자기암시'

힐이 가장 즐겨 인용하는 전문가는 '응용심리학의 최고 권위자'인 윌리엄 제임스William James, 1842~1910다. "행동은 감정에 따르는 것처럼 생각되지만, 실제로 행동과 감정은 동시에 움직일 수 있다. 의지의 직접적인 지배하에 없는 감정을 간접으로 규제할 수가 있다. 그래서 쾌활한 감정을 잃었을 경우 자력으로 그것을 회복하는 좋은 방법은 쾌활한 감정을 가지고 쾌활함을 되찾고자 하는 것처럼 유쾌하게 말하고 행동하는 것이다."

제임스의 이 발언에 근거해 힐은 "바꿔 말해 우리는 단지 결심한 것만으로는 우리들의 감정을 즉석에서 바꿀 수 없지만 행동을 바꿀 수는 있으며, 행동을 바꾸면 자동적으로 감정이 바뀐다"며 이렇게 주장한다.

"행복해지려면 행복한 듯이 행동해야 한다, 새로운 사고를 통해 새로운 행동에 이를 수 있듯이 새로운 행동을 통해 새로운 사고에 이를 수 있다. 열정적인 사람이 돼라. 열정적이 되면 열정적으로 행동하게 된다. 미소를 지어라. 자신에게. 그리고 세상을 향해. 그러면 당신이 굳이 거기에 정신을 집중하지 않아도 저절로 나타날 내면의 기쁨과 열정을 체험할 것이다."[22]

힐은 심지어 '잠재의식 속이기'라는 해법까지 제시한다. "당신이 무슨 일에건 부정적인 사고방식을 갖고 있거나, 나는 안 된다는 잠재의식을 가지고 있는 경우에는 자신의 잠재의식을 속일 필요가 있다."[23] 힐은 잠재의식을 움직이는 자기암시autosuggestion의 중요성도 강조하는데, 그가 제시하는 방법은 3가지다. "첫째, 밤에 잠들기 전에 당신이 쓴 암시의 말을 소리 내어 읽는다.……둘째, '암시의 말'이 마음속에서 완전히 당신의 것으로 될 때까지 아침저녁으로 반복하여 읽는다. 셋째, 벽이나 천장, 화장실, 책상 등 눈에 잘 띄는 곳에 '암시의 말'을 붙여두고 항상 당신의 마음을 자극한다."[24]

이런 행동이 매우 바보스럽다고 생각할 사람들을 위해 '인빅터스의 정신'이 강조된다. "그러나 아무리 창피해도 기세가 꺾여서는 안 된다. 주저하지 마라. 물러서지 마라. 그냥 충실히 용기를 갖고 해보자. 누가 뭐라고 말해도 상관하지 마라. 당신이 열정을 갖고 순수한 마음으로 이 가르침을 실행해간다면, 지금까지 당신을 속박하고 있던 고정관념이라는 그물이 풀리고 껍질이 깨져 다시 태어난 기분으로 변화될 것이다."[25]

힐이 역설하는 자기암시의 원조는 프랑스의 에밀 쿠에Émile Coué,

1857~1926다. 쿠에는 약사로 일하면서 플라세보 효과placebo effect를 실감한 것이 계기가 되어 자기암시 전문가가 되었는데,²⁶ 1920년 그간의 경험을 바탕으로 영국에서 『의식적인 자기암시를 통한 자기 정복Self-Mastery through Conscious Autosuggestion』을 출간했다.

의지나 의식보다는 무의식의 힘을 강조한 쿠에의 자기암시법은 쿠에이즘Couéism 또는 쿠에법Coué method으로 불렸는데, 쿠에이즘의 핵심은 이런 주문 공식을 반복해서 말하는 것이다. "모든 면에서 나는 나날이 점점 좋아지고 있다Every day, in every way, I'm getting better and better." 예컨대, 무언가 생각이 안 날 때 "아, 죽어도 생각이 안 나네"라고 말할 게 아니라, "걱정할 필요 없어. 곧 생각날 거야"라고 자기 자신에게 말하면 생각이 날 가능성이 훨씬 높아진다는 것이다.²⁷

이 책을 미국에서 1922년에 출간한 쿠에는 1923년 미국을 방문해 낙관적인 메시지를 전하며 미국인들을 흥분시켰다. 그가 방문한 지 몇 개월도 되지 않아 수백만 명의 미국인들이 그의 주장처럼 스스로 추켜올린 뒤 쿠에의 주문 공식을 계속 반복했다. "모든 면에서 나는 나날이 점점 좋아지고 있다." 힐은 물론 데일 카네기Dale Carnegie, 1888~1955, 노먼 빈센트 필Norman Vincent Peale, 1898~1993, 클레멘트 스톤W. Clement Stone, 1902~2002, 로버트 슐러Robert H. Schuller, 1926~ 등 미국의 성공학 전도사들도 쿠에이즘을 받아들여 자신들의 성공학에 도입했다. 사회학자 데이비드 리스먼David Riesman, 1909~2002은 힐의 저서 『생각하라! 그러면 부자가 되리라』의 핵심 개념을 '경제적 쿠에이즘'이라고 불렀다.²⁸

'17가지 성공 원칙'

힐은 이렇듯 정신 자세에서부터 자기암시에 이르기까지 기초 작업을 끝낸 후 17가지 성공 원칙을 제시한다. ① 분명한 목표를 세워라. ② 마스터 마인드 원리를 활용하라. ③ 사람의 마음을 끄는 매력적인 성품을 계발하라. ④ 신념을 가져라. ⑤ 보상을 생각하지 말고 일하라. ⑥ 계획적인 노력을 아끼지 마라. ⑦ 창조적인 상상력을 계발하라. ⑧ 자제력을 연마하라. ⑨ 조직적인 사고를 하라. ⑩ 실패를 통해 배워라. ⑪ 영감을 찾아라. ⑫ 집중력을 키워라. ⑬ 황금률을 적용하라. ⑭ 협력하라. ⑮ 시간과 돈을 계획적으로 활용하라. ⑯ 건강을 지키는 습관을 길러라. ⑰ 신비한 습관의 위력을 체험하라.

힐은 이 17가지 성공 원칙을 자신의 사부라 할 카네기가 바로 옆에서 설명해주는 것처럼 생생한 느낌이 들도록 문답식 대화체로 서술한다. 몇 가지 문답 내용을 감상해보자.

힐　성공의 열일곱 가지 원리 중 첫 번째로 명확한 목표를 꼽은 이유는 무엇입니까?

카네기　명확한 목표는 성공에 꼭 필요한 요소입니다. 자기가 무엇을 원하는지 모르는데 성공할 수 있을까요? 98퍼센트의 사람이 목표 없이 실패자로 살아간다는 사실에 주목하십시오. 명확한 목표를 지니고 하루하루를 살아가십시오. 목표를 습관화화지 않는 사람은 표류하는 인생으로 살아갈 것입니다.[29]

힐 성공의 두 번째 원리로 마스터 마인드Master Mind를 말씀하셨는데, 마스터 마인드의 정의를 내려주시겠습니까?

카네기 마스터 마인드는 '명확한 목표를 달성하기 위해 완벽하게 조화를 이룬 둘 혹은 그 이상의 마음의 결합'을 말합니다.

힐 목표를 명확히 하는 것으로는 충분하지 않다는 말씀입니까?

카네기 인생의 목표를 이루기 위해 마스터 마인드 멤버와 연합해서 완벽한 조화를 이뤄야 최상의 결과를 얻을 수 있다는 말입니다. 마스터 마인드 멤버들에게 공감과 조화를 얻어내지 못하면 성공의 기회를 놓치고 맙니다. 협력을 약속하는 사람들을 모을 수는 있습니다. 하지만 중요한 것은 어떤 사람이 보였느냐 하는 겉모습이 아니라, 멤버들 간의 마음가짐입니다. 그러므로 마스터 마인드를 구성하기에 앞서 리더와 멤버 모두 완벽한 조화를 이뤄야 합니다.[30]

힐 비록 정규 교육은 받지 못했다 하더라도 다른 사람의 지식을 이용하면 얼마든지 성공할 수 있다는 뜻인가요?

카네기 그렇습니다. '나는 많이 배우지 못했으니 실패하는 게 당연하다', '나는 많이 배웠으니 성공할 수 있다'는 말은 변명에 불과합니다. '아는 것이 힘이다'라고 말하지만, 그건 반쪽짜리 진리에 불과합니다. 여기서 지식이란 잠재력을 말하는 것으로, 명확한 행동에 의해 표현됐을 때만 힘이 될 수 있으니까요. 지식의 소유와 '배우다being educated'라는 말에는 차이가 있습니다. 'educate'란 단어는 라틴어 'educare'에서 나온

나폴레온 힐

말로 '끌어내다, 발전시키다, 계발하다'라는 뜻이 있습니다. 결코 지식의 소유나 습득을 가리키는 말이 아니죠.[31]

힐 누구든 성공적인 리더가 될 수 있습니까?

카네기 결코 그렇지 않습니다. 리더가 되길 열망하는 사람이 얼마나 적은지 아신다면 깜짝 놀라실 겁니다. 리더십에 따르는 책임을 좋아하지 않는 사람이 많으니까요. 또한 성공적인 리더십에 도달하려는 특별한 노력을 기울일 포부가 부족하기도 하고요.[32]

힐 자제력은 습관의 형성에 있어 꼭 필요한 요소군요.

카네기 자제력과 조직적인 사고는 동의어입니다. 자제력 없이 조직적인 사고는 불가능하니까요. 결국 조직적 사고란 신중히 선택된 생각에 불과합니다. 생각하는 습관은 엄격한 자제력을 가져 형성됩니다. 동기와 열망이 강할수록 강력한 자제력이 요구됩니다. 하지만 목표가 분명한 사람은 생각하는 습관을 갖는 데 별 어려움을 느끼지 않을 겁니다.[33]

힐 자신에게 도움이 될 만한 사람하고만 교제한다는 것은 너무 이기적인 생각이 아닌가요?

카네기 그럴지는 몰라도 성공하는 데는 필수 요소입니다. 자신이 받는 만큼 다른 사람에게 베푼다면 그러한 습관이 이기적이라고 생각하지 않습니다.[34]

성공과 행복의 방정식

힐의 사망 직후 출간된 『당신 안의 기적을 일깨워라You Can Work Your Own Miracles』(1971)는 다시금 "정신 자세가 모든 것이다"고 선언한다. "정신 자세는 세일즈맨의 씨실이며 날실이다. 상품을 파는 사람이든 서비스를 파는 사람이든 세일즈맨에게 반드시 필요한 것이 긍정적 정신 자세이다. 부정적 정신을 가진 세일즈맨은 아무것도 팔지 못한다. 그에게 무엇인가를 사고 싶은 사람에게 주문을 받을 수야 있겠지만 실질적인 판매가 있었던 것은 아니다. 그저 일방적인 사는 행위가 있었을 뿐이다."**35**

힐은 "긍정적인 정신 자세는 삶에서 원하지 않는 것을 떨쳐내고 대신에 상황을 끊임없이 원하는 방향으로 끌어가려는 의지"라고 단언한다. "그러나 대다수의 사람은 두려움과 근심에 사로잡힌 채 살아가기 때문에 삶 자체가 그런 식으로 변해가는 악순환을 맞는다. 그런데 이런 사람들은 자신에게 닥친 불행을 다른 사람의 탓으로 돌린다. 부정적인 정신 자세 때문에 스스로 자초한 불행인데도 말이다."**36**

실패와 좌절을 겪고 성공을 갈망하는 사람들에겐 모두 다 좋은 이야기임이 틀림없다. 그래서 오늘날까지도 힐의 책들이 꾸준히 읽히고 있는 게 아니겠는가. 『생각하라! 그러면 부자가 되리라』는 데일 카네기의 『친구를 얻고 사람을 움직이는 방법How to Win Friends and Influence People』(1936)이 출간된 지 1년 만에 나왔는데, 이 두 책이 역대 성공학 책들 중 대표작으로 꼽히는 건 대공황의 타격을 받은 1930년대의 절박함이 그 양상만 달리한 채 오늘날까지도 지속되고 있기 때문이 아닐까?

힐은 성공학을 철학의 수준으로까지 격상시키고 싶었던지, 1952년부터 자신의 강연에 '성취의 철학The Philosophy of Achievement'이라는 제목을 붙였다. 그는 인생 말년에 자수성가한 억만장자인 클레멘트 스톤을 만나 의기투합하더니, 77세이던 1960년 스톤과 공저로『긍정적 정신 자세에 의한 성공Success Through a Positive Mental Attitude』이라는 책을 출간했다. 오늘날에도 널리 유통되고 있는 이른바 PMAPositive Mental Attitude 프로그램을 완성한 것이다. 또 다른 성공학 전도사인 노먼 빈센트 필은 이 책에 대해 두 사람에게 많이 배우고 있다며 호의적 서평을 쓰기도 했다.[37]

이 PMA는 스톤이 창업한 컴바인드 인슈어런스Combined Insurance Company of America라는 보험회사의 판매 훈련에서 잘 구현되고 있다. 1987년 이 보험회사의 판매 훈련 과정을 참관한 사회학자 로빈 레이드너Robin Leidner에 따르면, 참가자들에게는 "승리자의 성격을 개발하라"는 식의 슬로건이 계속 제시되었다. 레이드너는 "그런 슬로건에는 개인의 성격이 성공을 부르짖기 위해 개조해야 할 대상이라고 여기게끔 하려는 의도가 분명히 엿보인다"고 평가했다.[38] 이런 '승리자의 성격' 개발 프로그램은 오늘날 대부분의 기업들이 영업사원 교육에서 활용하고 있는 것이다.

힐이 5년 연상이긴 하지만, 힐과 데일 카네기는 비슷한 시기에 성공학 전도사로 사실상 라이벌 관계일 수밖에 없었다. 한 해 전에 나온 카네기의 책을 능가해야 한다는 생각 때문이었는지는 모르겠지만 힐의 성공 방정식은 카네기의 그것에 비해 더 공격적이다. 성공학에 대해 비판적 자세를 갖고『아부의 기술』이란 책을 쓴 저널리스트 리처드 스텐걸

Richard Stengel은 힐이 카네기보다 '요란한 마술적 공식'을 제시했다며 다음과 같이 말한다.

"힐은 부와 가난, 성공과 실패의 '바이브레이션'을 전달하는 우주적인 에테르가 있는데, 적극적 사고로 올바른 바이브레이션을 끌어당기는 요령을 배워야 한다고 주장했다. 나아가 독자들에게 적어도 하루에 한 번씩 눈을 감고 20여 분에 걸쳐 돈에 집중해야 한다고 조언한다."[39]

역사학자 크리스토퍼 래시Christopher Lasch, 1932~1994는 『나르시시즘의 문화Culture of Narcissism』에서 힐의 『생각하라! 그러면 부자가 되리라』를 거론하면서 과거 돈에 따라붙던 윤리적 원칙은 사라졌으며, 돈에 대한 사랑 자체가 대접받고 성공 그 자체가 목적인 시대로 변화했다고 진단한다.[40]

사회운동가 겸 작가인 바버라 에런라이크Barbara Ehrenreich는 『긍정의 배신: 긍정적 사고는 어떻게 우리의 발등을 찍는가』에서 힐의 『생각하라! 그러면 부자가 되리라』를 '1930년대 긍정적 사고의 교과서'로 평가하면서 과도한 긍정의 위험과 배신을 지적한다.[41]

이런 진단들에 일면 동의하면서도, 힐과 데일 카네기의 성공학을 배금주의拜金主義라고 하는 체제에 대한 냉소주의적 표현으로 볼 수도 있지 않을까 하는 생각도 든다. 지식인도 아니고 언론인도 아니고 운동가도 아닌 보통 사람에게 배금주의 비판은 옳고 그름의 차원을 떠나 영 어울리지 않는다. 처량한 넋두리거나 비겁한 현실도피로 여겨지는 게 현실이다. 게다가 쓰라린 실패를 겪고 장래가 막막한 상황이라면, 자신의 마음을 다잡고 의지를 불태우기 위해 도움이 된다면 하루에 한 번씩 아니열 번이라도 눈을 감고 20여 분, 아니 2시간이라도 돈에 집중하지 않을 이유가 무엇이란 말인가?

물론 문제는 그 이후일 것이다. 믿으면 정말 해낼 수 있는가? 해낼 수 있는 사람도 있겠지만, 해낼 수 없는 사람들이 훨씬 많다는 건 분명한 사실이다. 그런 점에서 힐의 '성공 방정식'은 결코 방정식은 아니다. 물론 해내지 못하는 사람에겐 믿음이 부족했기 때문이라는 답을 제시할 수 있겠지만, 그건 득도得道를 하라는 말과 무엇이 다르랴. 그럼에도 힐의 책을 통해 '부정'을 떨쳐내고 '긍정'을 회복해 행복해질 수 있다면, 그것이 일시적이라 한들 그 이전 상태보다 나빠질 게 무엇일까 하는 생각도 든다. 과유불급過猶不及의 원칙만 지킨다면 말이다. 성공과 행복의 방정식이라는 게 있다면, 그건 과유불급이 아닐까?

주

머리말

1 「Self-help」, 『Wikipedia』.
2 이상균, 「직장인 10명 중 7명, "나는 '강박증' 환자(?)"」, 『서울파이낸스』, 2007년 8월 16일.
3 남혜정, 「불안한 직장인들…10명 중 9명 '자기계발 강박증'」, 『세계일보』, 2016년 9월 20일.
4 오찬호, 『우리는 차별에 찬성합니다: 괴물이 된 이십대의 자화상』(개마고원, 2013), 39쪽.
5 이숙진, 「자기계발이라는 이름의 종교: 코칭프로그램의 자기테크놀로지를 중심으로」, 『종교문화비평』, 25권(2014), 242~285쪽.
6 바버라 에런라이크(Barbara Ehrenreich), 전미영 옮김, 『긍정의 배신: 긍정적 사고는 어떻게 우리의 발등을 찍는가』(부키, 2009/2011); 미키 맥기(Micki McGee), 김상화 옮김, 『자기계발의 덫』(모요사, 2005/2011).
7 장정일, 「진보 담론 잠식한 '실용 포르노그래피'」, 『시사IN』, 제205호(2011년 8월 24일).
8 한기호, 「아직도 자기계발의 덫에 빠져 계십니까?」, 『경향신문』, 2011년 9월 6일.
9 한윤형·최태섭·김정근, 『열정은 어떻게 노동이 되는가: 한국 사회를 움직이는 새로운 명령』(웅진지식하우스, 2011), 51쪽.
10 오찬호, 『우리는 차별에 찬성합니다: 괴물이 된 이십대의 자화상』(개마고원, 2013), 33쪽.
11 이원석, 『거대한 사기극: 자기계발서 권하는 사회의 허와 실』(북바이북, 2013).
12 남정욱, 『차라리 죽지 그래』(인벤션, 2014), 312쪽.
13 서동진, 『자유의 의지 자기계발의 의지: 신자유주의 한국 사회에서 자기계발하는 주체의 탄생』(돌베개, 2009), 270쪽.
14 전상진, 「자기계발의 사회학: 대체 우리는 자기계발 이외에 어떤 대안을 권유할 수 있는가?」, 『문화와사회』, 5권(2008), 133쪽.
15 강준만, 『흥행의 천재 바넘: P. T. 바넘의 '엔터테인먼트 민주주의'』(인물과사상사, 2016).

제1장 왜 여론조사를 '현상 유지를 위한 매춘'이라고 하는가?

1 이주영, 「[4·13 선거 혁명 또 빗나간 여론조사] 집 전화만 의존…스마트폰 세대 '숨은 표심' 놓쳤다」, 『경향신문』, 2016년 4월 15일.
2 이소아·채승기·이유정, 「23% 열세라던 조응천 40% 얻어 당선 '엉터리 여론조사'」, 『중앙일보』, 2016년 4월 15일.

3   「[사설] 빗나간 선거 여론조사, 유권자 혼란 막게 정비하라」, 『중앙일보』, 2016년 4월 14일.

4   「[사설] 여론조사가 더이상 民意 · 선거 결과 조작하게 놔둬선 안 돼」, 『조선일보』, 2016년 4월 15일.

5   이에스더 · 안효성, 「"이대로면 내년 대선 여론조사는 쓰레기 될 것"」, 『중앙일보』, 2016년 4월 15일.

6   Kenneth F. Warren, 『In Defense of Public Opinion Polling』(Boulder, CO: Westview, 2003), pp.54~57.

7   Arvind Raichur & Richard W. Waterman, 「The Presidency, the Public, and the Expectations Gap」, Richard W. Waterman, ed., 『The Presidency Reconsidered』(Itasca, IL: F. E. Peacock Publishers, 1993), pp.2~4.

8   Rosemarie Ostler, 『Let's Talk Turkey: The Stories behind America's Favorite Expressions』(New York: Prometheus Books, 2008), pp.73~74; Albert Jack, 『Red Herrings and White Elephants: The Origins of the Phrases We Use Every Day』(New York: HarperCollins, 2004), pp.173~174; Matthew J. Streb & Michael A. Genovese, 「Polling and the Dilemmas of Democracy」, Michael A. Genovese & Matthew J. Streb, eds., 『Polls and Politics: The Dilemmas of Democracy』(New York: State University of New York Press, 2004), pp.9~10; Leo Bogart, 『Silent Politics: Polls and the Awareness of Public Opinion』(New York: Wiley-Interscience, 1972), p.3.

9   캐슬린 홀 재미슨(Kathleen Hall Jamieson), 원혜영 옮김, 『대통령 만들기: 미국 대선의 선거 전략과 이미지 메이킹』(백산서당, 1996/2002), 19쪽.

10   James S. Fishkin, 『The Voice of the People: Public Opinion & Democracy』(New Haven: Yale University Press, 1995), pp.71~79. 브라이스는 이 책에서 "민주주의만큼 위대한 지도자들이 필요한 정부 형태는 없을 것이다(Perhaps no form of government needs great leaders so much as democracy)"는 명언을 남겼다. Arthur M. Schlesinger, Jr., 『The Cycles of American History』(New York: Mariner Book, 1986/1999), p.429. 브라이스에 대해선 멜빈 드플레르(Melvin L. DeFleur), 권상희 옮김, 「7장 제임스 브라이스의 19세기 여론과 언론 이론」, 『매스커뮤니케이션 이론』(성균관대학교출판부, 2010/2012), 187~208쪽 참고.

11   Robert H. Wiebe, 『Self-Rule: A Cultural History of American Democracy』(Chicago, IL: The University of Chicago Press, 1995), pp.173~175.

12   Walter Lippmann, 『Public Opinion』(New York: Free Press, 1922/1965), pp.54~55. 이 책의 번역본엔 월터 리프먼, 오정환 옮김, 『여론/환상의 대중』(동서문화사, 2011); 월터 리프먼, 이충훈 옮김, 『여론』(까치, 2012); 월터 리프먼, 이동근 옮김, 『여론』(아카넷, 2013) 등이 있다.

13   Robert H. Wiebe, 『Self-Rule: A Cultural History of American Democracy』(Chicago, IL: The University of Chicago Press, 1995), pp.173~175.

14   Merle Curti, 「The Changing Concept of "Human Nature" in the Literature of American Advertising」, 『Business History Review』, 41(Winter 1967), pp.335~357.

15   Stephen Fox, 리대룡 · 차유철 옮김, 『광고크리에이티브사』(한경사, 1997/2005), 158~159쪽.

16   Stephen Fox, 리대룡 · 차유철 옮김, 『광고크리에이티브사』(한경사, 1997/2005), 160쪽.

17   Roland Marchand, 『Advertising the American Dream: Making Way for Modernity, 1920-1940』(Berkeley: University of California Press, 1985), p.311.

18   데이비드 오길비(David Ogilvy), 최경남 옮김, 『광고 불변의 법칙』(거름, 1983/2004), 34쪽.

19   Stephen Fox, 리대룡 · 차유철 옮김, 『광고크리에이티브사』(한경사, 1997/2005), 160쪽.

20   Roland Marchand, 『Advertising the American Dream: Making Way for Modernity, 1920-1940』(Berkeley: University of California Press, 1985), pp.68~70.

21   박창식, 「[유레카] 신종 여론조사 왜곡」, 『한겨레』, 2010년 1월 15일.

22   David W. Moore, 『The Superpollsters: How They Measure and Manipulate Public Opinion in America』(New York: Four Walls Eight Windows, 1992), pp.31~33; Susan Ohmer, 『George Gallup

자기계발과 PR의 선구자들

in Hollywood』(New York: Columbia University Press, 2006), pp.60~61; 프랭크 뉴포트(Frank Newport), 정기남 옮김, 『여론조사: 대중의 지혜를 읽는 핵심 키워드』(휴먼비즈니스, 2004/2007), 200쪽.

23 David W. Moore, 『The Opinion Makers: An Insider Exposes the Truth Behind the Polls』(Boston, MA: Beacon Press, 2008), p.44.

24 박창식, 「[유레카] 신종 여론조사 왜곡」, 『한겨레』, 2010년 1월 15일.

25 Daniel J. Czitrom, 『Media and the American Mind: From Morse to McLuhan』(Chapel Hill: University of North Carolina Press, 1982), pp.122~133.

26 브루스 빔버(Bruce Bimber), 이원태 옮김, 『인터넷시대 정치권력의 변동: 미국 민주주의의 역사적 진화』(삼인, 2003/2007), 380쪽.

27 George Gallup & Saul Rae, 『The Pulse of Democracy』(New York: Greenwood, 1940).

28 한겨레신문 문화부 편, 『20세기 사람들 (상)』(한겨레신문사, 1995), 272~276쪽; Sarah E. Igo, 『The Averaged American: Surveys, Citizens, and the Making of a Mass Public』(Cambridge, MA: Harvard University Press, 2007), p.159.

29 윌리엄 라이딩스 2세(William J. Ridings, Jr.)·스튜어트 매기버(Stuart B. McIver), 김형곤 옮김, 『위대한 대통령 끔찍한 대통령』(한언, 1997/2000), 323~324쪽; 밥 돌(Bob Dole), 김병찬 옮김, 『대통령의 위트: 조지 워싱턴에서 조지 W. 부시까지』(아테네, 2001/2007), 147쪽.

30 David W. Moore, 『The Opinion Makers: An Insider Exposes the Truth Behind the Polls』 (Boston, MA: Beacon Press, 2008), pp.50~51; James David Barber, 『The Pulse of Politics: Electing Presidents in the Media Age』(New Brunswick, NJ: Transaction Publishers, 1980/1992), pp.62~63.

31 전성원, 『누가 우리의 일상을 지배하는가』(인물과사상사, 2012), 194~195쪽.

32 한겨레신문 문화부 편, 『20세기 사람들 (상)』(한겨레신문사, 1995), 272~276쪽; 전성원, 『누가 우리의 일상을 지배하는가』(인물과사상사, 2012), 196~197쪽; 「George Gallup」, 『Wikipedia』.

33 Daniel Yankelovich, 『Coming to Public Judgment: Making Democracy Work in a Complex World』(Syracuse, NY: Syracuse University Press, 1991), p.30; Murray Edelman, 『The Symbolic Uses of Politics』(Urbana: University of Illinois Press, 1964), p.78.

34 Susan Herbst, 『Numbered Voices: How Opinion Polling Has Shaped American Politics』(Chicago: The University of Chicago Press, 1993), p.124.

35 Lawrence R. Jacobs & Melinda S. Jackson, 「Presidential Leadership and the Threat to Popular Sovereignty」, Michael A. Genovese & Matthew J. Streb, eds., 『Polls and Politics: The Dilemmas of Democracy』(New York: State University of New York Press, 2004), p.32.

36 Sidney Blumenthal, 『Permanent Campaign: Inside the World of Elite Political Operations』(Boston, MA: Beacon Press, 1980).

37 Diane J. Heith, 「Continuing to Campaign: Public Opinion and the White Hose」, Michael A. Genovese & Matthew J. Streb, eds., 『Polls and Politics: The Dilemmas of Democracy』(New York: State University of New York Press, 2004), pp.55~56.

38 William E. Bicker, 「Network Television News and the 1976 Presidential Primaries: A Look from the Networks' Side of the Camera」, James David Barber, ed., 『Race for the Presidency: The Media and the Nominating Process』(Englewood Cliffs, NJ: Prentice-Hall, 1978), p.96.

39 David W. Moore, 『The Opinion Makers: An Insider Exposes the Truth Behind the Polls』(Boston, MA: Beacon Press, 2008), pp.54~56.

40 David W. Moore, 『The Opinion Makers: An Insider Exposes the Truth Behind the Polls』(Boston, MA: Beacon Press, 2008), pp.52~53.

41 Robert S. Erikson & Kent L. Tedin, 『American Public Opinion: Its Origins, Content, and Impact』, 5th ed.(Boston, MA: Allyn and Bacon, 1995), pp.4~5.

42 Donald R. Kinder, 「Diversity and Complexity in American Public Opinion」, Ada W. Finifter ed., 『Political Science: The State of the Discipline』(Washington, D.C.: The American Political Science Association, 1983), p.389.

43 닐 포스트먼(Neil Postman), 김균 옮김, 『테크노폴리: 기술에 정복당한 오늘의 문화』(민음사, 1992/2001), 189~192쪽.

44 데이비드 솅크(David Shenk), 정태석 · 유홍림 옮김, 『데이터 스모그』(민음사, 1997/2000), 170~171쪽.

45 데이비드 솅크(David Shenk), 정태석 · 유홍림 옮김, 『데이터 스모그』(민음사, 1997/2000), 171쪽.

46 Joe Trippi, 『The Revolution Will Not Be Televised: Democracy, the Internet, and the Overthrow of Everything』(New York: ReganBooks, 2004), p.36.

47 홍영림, 「여론조사가 '국민의 뜻'일까」, 『조선일보』, 2012년 11월 5일.

48 Kenneth F. Warren, 『In Defense of Public Opinion Polling』(Boulder, CO: Westview, 2003), pp.54~57.

49 Jeffrey Bell, 『Populism and Elitism: Politics in the Age of Equality』(Washington, D.C.: Regnery Gateway, 1992), pp.76~91.

50 Lawrence R. Jacobs & Robert Y. Shapiro, 『Politicians Don't Pander: Political Manipulation and the Loss of Democratic Responsiveness』(Chicago: The University of Chicago Press, 2000), pp.xiv~xv.

51 David W. Moore, 『The Opinion Makers: An Insider Exposes the Truth Behind the Polls』(Boston, MA: Beacon Press, 2008), pp.145~146.

52 James S. Fishkin, 『The Voice of the People: Public Opinion & Democracy』(New Haven: Yale University Press, 1995), pp.161~203; James S. Fishkin, 「Deliberative Polling, Public Opinion, and Democratic Theory」, Michael A. Genovese & Matthew J. Streb, eds., 『Polls and Politics: The Dilemmas of Democracy』(New York: State University of New York Press, 2004), p.154.

53 Matthew J. Streb & Michael A. Genovese, 「Polling and the Dilemmas of Democracy」, Michael A. Genovese & Matthew J. Streb, eds., 『Polls and Politics: The Dilemmas of Democracy』(New York: State University of New York Press, 2004), p.5.

54 Daniel Yankelovich, 『Coming to Public Judgment: Making Democracy Work in a Complex World』(Syracuse, NY: Syracuse University Press, 1991), p.42; David W. Moore, 『The Opinion Makers: An Insider Exposes the Truth Behind the Polls』(Boston, MA: Beacon Press, 2008), pp.28~29.

55 프랭크 뉴포트(Frank Newport), 정기남 옮김, 『여론조사: 대중의 지혜를 읽는 핵심 키워드』(휴먼비즈니스, 2004/2007), 26, 85쪽.

56 프랭크 뉴포트(Frank Newport), 정기남 옮김, 『여론조사: 대중의 지혜를 읽는 핵심 키워드』(휴먼비즈니스, 2004/2007), 85쪽.

57 빈센트 모스코(Vincent Mosco), 김지운 옮김, 『커뮤니케이션 정치경제학』(나남, 1998), 379쪽.

58 정철운, 「"질문 순서만 바꿔도 여론조사 지지율 전혀 '딴판'"」, 『미디어오늘』, 2012년 8월 21일.

59 홍영림, 「여론조사 기관들 "한나라 경선조사? 아이고, 안 할래요"」, 『조선일보』, 2007년 8월 8일.

60 기획취재팀, 「여론조사 공화국/민심 측정 넘어 '심판관' 노릇」, 『한국일보』, 2007년 2월 27일, 1면.

61 이동훈, 「여론조사 후보 선출, 한국만의 '유행가'」, 『한국일보』, 2007년 8월 6일.

62 주용중, 「여론조사로 후보 뽑기의 우스꽝스러움」, 『조선일보』, 2007년 8월 9일.

63 이유식, 「지평선/고객의 바람기」, 『한국일보』, 2007년 5월 4일, A26면.

64 Sarah E. Igo, 『The Averaged American: Surveys, Citizens, and the Making of a Mass Public』

(Cambridge, MA: Harvard University Press, 2007), p.123; Kenneth F. Warren, 『In Defense of Public Opinion Polling』(Boulder, CO: Westview, 2003), pp.54~57.

65   Robert S. Erikson & Kent L. Tedin, 『American Public Opinion: Its Origins, Content, and Impact』, 5th ed.(Boston, MA: Allyn and Bacon, 1995), pp.3~4.

66   송인혁 · 이유진 외, 『모두가 광장에 모이다: 소셜이 바꾸는 멋진 세상』(아이앤유, 2010), 300~301쪽.

제2장 왜 소비자는 바보가 아니라 당신의 부인인가?

1   데이비드 오길비(David Ogilvy), 강두필 옮김, 『나는 광고로 세상을 움직였다: 데이비드 오길비의 비즈니스 철학과 경영 이야기』(다산북스, 2004/2012), 88쪽; David Ogilvy, 『Confessions of an Advertising Man』(New York: Ballantine Books, 1963), p.24.

2   데이비드 오길비(David Ogilvy), 최경남 옮김, 『광고 불변의 법칙』(거름, 1983/2004), 67~68쪽.

3   브렌덴 브루스(Brendan Bruce), 김정탁 옮김, 『이미지 파워』(커뮤니케이션북스, 1992/1998), 166~167쪽; 유승철, 「소셜 네트워크 미디어2.0」, 『CHEIL WORLDWIDE』, OCTOBER 2008, 59쪽.

4   Allen P. Adamson, 『BrandSimple: How the Best Brands Keep it Simple and Succeed』(New York: Palgrave Macmillan, 2006), p.91; 강준만, 「왜 최고의 엘리트 집단이 최악의 어리석은 결정을 할까?: 집단사고 이론」, 『감정 독재: 세상을 꿰뚫는 50가지 이론』(인물과사상사, 2013), 274~278쪽 참고.

5   케네스 로먼(Kenneth Roman), 정주연 옮김, 『무조건 팔아라: 광고로 세상을 바꾼 천재 데이비드 오길비』(민음사, 2009/2012), 13쪽.

6   케네스 로먼(Kenneth Roman), 정주연 옮김, 『무조건 팔아라: 광고로 세상을 바꾼 천재 데이비드 오길비』(민음사, 2009/2012), 158쪽.

7   케네스 로먼(Kenneth Roman), 정주연 옮김, 『무조건 팔아라: 광고로 세상을 바꾼 천재 데이비드 오길비』(민음사, 2009/2012), 43쪽.

8   바트 커밍스(Bart Cummings), 서기원 옮김, 『18인의 광고천재들』(김영사, 1984/1995), 146쪽.

9   마크 턴게이트(Mark Tungate), 노정휘 옮김, 『광고판: 세계광고의 역사』(이실MBA, 2007/2009), 77~78쪽.

10   마크 턴게이트(Mark Tungate), 노정휘 옮김, 『광고판: 세계광고의 역사』(이실MBA, 2007/2009), 77쪽; 김동규, 『10명의 천재 카피라이터』(커뮤니케이션북스, 2012), 128~129쪽.

11   케네스 로먼(Kenneth Roman), 정주연 옮김, 『무조건 팔아라: 광고로 세상을 바꾼 천재 데이비드 오길비』(민음사, 2009/2012), 89~90쪽.

12   David Ogilvy, 『David Ogilvy: An Autobiography』(New York: John Wiley & Sons, 1997), pp.58~59; Stephen Fox, 리대룡 · 차유철 옮김, 『광고크리에이티브사』(한경사, 1997/2005), 257~258쪽.

13   케네스 로먼(Kenneth Roman), 정주연 옮김, 『무조건 팔아라: 광고로 세상을 바꾼 천재 데이비드 오길비』(민음사, 2009/2012), 107쪽; 「David Ogilvy(businessman)」, 『Wikipedia』.

14   김동규, 『10명의 천재 카피라이터』(커뮤니케이션북스, 2012), 130~131쪽; 마크 턴게이트(Mark Tungate), 노정휘 옮김, 『광고판: 세계광고의 역사』(이실MBA, 2007/2009), 79~80쪽.

15   온혜선, 「[Weekly BIZ] 이제 여론조사 시대는 가고…빅데이터를 요리하라」, 『조선일보』, 2015년 6월 6일. 클리프턴은 1988년 창립자인 조지 갤럽의 유족에게서 갤럽을 인수했고, 현재까지 28년간 갤럽 최고경영자(CEO)를 맡고 있다.

16   바트 커밍스(Bart Cummings), 서기원 옮김, 『18인의 광고천재들』(김영사, 1984/1995), 147~148쪽.

17   David Ogilvy, 『David Ogilvy: An Autobiography』(New York: John Wiley & Sons, 1997), pp.73~74.

18   David Ogilvy, 『David Ogilvy: An Autobiography』(New York: John Wiley & Sons, 1997), p.65; 케네

스 로먼(Kenneth Roman), 정주연 옮김, 『무조건 팔아라: 광고로 세상을 바꾼 천재 데이비드 오길비』(민음사, 2009/2012), 103쪽.

19 데이비드 오길비(David Ogilvy), 강두필 옮김, 『나는 광고로 세상을 움직였다: 데이비드 오길비의 비즈니스 철학과 경영 이야기』(다산북스, 2004/2012), 28쪽.

20 바트 커밍스(Bart Cummings), 서기원 옮김, 『18인의 광고천재들』(김영사, 1984/1995), 149쪽.

21 알 리스(Al Ries) · 로라 리스(Laura Ries), 심현식 옮김, 『마케팅 반란』(청림출판, 2003), 21쪽; 「Positioning(marketing)」, 『Wikipedia』.

22 잭 트라우트(Jack Trout) · 알 리스(Al Ries), 안진환 옮김, 『포지셔닝』(을유문화사, 2002), 19, 27쪽.

23 데이비드 오길비(David Ogilvy), 최경남 옮김, 『광고 불변의 법칙』(거름, 1983/2004), 19쪽.

24 「David Ogilvy(businessman)」, 『Wikipedia』.

25 「Confessions of an Advertising Man」, 『Wikipedia』; 데이비드 오길비(David Ogilvy), 강두필 옮김, 『나는 광고로 세상을 움직였다: 데이비드 오길비의 비즈니스 철학과 경영 이야기』(다산북스, 2004/2012), 11쪽; Stephen Fox, 리대룡 · 차유철 옮김, 『광고크리에이티브사』(한경사, 1997/2005), 287쪽.

26 Stephen Fox, 리대룡 · 차유철 옮김, 『광고크리에이티브사』(한경사, 1997/2005), 288쪽; 케네스 로먼(Kenneth Roman), 정주연 옮김, 『무조건 팔아라: 광고로 세상을 바꾼 천재 데이비드 오길비』(민음사, 2009/2012), 196~197, 255쪽.

27 케네스 로먼(Kenneth Roman), 정주연 옮김, 『무조건 팔아라: 광고로 세상을 바꾼 천재 데이비드 오길비』(민음사, 2009/2012), 283, 328쪽.

28 앨런 파커(Alan Parker), 「앨런 파커의 서문: 성공을 담보하는 비즈니스 바이블」, 데이비드 오길비(David Ogilvy), 강두필 옮김, 『나는 광고로 세상을 움직였다: 데이비드 오길비의 비즈니스 철학과 경영 이야기』(다산북스, 2004/2012), 6~8쪽.

29 데이비드 오길비(David Ogilvy), 강두필 옮김, 『나는 광고로 세상을 움직였다: 데이비드 오길비의 비즈니스 철학과 경영 이야기』(다산북스, 2004/2012), 116~142쪽.

30 케네스 로먼(Kenneth Roman), 정주연 옮김, 『무조건 팔아라: 광고로 세상을 바꾼 천재 데이비드 오길비』(민음사, 2009/2012), 8쪽.

31 데이비드 오길비(David Ogilvy), 최경남 옮김, 『광고 불변의 법칙』(거름, 1983/2004), 361쪽.

32 나오미 클라인(Naomi Klein), 정현경 · 김효명 옮김, 『No LOGO: 브랜드 파워의 진실』(중앙M&B, 2000/2002), 25쪽.

33 김동규, 『10명의 천재 카피라이터』(커뮤니케이션북스, 2012), 134~136쪽.

34 데이비드 오길비(David Ogilvy), 강두필 옮김, 『나는 광고로 세상을 움직였다: 데이비드 오길비의 비즈니스 철학과 경영 이야기』(다산북스, 2004/2012), 64쪽.

35 바트 커밍스(Bart Cummings), 서기원 옮김, 『18인의 광고천재들』(김영사, 1984/1995), 160쪽.

36 바트 커밍스(Bart Cummings), 서기원 옮김, 『18인의 광고천재들』(김영사, 1984/1995), 160~161쪽.

37 케네스 로먼(Kenneth Roman), 정주연 옮김, 『무조건 팔아라: 광고로 세상을 바꾼 천재 데이비드 오길비』(민음사, 2009/2012), 104~105쪽.

38 케네스 로먼(Kenneth Roman), 정주연 옮김, 『무조건 팔아라: 광고로 세상을 바꾼 천재 데이비드 오길비』(민음사, 2009/2012), 168쪽.

39 케네스 로먼(Kenneth Roman), 정주연 옮김, 『무조건 팔아라: 광고로 세상을 바꾼 천재 데이비드 오길비』(민음사, 2009/2012), 168~169쪽.

40 마크 턴게이트(Mark Tungate), 노정휘 옮김, 『광고판: 세계광고의 역사』(이실MBA, 2007/2009), 88쪽; 김동규, 『10명의 천재 카피라이터』(커뮤니케이션북스, 2012), 132쪽.

41 케네스 로먼(Kenneth Roman), 정주연 옮김, 『무조건 팔아라: 광고로 세상을 바꾼 천재 데이비드 오길비』(민음사, 2009/2012), 142쪽.

42 케네스 로먼(Kenneth Roman), 정주연 옮김, 『무조건 팔아라: 광고로 세상을 바꾼 천재 데이비드 오길비』(민음사, 2009/2012), 157, 337쪽.

43 김동규, 『10명의 천재 카피라이터』(커뮤니케이션북스, 2012), 133~134쪽.

44 케네스 로먼(Kenneth Roman), 정주연 옮김, 『무조건 팔아라: 광고로 세상을 바꾼 천재 데이비드 오길비』(민음사, 2009/2012), 137쪽; 김동규, 『10명의 천재 카피라이터』(커뮤니케이션북스, 2012), 136~139쪽.

45 마크 턴게이트(Mark Tungate), 노정휘 옮김, 『광고판: 세계광고의 역사』(이실MBA, 2007/2009), 81~82쪽.

46 올리버 제임스(Oliver James), 윤정숙 옮김, 『어플루엔자』(알마, 2007/2009), 40쪽.

47 존 더 그라프(John de Graaf)·데이비드 왠(David Wann)·토머스 네일러(Thomas Naylor), 박웅희 옮김, 『어플루엔자: 풍요의 시대, 소비중독 바이러스』(한숲, 2001/2002), 254~255쪽.

48 케네스 로먼(Kenneth Roman), 정주연 옮김, 『무조건 팔아라: 광고로 세상을 바꾼 천재 데이비드 오길비』(민음사, 2009/2012), 158쪽.

49 한현우, 「'생각이 에너지다', '진심이 짓는다'…인문학으로 광고 만드는 남자, 박웅현」, 『조선일보』, 2012년 2월 4일.

50 데이비드 오길비(David Ogilvy), 최경남 옮김, 『광고 불변의 법칙』(거름, 1983/2004), 15~16쪽.

51 케네스 로먼(Kenneth Roman), 정주연 옮김, 『무조건 팔아라: 광고로 세상을 바꾼 천재 데이비드 오길비』(민음사, 2009/2012), 152~153쪽.

52 Stephen Fox, 리대룡·차유철 옮김, 『광고크리에이티브사』(한경사, 1997/2005), 269쪽.

53 데이비드 오길비(David Ogilvy), 강두필 옮김, 『나는 광고로 세상을 움직였다: 데이비드 오길비의 비즈니스 철학과 경영 이야기』(다산북스, 2004/2012), 13~14쪽.

54 한겨레신문 문화부 편, 『20세기 사람들 (하)』(한겨레신문사, 1995), 166쪽; 케네스 로먼(Kenneth Roman), 정주연 옮김, 『무조건 팔아라: 광고로 세상을 바꾼 천재 데이비드 오길비』(민음사, 2009/2012), 15쪽.

55 마크 턴게이트(Mark Tungate), 노정휘 옮김, 『광고판: 세계광고의 역사』(이실MBA, 2007/2009), 78쪽.

56 데이비드 오길비(David Ogilvy), 강두필 옮김, 『나는 광고로 세상을 움직였다: 데이비드 오길비의 비즈니스 철학과 경영 이야기』(다산북스, 2004/2012), 91~93쪽.

57 케네스 로먼(Kenneth Roman), 정주연 옮김, 『무조건 팔아라: 광고로 세상을 바꾼 천재 데이비드 오길비』(민음사, 2009/2012), 18쪽.

58 마크 턴게이트(Mark Tungate), 노정휘 옮김, 『광고판: 세계광고의 역사』(이실MBA, 2007/2009), 81쪽.

59 데이비드 오길비(David Ogilvy), 최경남 옮김, 『광고 불변의 법칙』(거름, 1983/2004), 39~41쪽; David Ogilvy, 『Ogilvy on Advertising』(New York: Vintage Books, 1983/1985), p.24.

60 백영옥, 「[백영옥이 만난 '색다른 아저씨'] (5) 광고인 박웅현」, 『경향신문』, 2013년 4월 13일.

61 데이비드 오길비(David Ogilvy), 최경남 옮김, 『광고 불변의 법칙』(거름, 1983/2004), 139쪽.

62 데이비드 오길비(David Ogilvy), 강두필 옮김, 『나는 광고로 세상을 움직였다: 데이비드 오길비의 비즈니스 철학과 경영 이야기』(다산북스, 2004/2012), 26쪽.

63 마크 턴게이트(Mark Tungate), 노정휘 옮김, 『광고판: 세계광고의 역사』(이실MBA, 2007/2009), 84쪽; 케네스 로먼(Kenneth Roman), 정주연 옮김, 『무조건 팔아라: 광고로 세상을 바꾼 천재 데이비드 오길비』(민음사, 2009/2012), 20~23쪽.

64 마크 턴게이트(Mark Tungate), 노정휘 옮김, 『광고판: 세계광고의 역사』(이실MBA, 2007/2009), 77쪽.

65 케네스 로먼(Kenneth Roman), 정주연 옮김, 『무조건 팔아라: 광고로 세상을 바꾼 천재 데이비드 오길비』(민음사, 2009/2012), 346~349쪽.

66 케네스 로먼(Kenneth Roman), 정주연 옮김, 『무조건 팔아라: 광고로 세상을 바꾼 천재 데이비드 오길비』(민음사, 2009/2012), 170쪽.

제3장 PR은 '대중의 마음에 해악을 끼치는 독'인가?

1   Daniel J. Boorstin, 『The Image: A Guide to Pseudo-Events in America』(New York: Atheneum, 1961/1985), pp.9~10.

2   Daniel J. Boorstin, 『The Image: A Guide to Pseudo-Events in America』(New York: Atheneum, 1961/1985), p.11.

3   브렌덴 브루스(Brendan Bruce), 김정탁 옮김, 『이미지 파워』(커뮤니케이션북스, 1992/1998), 28쪽.

4   래리 타이(Larry Tye), 송기인·김현희·이종혁 옮김, 『여론을 만든 사람, 에드워드 버네이즈: 'PR의 아버지'는 PR을 어떻게 만들었나?』(커뮤니케이션북스, 1998/2004), p.X.

5   Sarah E. Igo, 『The Averaged American: Surveys, Citizens, and the Making of a Mass Public』 (Cambridge, MA: Harvard University Press, 2007), p.108.

6   Michael Emery & Edwin Emery, 『The Press and America: An Interpretive History of the Mass Media』, 8th ed.(Boston, Mass.: Allyn and Bacon, 1996).

7   하워드 진(Howard Zinn), 조선혜 옮김, 『미국민중저항사 II』(일월서각, 1980/1986), 87쪽.

8   Verne E. Edwards, Jr., 『Journalism in a Free Society』(Dubuque, IA: Wm.C.Brown, 1970), p.87.

9   전성원, 『누가 우리의 일상을 지배하는가』(인물과사상사, 2012), 228~229쪽.

10 대니얼 J. 부어스틴(Daniel J. Boorstin), 이보형 외 옮김, 『미국사의 숨은 이야기』(범양사출판부, 1989/1991), 215쪽.

11 래리 타이(Larry Tye), 송기인·김현희·이종혁 옮김, 『여론을 만든 사람, 에드워드 버네이즈: 'PR의 아버지'는 PR을 어떻게 만들었나?』(커뮤니케이션북스, 1998/2004), 175~176쪽.

12 에드워드 버네이스(Edward Louis Bernays), 강미경 옮김, 『프로파간다: 대중심리를 조종하는 선전 전략』(공존, 1928/2009), 61, 261쪽.

13 에드워드 버네이스(Edward Louis Bernays), 강미경 옮김, 『프로파간다: 대중심리를 조종하는 선전 전략』(공존, 1928/2009), 102쪽.

14 래리 타이(Larry Tye), 송기인·김현희·이종혁 옮김, 『여론을 만든 사람, 에드워드 버네이즈: 'PR의 아버지'는 PR을 어떻게 만들었나?』(커뮤니케이션북스, 1998/2004), 92~93쪽.

15 T. J. Jackson Lears, 『From Salvation to Self-Realization: Advertising and the Therapeutic Roots of the Consumer Culture, 1880-1930』, Richard Wightman Fox & T. J. Jackson Lears, eds., 『The Culture of Consumption: Critical Essays in American History, 1880-1980』(New York: Pantheon Books, 1983), p.20.

16 Robert B. Westbrook, 『Politics as Consumption: Managing the Modern American Election』, Richard Wightman Fox & T. J. Jackson Lears, eds., 『The Culture of Consumption: Critical Essays in American History, 1880-1980』(New York: Pantheon Books, 1983), p.145.

17 래리 타이(Larry Tye), 송기인·김현희·이종혁 옮김, 『여론을 만든 사람, 에드워드 버네이즈: 'PR의 아버지'는 PR을 어떻게 만들었나?』(커뮤니케이션북스, 1998/2004), 133~137쪽.

18 래리 타이(Larry Tye), 송기인·김현희·이종혁 옮김, 『여론을 만든 사람, 에드워드 버네이즈: 'PR의 아버지'는 PR을 어떻게 만들었나?』(커뮤니케이션북스, 1998/2004), 95~97쪽.

19 래리 타이(Larry Tye), 송기인·김현희·이종혁 옮김, 『여론을 만든 사람, 에드워드 버네이즈: 'PR의 아버지'는 PR을 어떻게 만들었나?』(커뮤니케이션북스, 1998/2004), 87~88쪽.

20 래리 타이(Larry Tye), 송기인·김현희·이종혁 옮김, 『여론을 만든 사람, 에드워드 버네이즈: 'PR의 아버지'는 PR을 어떻게 만들었나?』(커뮤니케이션북스, 1998/2004), 40~46쪽.

21 래리 타이(Larry Tye), 송기인·김현희·이종혁 옮김, 『여론을 만든 사람, 에드워드 버네이즈: 'PR의 아버지'는 PR을 어떻게 만들었나?』(커뮤니케이션북스, 1998/2004), 47~58쪽.

22 강미경, 「저자에 대하여」, 에드워드 버네이스(Edward Louis Bernays), 강미경 옮김, 『프로파간다: 대

중심리를 조종하는 선전 전략』(공존, 1928/2009), 268쪽.

23 F. L. 앨런(Frederick Lewis Allen), 박진빈 옮김, 『원더풀 아메리카』(앨피, 1931/2006), 156쪽.

24 래리 타이(Larry Tye), 송기인 · 김현희 · 이종혁 옮김, 『여론을 만든 사람, 에드워드 버네이즈: 'PR의 아버지'는 PR을 어떻게 만들었나?』(커뮤니케이션북스, 1998/2004), 93쪽.

25 마크 크리스핀 밀러(Mark Crispin Miller), 「머리말」, 에드워드 버네이스(Edward Louis Bernays), 강미경 옮김, 『프로파간다: 대중심리를 조종하는 선전 전략』(공존, 1928/2009), 45쪽.

26 래리 타이(Larry Tye), 송기인 · 김현희 · 이종혁 옮김, 『여론을 만든 사람, 에드워드 버네이즈: 'PR의 아버지'는 PR을 어떻게 만들었나?』(커뮤니케이션북스, 1998/2004), 65~71쪽.

27 래리 타이(Larry Tye), 송기인 · 김현희 · 이종혁 옮김, 『여론을 만든 사람, 에드워드 버네이즈: 'PR의 아버지'는 PR을 어떻게 만들었나?』(커뮤니케이션북스, 1998/2004), 102~103쪽.

28 래리 타이(Larry Tye), 송기인 · 김현희 · 이종혁 옮김, 『여론을 만든 사람, 에드워드 버네이즈: 'PR의 아버지'는 PR을 어떻게 만들었나?』(커뮤니케이션북스, 1998/2004), 89쪽.

29 래리 타이(Larry Tye), 송기인 · 김현희 · 이종혁 옮김, 『여론을 만든 사람, 에드워드 버네이즈: 'PR의 아버지'는 PR을 어떻게 만들었나?』(커뮤니케이션북스, 1998/2004), 108쪽.

30 래리 타이(Larry Tye), 송기인 · 김현희 · 이종혁 옮김, 『여론을 만든 사람, 에드워드 버네이즈: 'PR의 아버지'는 PR을 어떻게 만들었나?』(커뮤니케이션북스, 1998/2004), 402~403쪽.

31 John Ayto, 『Movers and Shakers: A Chronology of Words That Shaped Our Age』(New York: Oxford University Press, 2006), p.199.

32 John Anthony Maltese, 『Spin Control: The White House Office of Communications and the Management of Presidential News』, 2nd ed.(Chapel Hill: The University of North Carolina Press, 1994); Howard Kurtz, 『Spin Cycle: How the White House and the Media Manipulate the News』 (New York: Touchstone, 1998).

33 Lynette Padwa, 『Everything You Pretend to Know and Are Afraid Someone Will Ask』(New York: Penguin Books, 1996), pp.5~7; Grant Barrett, ed., 『Oxford Dictionary of American Political Slang』 (New York: Oxford University Press, 2004), pp.244~246; 「Spin(Public Realtions)」, 『Wikipedia』.

34 「Spin(public relations)」, 『Wikipedia』.

35 김형원, 「"전교회장 경력은 입학사정관제 파워 스펙"…초등생 선거에도 '스핀 닥터' 등장」, 『조선일보』, 2012년 3월 10일, A11면.

36 Larry Tye, 『The Father of Spin: Edward L. Bernays and the Birth of Public Relations』(New York: Holt Paperback, 1998/2002), p.x.

37 래리 타이(Larry Tye), 송기인 · 김현희 · 이종혁 옮김, 『여론을 만든 사람, 에드워드 버네이즈: 'PR의 아버지'는 PR을 어떻게 만들었나?』(커뮤니케이션북스, 1998/2004), 188~189쪽.

38 르봉은 1896년에 펴낸 저서 『군중』에서 군중의 속성에 대한 비판적 견해를 유감없이 드러냈다. "군중은 충동의 노예다." "군중의 증언은 믿을 것이 못 된다." "군중의 기질은 과장적이기 때문에 과격한 감정에만 쉽게 끌린다." "군중은 편협하고 독재적이며 보수적이다." "군중은 도덕질 기질을 갖기 어렵다." "군중은 마치 범죄자처럼 쉽게 용감해진다." 귀스타프 르봉(Gustave Le Bon), 이상돈 옮김, 『군중심리』(간디서원, 1896/2005), 38~62쪽.

39 「Edward Bernays」, 『Wikipedia』; 「Anne Bernays」, 『Wikipedia』.

40 래리 타이(Larry Tye), 송기인 · 김현희 · 이종혁 옮김, 『여론을 만든 사람, 에드워드 버네이즈: 'PR의 아버지'는 PR을 어떻게 만들었나?』(커뮤니케이션북스, 1998/2004), 272~273쪽.

41 래리 타이(Larry Tye), 송기인 · 김현희 · 이종혁 옮김, 『여론을 만든 사람, 에드워드 버네이즈: 'PR의 아버지'는 PR을 어떻게 만들었나?』(커뮤니케이션북스, 1998/2004), 131쪽.

42 래리 타이(Larry Tye), 송기인 · 김현희 · 이종혁 옮김, 『여론을 만든 사람, 에드워드 버네이즈: 'PR의 아버지'는 PR을 어떻게 만들었나?』(커뮤니케이션북스, 1998/2004), 420쪽.

43 래리 타이(Larry Tye), 송기인 · 김현희 · 이종혁 옮김, 『여론을 만든 사람, 에드워드 버네이즈: 'PR의 아버지'는 PR을 어떻게 만들었나?』(커뮤니케이션북스, 1998/2004), 180쪽.

44 래리 타이(Larry Tye), 송기인 · 김현희 · 이종혁 옮김, 『여론을 만든 사람, 에드워드 버네이즈: 'PR의 아버지'는 PR을 어떻게 만들었나?』(커뮤니케이션북스, 1998/2004), 187~188쪽.

45 래리 타이(Larry Tye), 송기인 · 김현희 · 이종혁 옮김, 『여론을 만든 사람, 에드워드 버네이즈: 'PR의 아버지'는 PR을 어떻게 만들었나?』(커뮤니케이션북스, 1998/2004), 183쪽.

46 래리 타이(Larry Tye), 송기인 · 김현희 · 이종혁 옮김, 『여론을 만든 사람, 에드워드 버네이즈: 'PR의 아버지'는 PR을 어떻게 만들었나?』(커뮤니케이션북스, 1998/2004), 184쪽.

47 래리 타이(Larry Tye), 송기인 · 김현희 · 이종혁 옮김, 『여론을 만든 사람, 에드워드 버네이즈: 'PR의 아버지'는 PR을 어떻게 만들었나?』(커뮤니케이션북스, 1998/2004), 177쪽.

48 강미경, 「저자에 대하여」, 에드워드 버네이스(Edward Louis Bernays), 강미경 옮김, 『프로파간다: 대중심리를 조종하는 선전 전략』(공존, 1928/2009), 267쪽.

49 래리 타이(Larry Tye), 송기인 · 김현희 · 이종혁 옮김, 『여론을 만든 사람, 에드워드 버네이즈: 'PR의 아버지'는 PR을 어떻게 만들었나?』(커뮤니케이션북스, 1998/2004), 199쪽.

50 Clarence Schettler, 『Public Opinion in American Society』(New York: Harper & Brothers, 1960), p.120.

51 이들은 자유주의적 개입주의에 대해 이렇게 말한다. "넛지는 선택 설계자가 취하는 하나의 방식으로서, 사람들에게 어떤 선택을 금지하거나 그들의 경제적 인센티브를 크게 변화시키지 않고 예상 가능한 방향으로 그들의 행동을 변화시키는 것이다. 넛지 형태의 간섭은 쉽게 피할 수 있는 동시에 그렇게 하는 데 비용도 적게 들어야 한다. 넛지는 명령이나 지시가 아니다. 과일을 눈에 잘 띄는 위치에 놓는 것은 넛지다. 그러나 정크푸드를 금지하는 것은 넛지가 아니다." 리처드 탈러(Richard H. Thaler) · 캐스 선스타인(Cass R. Sunstein), 안진환 옮김, 『넛지: 똑똑한 선택을 이끄는 힘』(리더스북, 2008/2009), 21쪽.

52 「Nudge theory」, 『Wikipedia』; 「Behavioural Insights Team」, 『Wikipedia』.

제4장 '야바위의 왕자'인가, '흥행의 천재'인가?

1 제임스 B. 트위첼(James B. Twitchell), 김철호 옮김, 『욕망, 광고, 소비의 문화사』(청년사, 2000/2001), 30쪽.

2 Daniel J. Boorstin, 『The Image: A Guide to Pseudo-Events in America』(New York: Atheneum, 1961/1985), p.36.

3 James B. Twitchell, 『Lead Us Into Temptation: The Triumph of American Materialism』(New York: Columbia University Press, 1999), p.177.

4 Dorothy Auchter, 『Dictionary of Historical Allusions & Eponyms』(Santa Barbara, CA: ABC-CLIO, 1998), p.11.

5 제임스 B. 트위첼(James B. Twitchell), 김철호 옮김, 『욕망, 광고, 소비의 문화사』(청년사, 2000/2001), 32쪽.

6 「P. T. Barnum」, 『Wikipedia』.

7 로이 윌리엄스(Roy H. Williams), 양종문 옮김, 『광고의 마법사』(김영사, 1999/2001), 77쪽.

8 제임스 B. 트위첼(James B. Twitchell), 김철호 옮김, 『욕망, 광고, 소비의 문화사』(청년사, 2000/2001), 32~33쪽. 뉴잉글랜드(New England)는 메인, 뉴햄프셔, 버몬트, 매사추세츠, 로드아일랜드, 코네티컷 등 6개 주를 포괄하는 지역이다.

9 James B. Twitchell, 『Branded Nation: The Marketing of Megachurch, College, Inc., and

Museumworld』(New York: Simon & Schuster, 2004), pp.216~217.

10 Michael Emery & Edwin Emery, 『The Press and America: An Interpretive History of the Mass Media』, 8th ed.(Boston, MA: Allyn and Bacon, 1996); 이상철, 『커뮤니케이션 발달사』(일지사, 1982); 임근수, 『신문발달사』(정음사, 1986).

11 Jean Folkerts & Dwight L. Teeter, Jr., 『Voices of a Nation: A History of Mass Media in the United States』, 3rd ed.(Boston, Mass.: Allyn and Bacon, 1998); 미첼 스티븐스(Mitchell Stephens), 이광재・이인희 옮김, 『뉴스의 역사』(황금가지, 1999); 임근수, 『신문발달사』(정음사, 1986).

12 Carl Bode, 「Introduction: Barnum Uncloaked」, John Seelye, ed., 『P. T. Barnum: Struggles and Triumphs(Edited and Abridged with an Introduction by Carl Bode』(New York: Penguin Books, 1981), pp.12~13; Neil Harris, 『Humbug: The Art of P. T. Barnum』(Chicago, IL: The University of Chicago Press, 1973), pp.23~27.

13 Neil Harris, 『Humbug: The Art of P. T. Barnum』(Chicago, IL: The University of Chicago Press, 1973), p.33.

14 앨런 브링클리(Alan Brinkley), 황혜성 외 공역, 『미국인의 역사 1』(비봉출판사, 1993/1998), 297~298쪽; 커윈 C. 스윈트(Kerwin C. Swint), 김정욱・이훈 옮김, 『네거티브, 그 치명적 유혹: 미국의 역사를 바꾼 최악의 네거티브 캠페인 25위~1위』(플래닛미디어, 2007).

15 앨런 브링클리(Alan Brinkley), 황혜성 외 공역, 『미국인의 역사 1』(비봉출판사, 1993/1998), 300~301쪽.

16 「Barnum's American Museum」, 『Wikipedia』.

17 제임스 B. 트위첼(James B. Twitchell), 김철호 옮김, 『욕망, 광고, 소비의 문화사』(청년사, 2000/2001), 33~34쪽.

18 「Barnum's American Museum」, 『Wikipedia』.

19 제임스 B. 트위첼(James B. Twitchell), 김철호 옮김, 『욕망, 광고, 소비의 문화사』(청년사, 2000/2001), 39쪽; 「P. T. Barnum」, 『Wikipedia』.

20 제임스 B. 트위첼(James B. Twitchell), 김철호 옮김, 『욕망, 광고, 소비의 문화사』(청년사, 2000/2001), 36~37쪽.

21 John Bemelmans Marciano, 『Toponymity: An Atlas of Words』(New York: Bloomsbury, 2010), pp.116~117; Jordan Almond, 『Dictionary of Word Origins: A History of the Words, Expressions, and Cliches We Use』(Secaucus, NJ: Citadel Press, 1997), p.220.

22 「P. T. Barnum」, 『Wikipedia』.

23 John Storey, 『Inventing Popular Culture: From Folklore to Globalization』(Malden, MA: Blackwell, 2003), pp.32~41.

24 Lawrence W. Levine, 『Highbrow/Lowbrow: The Emergence of Cultural Hierarchy in America』(Cambridge, MA: Harvard University Press, 1988), pp.100~101.

25 Lawrence W. Levine, 『Highbrow/Lowbrow: The Emergence of Cultural Hierarchy in America』(Cambridge, MA: Harvard University Press, 1988), pp.100~101.

26 Lawrence W. Levine, 『Highbrow/Lowbrow: The Emergence of Cultural Hierarchy in America』(Cambridge, MA: Harvard University Press, 1988), p.69.

27 윌리엄 로마노프스키(William D. Romanowski), 신국원 옮김, 『대중문화전쟁』(예영커뮤니케이션, 1996/2001), 247쪽.

28 「P. T. Barnum」, 『Wikipedia』.

29 James W. Cook, ed., 『The Colossal P. T. Barnum Reader』(Urbana: University of Illinois Press, 2005), p.9.

30 P. T. Barnum 『The Art of Money Getting or Golden Rules for Making Money』(Watchmaker,

1880/1932), p.67.

31 『P. T. Barnum』, 『Wikipedia』.

32 Neil Harris, 『Humbug: The Art of P. T. Barnum』(Chicago, IL: The University of Chicago Press, 1973), pp.160~164; A. H. Saxon, 『P. T. Barnum: The Legend and the Man』(New York: Columbia University Press, 1989), pp.208~209.

33 A. H. Saxon, 『P. T. Barnum: The Legend and the Man』(New York: Columbia University Press, 1989), pp.216~218.

34 양흥석, 『고귀한 야만: 버펄로 빌 코디의 서부활극을 통해 본 미국의 폭력, 계급 그리고 인종』(동국대학교출판부, 2008), 50쪽.

35 양흥석, 『고귀한 야만: 버펄로 빌 코디의 서부활극을 통해 본 미국의 폭력, 계급 그리고 인종』(동국대학교출판부, 2008), 40쪽.

36 오늘날 a three-ring circus는 "매우 혼란스러운 광경, 대활극, 아찔한 것"이란 뜻으로 쓰인다. 영국 작가 러디어드 키플링(Rudyard Kipling, 1865~1936)은 『생명체의 다양성(A Diversity of Creatures)』 (1914)에 이렇게 썼다. "I can see lots of things from here. It's like a three-ring circus(나는 이곳에서 많은 것을 볼 수 있다. 삼종 서커스 무대를 동시에 보는 것 같다)!" Christine Ammer, 『The Facts on File Dictionary of Clichés』(New York: Checkmark Books, 2001), p.403.

37 Daniel J. Boorstin, 『The Image: A Guide to Pseudo-Events in America』(New York: Atheneum, 1961/1985), p.210.

38 Max Cryer, 『Common Phrases』(New York: Skyhorse, 2010), pp.156~157; John Bemelmans Marciano, 『Anonyponymous: The Forgotten People Behind Everyday Words』(New York: Bloomsbury, 2009), pp.58~59; 빌 브라이슨(Bill Bryson), 정경옥 옮김, 『빌 브라이슨 발칙한 영어산책: 엉뚱하고 발랄한 미국의 거의 모든 역사』(살림, 1994/2009), 581~583쪽; 제임스 B. 트위첼(James B. Twitchell), 김철호 옮김, 『욕망, 광고, 소비의 문화사』(청년사, 2000/2001), 35쪽; 『Jumbo』, 『Wikipedia』.

39 『P. T. Barnum』, 『Wikipedia』.

40 William Morris & Mary Morris, 『Morris Dictionary of Word and Phrase Origins』, 2nd ed.(New York: Harper & Row, 1971), p.610.

41 제임스 B. 트위첼(James B. Twitchell), 김철호 옮김, 『욕망, 광고, 소비의 문화사』(청년사, 2000/2001), 39~40쪽.

42 Carl Bode, 「Introduction: Barnum Uncloaked」, John Seelye, ed., 『P. T. Barnum: Struggles and Triumphs』(Edited and Abridged with an Introduction by Carl Bode, New York: Penguin Books, 1981), p.21.

43 Orin Hargraves, ed., 『New Words』(New York: Oxford University Press, 2004), pp.19~20.

44 「바넘 효과[Barnum effect]」, 『두산백과』; 김헌식, 『트렌드와 심리: 대중문화 읽기』(울력, 2010), 152~153쪽; 「Forer effect」, 『Wikipedia』; 「Bertram Forer」, 『Wikipedia』.

45 미하엘 코르트(Michael Korth), 권세훈 옮김, 『광기에 관한 잡학사전』(을유문화사, 2009); 김재신, 『마크 트웨인: 생애와 '허클베리 핀의 모험'』(건국대학교출판부, 1994).

46 김재신, 『마크 트웨인: 생애와 '허클베리 핀의 모험'』(건국대학교출판부, 1994).

47 Neil Harris, 『Humbug: The Art of P. T. Barnum』(Chicago, IL: The University of Chicago Press, 1973), p.282.

48 제임스 B. 트위첼(James B. Twitchell), 김철호 옮김, 『욕망, 광고, 소비의 문화사』(청년사, 2000/2001), 38쪽.

49 James W. Cook, 「Introduction: The Architect of the Modern Culture Industry」, James W. Cook, ed., 『The Colossal P. T. Barnum Reader』(Urbana: University of Illinois Press, 2005), p.6.

50 R. Laurence Moore, 「Selling God: American Religion in the Marketplace of Culture」(New York: Oxford University Press, 1994), p.108.

51 James B. Twitchell, 「Shopping for God: How Christianity Went From In Your Heart to In Your Face」(New York: Simon & Schuster, 2007), pp.42, 156~157.

52 James W. Cook, 「Introduction: The Architect of the Modern Culture Industry」, James W. Cook, ed., 「The Colossal P. T. Barnum Reader」(Urbana: University of Illinois Press, 2005), p.6.

53 James W. Cook, 「Introduction: The Architect of the Modern Culture Industry」, James W. Cook, ed., 「The Colossal P. T. Barnum Reader」(Urbana: University of Illinois Press, 2005), p.6.

54 제임스 B. 트위첼(James B. Twitchell), 김철호 옮김, 「욕망, 광고, 소비의 문화사」(청년사, 2000/2001), 41쪽; Carl Bode, 「Introduction: Barnum Uncloaked」, John Seelye, ed., 「P. T. Barnum: Struggles and Triumphs」(Edited and Abridged with an Introduction by Carl Bode, New York: Penguin Books, 1981), p.24.

55 James W. Cook, 「Introduction: The Architect of the Modern Culture Industry」, James W. Cook, ed., 「The Colossal P. T. Barnum Reader」(Urbana: University of Illinois Press, 2005), p.4.

56 James W. Cook, 「Introduction: The Architect of the Modern Culture Industry」, James W. Cook, ed., 「The Colossal P. T. Barnum Reader」(Urbana: University of Illinois Press, 2005), p.7.

57 「Ringling Bros. and Barnum & Bailey Circus」, 「Wikipedia」; 「서커스를 싫어하는 발레리나?」, 「로이터」, 2013년 3월 21일.

58 Neil Harris, 「Humbug: The Art of P. T. Barnum」(Chicago, IL: The University of Chicago Press, 1973), p.279.

59 James W. Cook, ed., 「The Colossal P. T. Barnum Reader」(Urbana: University of Illinois Press, 2005), p.237.

60 「P. T. Barnum」, 「Wikipedia」.

61 제임스 B. 트위첼(James B. Twitchell), 김철호 옮김, 「욕망, 광고, 소비의 문화사」(청년사, 2000/2001), 30, 41쪽.

62 T. J. Jackson Lears, 「From Salvation to Self-Realization: Advertising and the Therapeutic Roots of the Consumer Culture, 1880–1930」, Richard Wightman Fox & T. J. Jackson Lears, eds., 「The Culture of Consumption: Critical Essays in American History, 1880–1980」(New York: Pantheon Books, 1983), p.28.

63 에드워드 버네이스(Edward Louis Bernays), 강미경 옮김, 「프로파간다: 대중심리를 조종하는 선전전략」(공존, 1928/2009), 159~160쪽.

64 Daniel J. Boorstin, 「The Image: A Guide to Pseudo-Events in America」(New York: Atheneum, 1961/1985), p.210. pseudo-event는 매스미디어에 의해 보도되기 위해 꾸며진 '사건'이지만 그렇다고 완전히 '가짜'는 아니다. 아마도 '의사(擬似: 실제와 비슷함)'라는 표현이 적합할 것이다. 그리스어에서 비롯된 접두어 pseudo도 그런 의미에 가깝다. 부어스틴은 '의사사건'의 특성으로 다음과 같은 4가지를 들고 있다. (1) 의사사건은 우연한 것이 아니라 계획적인 것이다. 기차 사고나 지진은 의사사건이 아니지만 인터뷰는 의사사건이다. (2) 의사사건은 보도되거나 재생산되기 위한 즉각적인 목적을 위해 계획된 것이다. 그러므로 의사사건의 발생은 미디어에 의해 보도되거나 재생산되기에 편리하게끔 계획된다. 그 성공은 얼마나 크게 그리고 널리 보도되었는지에 따라 측정된다. (3) 의사사건이 실제 현실과 맺는 관계는 모호하다. 바로 그런 모호함 때문에 의사사건은 사람들의 관심을 끌게 된다. (4) 의사사건은 '자기충족적 예언'이 이루어지게끔 하는 의도를 갖고 있다.(pp.11~12)

65 Carl Bode, 「Introduction: Barnum Uncloaked」, John Seelye, ed., 「P. T. Barnum: Struggles and Triumphs」(Edited and Abridged with an Introduction by Carl Bode, New York: Penguin Books, 1981), p.9.

66   Niccolo Machiavelli, 『The Prince and The Discourses』(New York: The Modern Library, 1950), p.441.

제5장 왜 미국 부자들은 개같이 벌어 정승같이 쓰는가?

1   스티븐 컨(Stephen Kern), 박성관 옮김, 『시간과 공간의 문화사 1880~1918)』(휴머니스트, 1983/2004), 452쪽.
2   앤드루 카네기(Andrew Carnegie), 박별 옮김, 『철강왕 카네기 자서전』(나래북, 1920/2011), 460 쪽; 레이먼드 라몬브라운(Raymond Lamont-Brown), 김동미 옮김, 『카네기 평전』(작은씨앗, 2005/2006), 4쪽.
3   데일 카네기(Dale Carnegie), 베스트트랜스 옮김, 『데일 카네기의 5분 명상록』(더클래식, 1937/2011), 26~27쪽.
4   레이먼드 라몬브라운(Raymond Lamont-Brown), 김동미 옮김, 『카네기 평전』(작은씨앗, 2005/2006), 224쪽.
5   윌리엄 로마노프스키(William D. Romanowski), 신국원 옮김, 『대중문화전쟁』(예영커뮤니케이션, 1996/2001), 247쪽.
6   레이먼드 라몬브라운(Raymond Lamont-Brown), 김동미 옮김, 『카네기 평전』(작은씨앗, 2005/2006), 70~71쪽.
7   앤드루 카네기(Andrew Carnegie), 박별 옮김, 『철강왕 카네기 자서전』(나래북, 1920/2011), 163~164쪽.
8   박중서, 「인물세계사: 앤드류 카네기」, 『네이버 캐스트』, 2010년 8월 4일.
9   레이먼드 라몬브라운(Raymond Lamont-Brown), 김동미 옮김, 『카네기 평전』(작은씨앗, 2005/2006), 251~252쪽.
10   데일 카네기(Dale Carnegie), 베스트트랜스 옮김, 『데일 카네기의 5분 명상록』(더클래식, 1937/2011), 30쪽.
11   레이먼드 라몬브라운(Raymond Lamont-Brown), 김동미 옮김, 『카네기 평전』(작은씨앗, 2005/2006), 202쪽.
12   메릴 윈 데이비스(Merryl Wyn Davies), 이한음 옮김, 『다윈과 근본주의』(이제이북스, 2002).
13   잭 비어티(Jack Beatty), 유한수 옮김, 『거상: 대기업이 미국을 바꿨다』(물푸레, 2001/2002), 167~168쪽.
14   잭 비어티(Jack Beatty), 유한수 옮김, 『거상: 대기업이 미국을 바꿨다』(물푸레, 2001/2002), 105쪽.
15   이경원, 「미국학과 미국경제」, 김형인 외, 『미국학』(살림, 2003), 207쪽.
16   케빈 필립스(Kevin P. Phillips), 오삼교 · 정하용 옮김, 『부와 민주주의: 미국의 금권정치와 거대 부호들의 정치사』(중심, 2002/2004), 524쪽.
17   루이스 A. 코저(Lowis A. Coser), 신용하 · 박명규 옮김, 『사회사상사』(일지사, 1975/1978), 193쪽.
18   권용립, 『미국의 정치문명』(삼인, 2003), 231쪽.
19   「Andrew Carnegie」, 『Wikipedia』.
20   케네스 데이비스(Kenneth C. Davis), 이순호 옮김, 『미국에 대해 알아야 할 모든 것, 미국사』(책과함께, 2003/2004), 314쪽.
21   레이먼드 라몬브라운(Raymond Lamont-Brown), 김동미 옮김, 『카네기 평전』(작은씨앗, 2005/2006), 253쪽.
22   「The Gospel of Wealth」, 『Wikipedia』.
23   레이먼드 라몬브라운(Raymond Lamont-Brown), 김동미 옮김, 『카네기 평전』(작은씨앗, 2005/2006), 259쪽.

24 레이먼드 라몬브라운(Raymond Lamont-Brown), 김동미 옮김, 『카네기 평전』(작은씨앗, 2005/2006), 260쪽.

25 카네기홀은 1925년까지 카네기 가문이 소유하다가 부동산개발업자에게 넘겨졌다. 2008~2009년 운영 예산은 8,400만 달러였는데, 기부와 정부 지원으로 적자를 메꿔가는 방식으로 운영되고 있다. 「Carnegie Hall」, 『Wikipedia』.

26 잭 비어티(Jack Beatty), 유한수 옮김, 『거상: 대기업이 미국을 바꿨다』(물푸레, 2001/2002), 207~211쪽; 앨런 브링클리(Alan Brinkley), 황혜성 외 공역, 『미국인의 역사 2』(비봉출판사, 1993/1998), 220~221쪽.

27 잭 비어티(Jack Beatty), 유한수 옮김, 『거상: 대기업이 미국을 바꿨다』(물푸레, 2001/2002), 213쪽.

28 레이먼드 라몬브라운(Raymond Lamont-Brown), 김동미 옮김, 『카네기 평전』(작은씨앗, 2005/2006), 281쪽.

29 레이먼드 라몬브라운(Raymond Lamont-Brown), 김동미 옮김, 『카네기 평전』(작은씨앗, 2005/2006), 264쪽.

30 강준만, 『미국사 산책 4: '프런티어'의 재발견』(인물과사상사, 2010), 222쪽.

31 「Andrew Carnegie」, 『Wikipedia』.

32 Albert Desbiens, 『The United States of America: A Short History』(Montreal, Canada: Robin Brass Studio, 2007), p.148; 폴 케네디(Paul Kennedy), 이일수 외 옮김, 『강대국의 흥망』(한국경제신문사, 1987/1996), 338쪽.

33 나폴레온 힐, 권혁철 옮김, 『놓치고 싶지 않은 나의 꿈 나의 인생 1』(국일미디어, 1937/2010), 94~95쪽.

34 레이먼드 라몬브라운(Raymond Lamont-Brown), 김동미 옮김, 『카네기 평전』(작은씨앗, 2005/2006), 330쪽.

35 론 처노(Ron Chernow), 강남규 옮김, 『금융제국 J. P. 모건 1』(플래닛, 1990/2007), 288쪽.

36 「Andrew Carnegie」, 『Wikipedia』; 데일 카네기, 베스트트랜스 옮김, 『데일 카네기의 5분 명상록』(더클래식, 1937/2011), 30쪽.

37 데일 카네기(Dale Carnegie), 베스트트랜스 옮김, 『데일 카네기의 인간관계론』(더클래식, 1936/2010), 52쪽.

38 데일 카네기(Dale Carnegie), 베스트트랜스 옮김, 『데일 카네기의 인간관계론』(더클래식, 1936/2010), 105~106쪽; 앤드루 카네기(Andrew Carnegie), 박별 옮김, 『철강왕 카네기 자서전』(나래북, 1920/2011), 235~236쪽; 레이먼드 라몬브라운(Raymond Lamont-Brown), 김동미 옮김, 『카네기 평전』(작은씨앗, 2005/2006), 152~153쪽.

39 앤드루 카네기(Andrew Carnegie), 박별 옮김, 『철강왕 카네기 자서전』(나래북, 1920/2011), 49쪽.

40 레이먼드 라몬브라운(Raymond Lamont-Brown), 김동미 옮김, 『카네기 평전』(작은씨앗, 2005/2006), 287쪽.

41 찰스 R. 모리스(Charles R. Morris), 강대은 옮김, 『타이쿤: 신화가 된 기업가들』(황금나침반, 2005/2007), 25~26쪽.

42 레이먼드 라몬브라운(Raymond Lamont-Brown), 김동미 옮김, 『카네기 평전』(작은씨앗, 2005/2006), 392쪽.

43 「Andrew Carnegie」, 『Wikipedia』.

44 레이먼드 라몬브라운(Raymond Lamont-Brown), 김동미 옮김, 『카네기 평전』(작은씨앗, 2005/2006), 358쪽.

45 레이먼드 라몬브라운(Raymond Lamont-Brown), 김동미 옮김, 『카네기 평전』(작은씨앗, 2005/2006), 402~403쪽.

46 박중서, 「인물세계사: 앤드류 카네기」, 『네이버 캐스트』, 2010년 8월 4일.

47 카네기는 상속에 반대하면서 장래 지도자는 빈곤층에서 나올 것이라고 주장했다. 가난하게 지낸 사

람이 부모에게서 더 큰 관심을 받고 더 나은 노동윤리를 갖추는 등 이점이 있다는 것이다. 앤드루 카네기(Andrew Carnegie), 박별 옮김, 『철강왕 카네기 자서전』(나래북, 1920/2011), 146쪽; 「Andrew Cranegie」, 「Wikipedia」.

48 우태현, 「억만장자 사회주의자들」, 이그나시오 라모네(Ignacio Ramonet) 외, 최병권·이정옥 엮음, 『아메리카: 미국, 그 마지막 제국』(휴머니스트, 2002), 212~217쪽.

49 슬라보이 지제크(Slavoj Žižek), 박대진·박제철·이성민 옮김, 『이라크』(도서출판 b, 2004), 198쪽.

50 매슈 비숍(Matthew Bishop)·마이클 그린(Michael Green), 안진환 옮김, 『박애 자본주의』(사월의책, 2010), 435쪽.

51 Benjamin R. Barber, 『Consumed: How Markets Corrupt Children, Infantilize Adults, and Swallow Citizens Whole』(New York: W. W. Norton & Co., 2007), pp.71~76; 대니얼 그로스(Daniel Gross) 외, 장박원 옮김, 『미국을 만든 비즈니스 영웅 20』(세종서적, 1997), 390쪽.

52 서의동, 「어제의 오늘」, 『경향신문』, 2009년 7월 14일~10월 6일자.

53 이준호, 「카네기재단 설립(1902년 1월 29일): "부자로 죽는 건 정말 부끄러운 일"」, 조선일보 문화부 편, 『아듀 20세기 1』(조선일보사, 1999), 47쪽.

54 이미숙, 『존경받는 부자들: 기부와 자선, 미국을 이끈다』(김영사, 2004), 40~49쪽.

제6장 갑과 을의 파트너십은 어떻게 가능한가?

1 에릭 슐로서(Eric Schlosser), 김은령 옮김, 『패스트푸드의 제국』(에코리브르, 2001), 325~328쪽.

2 조지 리처(George Ritzer), 김종덕 옮김, 『맥도날드 그리고 맥도날드화: 유토피아인가, 디스토피아인가?』(시유시, 1996/1999), 37쪽.

3 이숙현, 「"빅맥" 1개를 사려면?」, 『내일신문』, 2003년 8월 22일, 4면.

4 레이 크록, 장세현 옮김, 『성공은 쓰레기통 속에 있다: 맥도날드 창업자 레이 크록 자서전』(황소북스, 1977/2011), 23쪽.

5 John F. Love, 『McDonald's: Behind the Arches』, 2nd ed.(New York: Bantam Books, 1995), p.57.

6 데이비드 핼버스탬(David Halberstam), 김지원 옮김, 『데이비드 핼버스탬의 1950년대 아메리카의 꿈(상)』(세종연구원, 1993/1996), 53쪽.

7 레이 크록, 장세현 옮김, 『성공은 쓰레기통 속에 있다: 맥도날드 창업자 레이 크록 자서전』(황소북스, 1977/2011), 194~195쪽.

8 레이 크록, 장세현 옮김, 『성공은 쓰레기통 속에 있다: 맥도날드 창업자 레이 크록 자서전』(황소북스, 1977/2011), 173~174쪽.

9 John F. Love, 『McDonald's: Behind the Arches』, 2nd ed.(New York: Bantam Books, 1995), p.115.

10 레이 크록, 장세현 옮김, 『성공은 쓰레기통 속에 있다: 맥도날드 창업자 레이 크록 자서전』(황소북스, 1977/2011), 140쪽.

11 맥도날드는 처음엔 매장 부지를 임대해서 가맹점에 재임대하다가 나중엔 직접 땅을 사서 가맹점들에 임대하는 방식을 취했다. 그래서 맥도날드는 미국 최고의 부동산 재벌이기도 한데, 이게 맥도날드의 또 다른 경쟁력이 되었다. 오늘날엔 맥도날드의 가맹비도 크게 올랐지만, 2000년대 초 맥도날드의 프랜차이즈 비용은 경쟁 업체인 버거킹의 프랜차이즈 비용(150만 달러 이상)의 3분의 1 정도에 지나지 않았다. 본사가 부동산 자산을 소유하고 임대하는 방식을 취하기 때문이다. 에릭 슐로서(Eric Schlosser), 김은령 옮김, 『패스트푸드의 제국』(에코리브르, 2001), 138쪽.

12 제레미 리프킨, 신현승 옮김, 『육식의 종말』(시공사, 2002), 322~323쪽.

13 레이 크록, 장세현 옮김, 『성공은 쓰레기통 속에 있다: 맥도날드 창업자 레이 크록 자서전』(황소북스, 1977/2011), 191쪽.

14 레이 크록, 장세현 옮김, 『성공은 쓰레기통 속에 있다: 맥도날드 창업자 레이 크록 자서전』(황소북스, 1977/2011), 303~304쪽.

15 레이 크록, 장세현 옮김, 『성공은 쓰레기통 속에 있다: 맥도날드 창업자 레이 크록 자서전』(황소북스, 1977/2011), 302~303쪽.

16 폴 퍼셀라(Paul Facella), 장세현 옮김, 『맥도날드 사람들: 세계 최고의 브랜드를 만든 맥도날드 리더십의 숨겨진 비밀』(황소북스, 2008/2010), 99쪽.

17 레이 크록, 장세현 옮김, 『성공은 쓰레기통 속에 있다: 맥도날드 창업자 레이 크록 자서전』(황소북스, 1977/2011), 272~273쪽.

18 John F. Love, 『McDonald's: Behind the Arches』, 2nd ed.(New York: Bantam Books, 1995), p.454.

19 레이 크록, 장세현 옮김, 『성공은 쓰레기통 속에 있다: 맥도날드 창업자 레이 크록 자서전』(황소북스, 1977/2011), 268~269쪽.

20 John F. Love, 『McDonald's: Behind the Arches』, 2nd ed.(New York: Bantam Books, 1995), pp.61~64; 폴 퍼셀라(Paul Facella), 장세현 옮김, 『맥도날드 사람들: 세계 최고의 브랜드를 만든 맥도날드 리더십의 숨겨진 비밀』(황소북스, 2008/2010), 27~29쪽.

21 폴 퍼셀라(Paul Facella), 장세현 옮김, 『맥도날드 사람들: 세계 최고의 브랜드를 만든 맥도날드 리더십의 숨겨진 비밀』(황소북스, 2008/2010), 62~63쪽.

22 폴 퍼셀라(Paul Facella), 장세현 옮김, 『맥도날드 사람들: 세계 최고의 브랜드를 만든 맥도날드 리더십의 숨겨진 비밀』(황소북스, 2008/2010), 63쪽.

23 에릭 슐로서(Eric Schlosser), 김은령 옮김, 『패스트푸드의 제국』(에코리브르, 2001), 134~135쪽.

24 레이 크록, 장세현 옮김, 『성공은 쓰레기통 속에 있다: 맥도날드 창업자 레이 크록 자서전』(황소북스, 1977/2011), 257~258쪽.

25 폴 퍼셀라(Paul Facella), 장세현 옮김, 『맥도날드 사람들: 세계 최고의 브랜드를 만든 맥도날드 리더십의 숨겨진 비밀』(황소북스, 2008/2010), 92쪽.

26 John F. Love, 『McDonald's: Behind the Arches』, 2nd ed.(New York: Bantam Books, 1995), p.303.

27 레이 크록, 장세현 옮김, 『성공은 쓰레기통 속에 있다: 맥도날드 창업자 레이 크록 자서전』(황소북스, 1977/2011), 228쪽.

28 에릭 슐로서(Eric Schlosser), 김은령 옮김, 『패스트푸드의 제국』(에코리브르, 2001), 60쪽.

29 월터 레이피버, 이정엽 옮김, 『마이클 조던, 나이키, 지구 자본주의』(문학과지성사, 2001), 150~151쪽.

30 에번 I. 슈워츠, 고주미 · 강병태 옮김, 『웹 경제학: 인터넷 시장을 지배하는 9가지 법칙』(세종서적, 1999), 203~204쪽.

31 조 킨첼로(Joe L. Kincheloe), 성기완 옮김, 『맥도날드와 문화권력: 버거의 상징』(아침이슬, 2004), 77~78쪽.

32 김균미, 「미 '똥보 햄버거' 바람: 하디스 고칼로리 햄버거 인기」, 『서울신문』, 2005년 1월 12일, 8면.

33 김승련, 「"햄버거 회사에 비만 탓하지 말라"」, 『동아일보』, 2005년 10월 21일, A18면.

34 Bryan S. Turner, 「McDonaldization: Linearity and Liquidity in Consumer Cultures」, Paul James & Imre Szeman eds., 『Globalization and Culture(Vol. III)』(Los Angeles, CA: Sage, 2010), p.208.

35 John F. Love, 『McDonald's: Behind the Arches』, 2nd ed.(New York: Bantam Books, 1986/1995), p.320.

36 John F. Love, 『McDonald's: Behind the Arches』, 2nd ed.(New York: Bantam Books, 1986/1995), pp.415~416.

37 에릭 슐로서(Eric Schlosser), 김은령 옮김, 『패스트푸드의 제국』(에코리브르, 2001), 100쪽.

38 클로테르 라파이유(Clotaire Rapaille), 김상철 · 김정수 옮김, 『컬처코드: 세상의 모든 인간과 비즈니스를 여는 열쇠』(리더스북, 2006/2007), 218~221쪽.

39 시드니 민츠(Sidney W. Mintz), 조병준 옮김, 『음식의 맛, 자유의 맛』(지호, 1996/1998), 241~242쪽.

40 대니얼 버스타인(Daniel Burstein)·데이비드 클라인(David Kline), 김광전 옮김, 『정보고속도로의 꿈과 악몽』(한국경제신문사, 1996), 342쪽.

41 로버트 앤더슨, 「부록: 레이 크록을 그리며」, 레이 크록, 장세현 옮김, 『성공은 쓰레기통 속에 있다: 맥도날드 창업자 레이 크록 자서전』(황소북스, 1977/2011), 312~314쪽.

42 Bryan S. Turner, 「McDonaldization: Linearity and Liquidity in Consumer Cultures」, Paul James & Imre Szeman eds., 『Globalization and Culture(Vol. III)』(Los Angeles, CA: Sage, 2010), p.207.

43 폴 퍼셀라(Paul Facella), 장세현 옮김, 『맥도날드 사람들: 세계 최고의 브랜드를 만든 맥도날드 리더십의 숨겨진 비밀』(황소북스, 2008/2010), 185쪽.

제7장 예수는 '세계에서 가장 위대한 세일즈맨'인가?

1 Bruce Barton, 『The Man Nobody Knows: A Discovery of the Real Jesus』(Chicago, IL: Ivan R. Dee, 1925/2000), p.4.

2 브루스 바턴, 이동진 옮김, 『예수의 인간경영과 마케팅 전략』(해누리, 1925/2000), 1쪽.

3 브루스 바턴, 이동진 옮김, 『예수의 인간경영과 마케팅 전략』(해누리, 1925/2000), 171쪽.

4 브루스 바턴, 이동진 옮김, 『예수의 인간경영과 마케팅 전략』(해누리, 1925/2000), 176~177쪽.

5 Amherst College는 1821년 하버드대학의 '사악한 유니테리언 이단(wicked Unitarian heresy)'과 싸우겠다는 취지로 설립된 학교다. Richard M. Fried, 『The Man Everybody Knew: Bruce Barton and the Making of Modern America』(Chicago, IL: Ivan R. Dee, 2005), p.17.

6 BBDO를 비롯해 광고대행사들이 몰려 있던 뉴욕 매디슨가(Madison Avenue)는 광고업계를 가리키는 별명이 되었다. 1923년 5월 『애드버타이징앤드셀링(Advertising & Selling)』에서 처음 사용되었다. Madison Avenue는 이 지역에 있는 매디슨 광장(Madison Square)에서 나온 말인데, 제4대 대통령 제임스 매디슨(James Madison, 1751~1836)을 따서 지은 이름이다. 오늘날 많은 광고대행사가 이곳을 떠나 다른 곳으로 옮겨갔지만, 여전히 광고 산업을 대변하는 상징적 의미로 쓰이고 있다. Richard M. Fried, 『The Man Everybody Knew: Bruce Barton and the Making of Modern America』(Chicago, IL: Ivan R. Dee, 2005), p.52; 「Madison Avenue」, 『Wikipedia』.

7 김동규, 『10명의 천재 카피라이터』(커뮤니케이션북스, 2012), 53~55쪽.

8 Richard M. Fried, 『The Man Everybody Knew: Bruce Barton and the Making of Modern America』(Chicago, IL: Ivan R. Dee, 2005), pp.61~62.

9 Robert B. Westbrook, 「Politics as Consumption: Managing the Modern American Election」, Richard Wightman Fox & T. J. Jackson Lears, eds., 『The Culture of Consumption: Critical Essays in American History, 1880-1980』(New York: Pantheon Books, 1983), p.155.

10 Steve M. Barkin, 「Eisenhower's Television Planning Board: An Unwritten Chapter in the History of Political Broadcasting」, 『Journal of Broadcasting』, 27:4(Fall 1983), pp.319~331; Mark Green, 「Amiable of Chronic Liar?: And Why the Press Lets Him Get Away With It」, 『Mother Jones』, June/July 1987, pp.9~17.

11 Richard M. Fried, 『The Man Everybody Knew: Bruce Barton and the Making of Modern America』(Chicago, IL: Ivan R. Dee, 2005), p.200.

12 Roland Marchand, 『Advertising the American Dream: Making Way for Modernity, 1920-1940』(Berkeley: University of California Press, 1985), p.25.

13 Stephen Fox, 리대룡·차유철 옮김, 『광고크리에이티브사』(한경사, 1997/2005), 122쪽.

14 T. J. Jackson Lears, 「From Salvation to Self-Realization: Advertising and the Therapeutic Roots of the Consumer Culture, 1880-1930」, Richard Wightman Fox & T. J. Jackson Lears, eds., 『The

Culture of Consumption: Critical Essays in American History, 1880–1980』(New York: Pantheon Books, 1983), p.34.

15 고범서, 『라인홀드 니버의 생애와 사상』(대화문화아카데미, 2007), 65쪽.

16 Richard M. Fried, 『The Man Everybody Knew: Bruce Barton and the Making of Modern America』(Chicago, IL: Ivan R. Dee, 2005), p.84.

17 Richard M. Fried, 『The Man Everybody Knew: Bruce Barton and the Making of Modern America』(Chicago, IL: Ivan R. Dee, 2005), p.105. The Man Nobody Knows처럼 특정 어구 견본 (phrasal template)을 끝없이 확장시켜 이용하는 걸 가리켜 snowclone이라고 한다. 이는 2004년 작가 글렌 휘트먼(Glen Whitman)이 만든 신조어인데, 이미 쓰인 유명한 용례가 있기 때문에 이해하기 쉽다는 장점이 있다. 「Snowclone」, 『Wikipedia』; 「Phrasal template」, 『Wikipedia』.

18 버턴 맬킬(Burton G. Malkiel), 이건 · 김홍식 옮김, 『시장변화를 이기는 투자』(국일증권경제연구소, 2007/2009), 61쪽.

19 케네스 데이비스(Kenneth C. Davis), 이순호 옮김, 『미국에 대해 알아야 할 모든 것, 미국사』(책과함께, 2003/2004), 363쪽; 하워드 진(Howard Zinn) · 레베카 스테포프(Rebecca Stefoff), 김영진 옮김, 『하워드 진 살아있는 미국역사』(추수밭, 2007/2008), 190쪽; 이준호, 「아듀…20세기 (55) 대공황 서곡 뉴욕증시 폭락 1929년 10월 24일」, 『조선일보』, 1999년 3월 31일.

20 F. L. 알렌(Frederick Lewis Allen), 박진빈 옮김, 『원더풀 아메리카』(앨피, 1931/2006), 298쪽.

21 F. L. 알렌(Frederick Lewis Allen), 박진빈 옮김, 『원더풀 아메리카』(앨피, 1931/2006), 299쪽; 케네스 데이비스(Kenneth C. Davis), 이순호 옮김, 『미국에 대해 알아야 할 모든 것, 미국사』(책과함께, 2003/2004); 루터 S. 루드케(Luther S. Luedtke), 「미국 국민성의 탐색」, 루터 S. 루드케(Luther S. Luedtke) 편, 고대 영미문학연구소 옮김, 『미국의 사회와 문화』(탐구당, 1989), 13~45쪽; 찰스 패너티(Charles Panati), 이용웅 옮김, 『문화와 유행상품의 역사(전2권)』(자작나무, 1997); 오치 미치오, 곽해선 옮김, 『와스프: 미국의 엘리트는 어떻게 만들어지는가』(살림, 1998/1999).

22 곽승엽, 『드라이저: 참된 삶의 추구자』(건국대학교출판부, 1995), 72~94쪽.

23 William E. Leuchtenburg, 『The Perils of Prosperity, 1914–32』(Chicago: The University of Chicago Press, 1958); Neil Campbell & Alasdair Kean, 정정호 외 공역, 『미국문화의 이해』(학문사, 2002); 제임스 트라웁(James Traub), 이다희 옮김, 『42번가의 기적: 타임스퀘어의 몰락과 부활』(이후, 2007).

24 잭 비어티(Jack Beatty), 유한수 옮김, 『거상: 대기업이 미국을 바꿨다』(물푸레, 2001/2002), 302쪽.

25 케빈 필립스(Kevin P. Phillips), 오삼교 · 정하용 옮김, 『부와 민주주의: 미국의 금권정치와 거대 부호들의 정치사』(중심, 2002/2004), 537쪽; 케네스 데이비스(Kenneth C. Davis), 이순호 옮김, 『미국에 대해 알아야 할 모든 것, 미국사』(책과함께, 2003/2004), 363쪽.

26 Edrene S. Montgomery, 「Bruce Barton's 'The Man Nobody Knows': A Popular Advertising Illusion」, 『Journal of Popular Culture』, 19:3(Winter 1985), pp.21~34.

27 Richard M. Fried, 『The Man Everybody Knew: Bruce Barton and the Making of Modern America』(Chicago, IL: Ivan R. Dee, 2005), p.86.

28 가리발디(1807~1882)는 이탈리아의 통일 운동에 공헌한 장군 이름이다. R. Laurence Moore, 『Selling God: American Religion in the Marketplace of Culture』(New York: Oxford University Press, 1994), pp.212~213; William E. Leuchtenburg, 『The Perils of Prosperity, 1914–32』(Chicago, IL: The University of Chicago Press, 1958), p.189.

29 F. L. 알렌(Frederick Lewis Allen), 박진빈 옮김, 『원더풀 아메리카』(앨피, 1931/2006), 237쪽.

30 F. L. 알렌(Frederick Lewis Allen), 박진빈 옮김, 『원더풀 아메리카』(앨피, 1931/2006), 234~235쪽.

31 Richard M. Fried, 『The Man Everybody Knew: Bruce Barton and the Making of Modern America』(Chicago, IL: Ivan R. Dee, 2005), pp.136~137.

32 볼프강 쉬벨부시(Wolfgang Schivelbusch), 차문석 옮김, 『뉴딜, 세 편의 드라마: 루스벨트의 뉴딜 · 무솔리니의 파시즘 · 히틀러의 나치즘』(지식의풍경, 2009).

33 박찬승, 『민족주의의 시대: 일제하의 한국 민족주의』(경인문화사, 2007).

34 호세 오르테가 이 가세트(Jose Ortega y Gasset), 황보영조 옮김, 『대중의 반역』(역사비평사, 1930/2005), 24쪽.

35 Richard M. Fried, 『The Man Everybody Knew: Bruce Barton and the Making of Modern America』(Chicago, IL: Ivan R. Dee, 2005), pp.153~154, 208.

36 Richard M. Fried, 『The Man Everybody Knew: Bruce Barton and the Making of Modern America』(Chicago, IL: Ivan R. Dee, 2005), pp.164~165, 178~179.

37 Richard M. Fried, 『The Man Everybody Knew: Bruce Barton and the Making of Modern America』(Chicago, IL: Ivan R. Dee, 2005), pp.157, 185.

38 Richard M. Fried, 『The Man Everybody Knew: Bruce Barton and the Making of Modern America』(Chicago, IL: Ivan R. Dee, 2005), pp.175, 194~195.

39 마크 턴게이트(Mark Tungate), 노정휘 옮김, 『광고판: 세계 광고의 역사』(이실MBA, 2007/2009), 70~71쪽.

40 Richard M. Fried, 『The Man Everybody Knew: Bruce Barton and the Making of Modern America』(Chicago, IL: Ivan R. Dee, 2005), pp.210, 218.

41 Richard M. Fried, 『The Man Everybody Knew: Bruce Barton and the Making of Modern America』(Chicago, IL: Ivan R. Dee, 2005), p.234.

42 Sharon Zukin, 『Point of Purchase: How Shopping Changed American Culture』(New York: Routledge, 2004/2005), p.107.

43 William E. Leuchtenburg, 『The Perils of Prosperity, 1914-32』(Chicago, IL: The University of Chicago Press, 1958), pp.188~189.

44 Frederick Lewis Allen, 『Only Yesterday: An Informal History of the Nineteen-Twenties』(New York: Bantam Books, 1931/1946), pp.205~206.

45 Richard M. Fried, 『The Man Everybody Knew: Bruce Barton and the Making of Modern America』(Chicago, IL: Ivan R. Dee, 2005), pp.183, 231~233.

46 Roland Marchand, 『Advertising the American Dream: Making Way for Modernity, 1920-1940』(Berkeley: University of California Press, 1985), p.46. 이와 관련, 존 행콕 금융서비스 회사의 CEO인 데이비드 댈러샌드로(David F. D'Alessandro)의 다음과 같은 말이 가슴에 와닿는다. "광고계에서 일해본 경험이 있는 사람으로서 감히 단언하건대 광고계의 총체적인 특성은 바로 '아첨'이다. 광고 회사는 자신들의 전문가적 지식으로 보아 성공할 가능성이 전혀 없다는 판단이 나와도 무조건 클라이언트가 하자는 대로 해준다. 목표는 오로지 돈뿐이니까." 데이비드 댈러샌드로(David F. D'Alessandro), 이수정 옮김, 『브랜드 전쟁: 킬러 브랜드를 만드는 10가지 법칙』(청림출판, 2002), 97쪽.

47 James B. Twitchell, 『Shopping for God: How Christianity Went From In Your Heart to In Your Face』(New York: Simon & Schuster, 2007), p.81.

48 바턴은 처음엔 마케팅 슬로건을 "예수가 사랑했을 성경(The Bible Jesus Would Have Loved)"으로 했으나, 나중에 덜 자극적인 "341년만의 가장 큰 성경 뉴스(Biggest Bible News in 341 Years)"로 바꾸었다. R. Laurence Moore, 『Selling God: American Religion in the Marketplace of Culture』(New York: Oxford University Press, 1994), p.253.

49 Laurie Beth Jones, 『Jesus, CEO: Using Ancient Wisdom for Visionary Leadership』(New York: Hyperion, 1995), pp.90~91, 177~179; C. Gene Wilkes, 『Jesus on Leadership: Discovering the Secrets of Servant Leadership』(Wheaton, Illinois: Tyndale House Publishers, 1998), pp.9~10, 27~28.

50   Richard M. Fried, 『The Man Everybody Knew: Bruce Barton and the Making of Modern America』(Chicago, IL: Ivan R. Dee, 2005), p.224; Warren I. Susman, 『Culture as History: The Transformation of American Society in the Twentieth Century』(Washington D.C.: Smithsonian Institution Press, 2003), p.127.

51   Daniel J. Boorstin, 『Democracy and Its Discontents: Reflections on Everyday America』(New York: Vintage Books, 1975), pp.28~29.

제8장 어떻게 친구를 얻고 사람을 움직일 것인가?

1   「How to Win Friends and Influence People」, 『Wikipedia』.

2   자신의 취약점이 대중 앞에서 연설하는 데 자신이 없는 것이라고 생각한 버핏은 100달러의 수강료를 지불하고 데일 카네기 강좌에 등록했다. 앤드루 킬패트릭(Andrew Kilpatrick), 안진환·김기준 옮김, 『워런 버핏 평전 1』(월북, 2006/2008), 64쪽.

3   김환영, 「워런 버핏·리 아이어코카의 대중 공포증 없애 준 책」, 『중앙선데이』, 제179호(2010년 8월 15일).

4   Daniel Boorstin, 『The Americans: The Democratic Experience』(New York: Vintage Books, 1973/1974), pp.468~469.

5   Daniel Boorstin, 『The Americans: The Democratic Experience』(New York: Vintage Books, 1973/1974), p.467; 리처드 스텐걸(Richard Stengel), 임정근 옮김, 『아부의 기술: 전략적인 찬사, 아부에 대한 모든 것』(참솔, 2000/2006), 308~312쪽.

6   리처드 스텐걸(Richard Stengel), 임정근 옮김, 『아부의 기술: 전략적인 찬사, 아부에 대한 모든 것』(참솔, 2000/2006), 313~315쪽.

7   「Dale Carnegie」, 『Wikipedia』.

8   이 책은 1932년 『Public Speaking and Influencing Men in Business』로 개제(改題)해 출간되었다. 데일 카네기, 베스트트랜스 옮김, 『데일 카네기의 성공 대화론』(더클래식, 1926/2011).

9   데일 카네기, 베스트트랜스 옮김, 『데일 카네기의 링컨 이야기』(더클래식, 1932/2011).

10   데일 카네기, 베스트트랜스 옮김, 『데일 카네기의 성공 대화론』(더클래식, 1926/2011), 118쪽.

11   데일 카네기, 베스트트랜스 옮김, 『데일 카네기의 성공 대화론』(더클래식, 1926/2011), 276쪽.

12   데일 카네기, 베스트트랜스 옮김, 『데일 카네기의 성공 대화론』(더클래식, 1926/2011), 280쪽.

13   데일 카네기, 베스트트랜스 옮김, 『데일 카네기의 성공 대화론』(더클래식, 1926/2011), 346~347쪽.

14   데일 카네기, 베스트트랜스 옮김, 『데일 카네기의 성공 대화론』(더클래식, 1926/2011), 379~380쪽.

15   데일 카네기, 베스트트랜스 옮김, 『데일 카네기의 성공 대화론』(더클래식, 1926/2011), 381, 394쪽.

16   데일 카네기, 베스트트랜스 옮김, 『데일 카네기의 5분 명상록』(더클래식, 1937/2011).

17   「How to Win Friends and Influence People」, 『Wikipedia』.

18   데일 카네기, 베스트트랜스 옮김, 『데일 카네기의 자기관리론』(더클래식, 1948/2011), 17쪽.

19   David Riesman, Nathan Glazer & Reuel Nennedy, 『The Lonely Crowd: A Study of the Changing American Character』(Garden City, NY: Doubleday Anchor books, 1950/1954), pp.176~177.

20   데일 카네기, 베스트트랜스 옮김, 『데일 카네기의 자기관리론』(더클래식, 1948/2011), 98쪽.

21   데일 카네기, 베스트트랜스 옮김, 『데일 카네기의 자기관리론』(더클래식, 1948/2011), 171쪽.

22   데일 카네기, 베스트트랜스 옮김, 『데일 카네기의 자기관리론』(더클래식, 1948/2011), 190쪽.

23   데일 카네기, 베스트트랜스 옮김, 『데일 카네기의 자기관리론』(더클래식, 1948/2011), 210쪽.

24   데일 카네기, 베스트트랜스 옮김, 『데일 카네기의 자기관리론』(더클래식, 1948/2011), 280쪽.

25   데일 카네기, 베스트트랜스 옮김, 『데일 카네기의 자기관리론』(더클래식, 1948/2011), 287쪽.

26 찰스 패너티(Charles Panati), 이용웅 옮김, 『문화와 유행상품의 역사 2』(자작나무, 1991/1997), 90~91쪽.

27 T. J. Jackson Lears, 「From Salvation to Self-Realization: Advertising and the Therapeutic Roots of the Consumer Culture, 1880-1930」, Richard Wightman Fox & T. J. Jackson Lears, eds., 『The Culture of Consumption: Critical Essays in American History, 1880-1980』(New York: Pantheon Books, 1983), p.8.

28 Daniel Boorstin, 『The Americans: The Democratic Experience』(New York: Vintage Books, 1973/1974), p.468.

29 Daniel Boorstin, 『The Americans: The Democratic Experience』(New York: Vintage Books, 1973/1974), pp.468~470.

30 Alfred McClung Lee & Elizabeth Briant Lee, 『The Fine Art of Propaganda』(San Francisco, CA: International Society for General Semantics, 1939/1979), pp.74~91.

31 데일 카네기, 베스트트랜스 옮김, 『데일 카네기의 인간관계론』(더클래식, 1936/2010), 14쪽.

32 데일 카네기, 베스트트랜스 옮김, 『데일 카네기의 인간관계론』(더클래식, 1936/2010), 19쪽.

33 데일 카네기, 베스트트랜스 옮김, 『데일 카네기의 인간관계론』(더클래식, 1936/2010), 20쪽.

34 데일 카네기, 베스트트랜스 옮김, 『데일 카네기의 인간관계론』(더클래식, 1936/2010), 23쪽.

35 데일 카네기, 베스트트랜스 옮김, 『데일 카네기의 인간관계론』(더클래식, 1936/2010), 33~36쪽.

36 데일 카네기, 베스트트랜스 옮김, 『데일 카네기의 인간관계론』(더클래식, 1936/2010), 45~48쪽.

37 데일 카네기, 베스트트랜스 옮김, 『데일 카네기의 인간관계론』(더클래식, 1936/2010), 52쪽.

38 데일 카네기, 베스트트랜스 옮김, 『데일 카네기의 인간관계론』(더클래식, 1936/2010), 55~56쪽.

39 데일 카네기, 베스트트랜스 옮김, 『데일 카네기의 인간관계론』(더클래식, 1936/2010), 58~63쪽.

40 데일 카네기, 베스트트랜스 옮김, 『데일 카네기의 인간관계론』(더클래식, 1936/2010)), 81~82쪽.

41 데일 카네기, 베스트트랜스 옮김, 『데일 카네기의 인간관계론』(더클래식, 1936/2010), 88쪽.

42 데일 카네기, 베스트트랜스 옮김, 『데일 카네기의 인간관계론』(더클래식, 1936/2010), 97~98쪽.

43 데일 카네기, 베스트트랜스 옮김, 『데일 카네기의 인간관계론』(더클래식, 1936/2010), 105~106쪽.

44 데일 카네기, 베스트트랜스 옮김, 『데일 카네기의 인간관계론』(더클래식, 1936/2010), 107쪽.

45 데일 카네기, 베스트트랜스 옮김, 『데일 카네기의 인간관계론』(더클래식, 1936/2010), 107~109쪽.

46 데일 카네기, 베스트트랜스 옮김, 『데일 카네기의 인간관계론』(더클래식, 1936/2010), 113쪽.

47 데일 카네기, 베스트트랜스 옮김, 『데일 카네기의 인간관계론』(더클래식, 1936/2010), 146쪽.

48 데일 카네기, 베스트트랜스 옮김, 『데일 카네기의 인간관계론』(더클래식, 1936/2010), 236쪽.

49 데일 카네기, 베스트트랜스 옮김, 『데일 카네기의 인간관계론』(더클래식, 1936/2010), 277쪽.

50 김환영, 「워런 버핏·리 아이어코카의 대중 공포증 없애 준 책」, 『중앙선데이』, 제179호(2010년 8월 15일).

51 박성희, 『미디어 인터뷰』(나남출판, 2003), 173쪽.

52 리처드 스텐걸(Richard Stengel), 임정근 옮김, 『아부의 기술: 전략적인 찬사, 아부에 대한 모든 것』(참솔, 2000/2006), 318쪽.

53 리처드 스텐걸(Richard Stengel), 임정근 옮김, 『아부의 기술: 전략적인 찬사, 아부에 대한 모든 것』(참솔, 2000/2006), 321쪽.

54 리처드 스텐걸(Richard Stengel), 임정근 옮김, 『아부의 기술: 전략적인 찬사, 아부에 대한 모든 것』(참솔, 2000/2006), 321, 336~337쪽.

55 리처드 스텐걸(Richard Stengel), 임정근 옮김, 『아부의 기술: 전략적인 찬사, 아부에 대한 모든 것』(참솔, 2000/2006), 340~341쪽.

56 Christopher Lasch, 『Culture of Narcissism: American Life in an Age of Diminishing Expectations』(New York: Warner Books, 1979), pp.115~116.

57   고나무, 「나는 상담한다, 고로 존재한다: 출판·방송가 강타한 팝 사이콜로지 열풍」, 『한겨레』, 2009년 5월 21일.

제9장 긍정·낙관·확신하면 꿈꾼 대로 이루어지는가?

1   김용민, 「LG CEO들 "독서합시다"」, 『파이낸셜뉴스』, 2007년 7월 16일.

2   서정명, 「[한국을 이끄는 50인의 경영인] 이수창 삼성생명 사장」, 『서울경제』, 2008년 6월 17일.

3   박영균, 「[박영균 논설위원의 추천! 이번 주의 책] 하루에 한 걸음 씩」, 『동아일보』, 2011년 1월 8일.

4   김진호, 「자본이 된 신, 신이 된 자본」, 『한겨레21』, 제864호(2011년 6월 13일).

5   김성희, 「王목사의 말씀 "주님 보기에 큰 교회가 아름다워!"」, 『프레시안』, 2012년 4월 6일.

6   김은혜, 「[설교를 말하다 10] 여의도순복음분당교회 이태근 목사: "한국 목회자들, 영성은 깊으나 스피치 기술 부족"」, 『크리스천투데이』, 2013년 1월 14일.

7   바버라 에런라이크(Barbara Ehrenreich), 전미영 옮김, 『긍정의 배신: 긍정적 사고는 어떻게 우리의 발등을 찍는가』(부키, 2009/2011), 134쪽; 「Ernest Holmes」, 『Wikipedia』.

8   이 방송은 이후 54년간 지속되었는데, 필은 TV 시대엔 카리스마 넘치는 모습으로 시청자들을 사로잡았다. 제임스 트위첼은 필을 '목사 사업가(pastorpreneur)'의 효시로 간주한다. James B. Twitchell, 『Shopping for God: How Christianity Went From In Your Heart to In Your Face』(New York: Simon & Schuster, 2007), p.149.

9   노먼 빈센트 필, 최소영 옮김, 『생각대로 된다: 좌절을 확신으로 바꾸는 자기경영원리』(21세기북스, 1948/2008), 7쪽.

10   노먼 빈센트 필, 최소영 옮김, 『생각대로 된다: 좌절을 확신으로 바꾸는 자기경영원리』(21세기북스, 1948/2008), 306~311쪽.

11   「Norman Vincent Peale」, 『Wikipedia』.

12   「Norman Vincent Peale」, 『Wikipedia』.

13   노먼 빈센트 필, 이갑만 옮김, 『적극적 사고방식』(세종서적, 1952/2011), 58, 84, 205~206쪽.

14   노먼 빈센트 필, 최소영 옮김, 『꿈꾼 대로 된다: 실패를 낙관으로 바꾸는 자기경영원리』(21세기북스, 1961/2008), 59쪽.

15   「[비즈니스 유머] 긍정적 사고」, 『한국경제』, 2005년 1월 27일.

16   노먼 빈센트 필, 이갑만 옮김, 『적극적 사고방식』(세종서적, 1952/2011), 27쪽.

17   노먼 빈센트 필, 이갑만 옮김, 『적극적 사고방식』(세종서적, 1952/2011), 31쪽.

18   노먼 빈센트 필, 이갑만 옮김, 『적극적 사고방식』(세종서적, 1952/2011), 47쪽.

19   노먼 빈센트 필, 이갑만 옮김, 『적극적 사고방식』(세종서적, 1952/2011), 114~115쪽.

20   노먼 빈센트 필, 이갑만 옮김, 『적극적 사고방식』(세종서적, 1952/2011), 131쪽.

21   노먼 빈센트 필, 이갑만 옮김, 『적극적 사고방식』(세종서적, 1952/2011), 152쪽.

22   노먼 빈센트 필, 이갑만 옮김, 『적극적 사고방식』(세종서적, 1952/2011), 197쪽.

23   노먼 빈센트 필, 이갑만 옮김, 『적극적 사고방식』(세종서적, 1952/2011), 209~210쪽.

24   노먼 빈센트 필, 이갑만 옮김, 『적극적 사고방식』(세종서적, 1952/2011), 247쪽.

25   노먼 빈센트 필, 이갑만 옮김, 『적극적 사고방식』(세종서적, 1952/2011), 36쪽.

26   좀더 거슬러 올라가자면, 출판계에서 번영 신학의 번영은 1948년 필의 『자신감 있는 삶을 위한 가이드』와 1949년 쉰의 『영혼의 평화(Peace of Soul)』에서부터 시작했다고 볼 수 있다. 『뉴스위크』(1949년 9월 26일자)는 이 책들을 언급하면서 논픽션 베스트셀러 목록에서 종교적인 책들이 늘고 있는 현상에 주목하는 기사를 싣기도 했다. R. Laurence Moore, 『Selling God: American Religion in the Marketplace of Culture』(New York: Oxford University Press, 1994), p.239.

27 Ronald W. Dworkin, 『Artificial Happiness: The Dark Side of the New Happy Class』(New York: Carroll & Graf Publishers, 2006), pp.167~170.

28 바버라 에런라이크(Barbara Ehrenreich), 전미영 옮김, 『긍정의 배신: 긍정적 사고는 어떻게 우리의 발등을 찍는가』(부키, 2009/2011), 146쪽.

29 바버라 에런라이크(Barbara Ehrenreich), 전미영 옮김, 『긍정의 배신: 긍정적 사고는 어떻게 우리의 발등을 찍는가』(부키, 2009/2011), 148~149쪽.

30 리처드 스텐걸(Richard Stengel), 임정근 옮김, 『아부의 기술: 전략적인 찬사, 아부에 대한 모든 것』(참솔, 2000/2006), 340~341쪽; 「Norman Vincent Peale」, 「Wikipedia」.

31 니부어는 평소 필의 '번영 신학'을 경멸했다. 「Norman Vincent Peale」, 「Wikipedia」; R. Laurence Moore, 『Selling God: American Religion in the Marketplace of Culture』(New York: Oxford University Press, 1994), p.242.

32 노먼 빈센트 필, 최소영 옮김, 『꿈꾼 대로 된다: 실패를 낙관으로 바꾸는 자기경영원리』(21세기북스, 1961/2008), 13쪽.

33 노먼 빈센트 필, 최소영 옮김, 『꿈꾼 대로 된다: 실패를 낙관으로 바꾸는 자기경영원리』(21세기북스, 1961/2008), 26쪽.

34 노먼 빈센트 필, 최소영 옮김, 『꿈꾼 대로 된다: 실패를 낙관으로 바꾸는 자기경영원리』(21세기북스, 1961/2008), 210쪽.

35 노먼 빈센트 필, 정경옥 옮김, 『열정이 차이를 만든다』(21세기북스, 1967/2007), 58쪽.

36 노먼 빈센트 필, 정경옥 옮김, 『열정이 차이를 만든다』(21세기북스, 1967/2007), 77~78쪽.

37 노먼 빈센트 필, 정경옥 옮김, 『열정이 차이를 만든다』(21세기북스, 1967/2007), 18쪽.

38 노먼 빈센트 필, 정경옥 옮김, 『열정이 차이를 만든다』(21세기북스, 1967/2007), 34쪽.

39 노먼 빈센트 필, 정경옥 옮김, 『열정이 차이를 만든다』(21세기북스, 1967/2007), 47쪽.

40 노먼 빈센트 필, 노지양 옮김, 『믿는 만큼 이루어진다』(21세기북스, 1974/2006), 57~58쪽.

41 바버라 에런라이크(Barbara Ehrenreich), 전미영 옮김, 『긍정의 배신: 긍정적 사고는 어떻게 우리의 발등을 찍는가』(부키, 2009/2011), 130~131쪽.

42 바버라 에런라이크(Barbara Ehrenreich), 전미영 옮김, 『긍정의 배신: 긍정적 사고는 어떻게 우리의 발등을 찍는가』(부키, 2009/2011), 139~140쪽.

43 바버라 에런라이크(Barbara Ehrenreich), 전미영 옮김, 『긍정의 배신: 긍정적 사고는 어떻게 우리의 발등을 찍는가』(부키, 2009/2011), 209~210쪽.

44 바버라 에런라이크(Barbara Ehrenreich), 전미영 옮김, 『긍정의 배신: 긍정적 사고는 어떻게 우리의 발등을 찍는가』(부키, 2009/2011), 210~211쪽.

45 Martin E. P. Seligman, 『Authentic Happiness: Using the New Positive Psychology to Realize Your Potential for Lasting Fulfillment』(New York: Free Press, 2002), p.288.

46 「John Templeton」, 「Wikipedia」.

47 바버라 에런라이크(Barbara Ehrenreich), 전미영 옮김, 『긍정의 배신: 긍정적 사고는 어떻게 우리의 발등을 찍는가』(부키, 2009/2011), 232~235쪽; David G. Myers, 『The Pursuit of Happiness: Discovering the Pathway to Fulfillment, Well-Being, and Enduring Personal Joy』(New York: Avon Books, 1992), p.89.

48 Ronald W. Dworkin, 『Artificial Happiness: The Dark Side of the New Happy Class』(New York: Carroll & Graf Publishers, 2006), p.4.

제10장 믿으면 정말 해낼 수 있는가?

1 「조혜련이 추천한 화제의 자기계발서, '놓치고 싶지 않은 나의 꿈 나의 인생'」, 『전자신문』, 2011년 10월 27일.

2 예진수, 「"성공한 이유 때문에 망할 수도…울타리 치고 소통 막으면 안 돼": 3년 만에 가맹점수 1위 김선권 카페베네 대표」, 『문화일보』, 2011년 12월 21일.

3 김성광, 「성공한 친구에게 점심을 사라」, 『크리스천투데이』, 2009년 12월 14일.

4 조용기, 「두 가지 삶의 방식」, 『크리스천투데이』, 2011년 8월 20일.

5 나폴레온 힐, 김정수 편역, 『나폴레온 힐 성공의 법칙』(중앙경제평론사, 1928/2007), 112쪽.

6 나폴레온 힐, 김성우 옮김, 『부자가 되는 13가지 조건』(미디어서울, 1937/1997), 9~10쪽.

7 나폴레온 힐, 김정수 편역, 『나폴레온 힐 성공의 법칙』(중앙경제평론사, 1928/2007), 39~40쪽.

8 1960년 힐은 카네기 성공 비결을 포함한 축약본을 출간했으며, 2004년 로스 콘웰(Ross Cornwell)은 축약하지 않은 『Think and Grow Rich!: The Original Version, Restored and Revised』를 출간했다.

9 나폴레온 힐, 김정수 편역, 『나폴레온 힐 성공의 법칙』(중앙경제평론사, 1928/2007), 18쪽.

10 나폴레온 힐, 김정수 편역, 『나폴레온 힐 성공의 법칙』(중앙경제평론사, 1928/2007), 309쪽.

11 나폴레온 힐, 김정수 편역, 『나폴레온 힐 성공의 법칙』(중앙경제평론사, 1928/2007), 73~74쪽.

12 나폴레온 힐, 김정수 편역, 『나폴레온 힐 성공의 법칙』(중앙경제평론사, 1928/2007), 105~107쪽.

13 나폴레온 힐, 김정수 편역, 『나폴레온 힐 성공의 법칙』(중앙경제평론사, 1928/2007), 119쪽.

14 나폴레온 힐, 김정수 편역, 『나폴레온 힐 성공의 법칙』(중앙경제평론사, 1928/2007), 135쪽.

15 나폴레온 힐, 김정수 편역, 『나폴레온 힐 성공의 법칙』(중앙경제평론사, 1928/2007), 570, 582쪽.

16 나폴레온 힐, 권혁철 옮김, 『놓치고 싶지 않은 나의 꿈 나의 인생 1』(국일미디어, 1937/2010), 25쪽.

17 invictus는 라틴어다. in(~없는)+victus(~패배)=invictus(패배가 없는 자, 천하무적). invictus team은 "천하무적의 팀", tournament invictus는 "토너먼트에서 상대할 자가 없는 천하무적, 패배를 모르는 토너먼트의 구성원"이란 뜻이다. 팀 이름으로도 활용되며, 영화에서도 볼 수 있고, 고대 로마나 그리스 배경의 게임에서도 볼 수 있다. 「invictus」, 『네이버 지식인』.

18 남아프리카공화국의 인종분리 정책 아파르트헤이트에 저항했던 넬슨 만델라는 1962년 8월 5일 투옥되어 27년 6개월간 감옥 생활을 했는데, 그는 철창에 갇혀 있으면서도 '인빅터스'를 되뇌면서 두려움을 이겨내고 희망을 잃지 않았다. 이보성, 「영화 '인빅터스(Invictus)'」, 『울산매일』, 2013년 1월 29일; 양병훈, 「[이 아침의 인물] 만델라 "두려움을 정복하라"」, 『한국경제』, 2011년 8월 19일.

19 나폴레온 힐, 권혁철 옮김, 『놓치고 싶지 않은 나의 꿈 나의 인생 1』(국일미디어, 1937/2010), 33쪽.

20 나폴레온 힐, 민승남 옮김, 『놓치고 싶지 않은 나의 꿈 나의 인생 2』(국일미디어, 1937/2010), 13쪽.

21 나폴레온 힐, 권혁철 옮김, 『놓치고 싶지 않은 나의 꿈 나의 인생 1』(국일미디어, 1937/2010), 45쪽.

22 나폴레온 힐, 민승남 옮김, 『놓치고 싶지 않은 나의 꿈 나의 인생 2』(국일미디어, 1937/2010), 46~47, 85쪽.

23 나폴레온 힐, 김성우 옮김, 『부자가 되는 13가지 조건』(미디어서울, 1937/1997), 42쪽.

24 나폴레온 힐, 권혁철 옮김, 『놓치고 싶지 않은 나의 꿈 나의 인생 1』(국일미디어, 1937/2010), 103쪽.

25 나폴레온 힐, 권혁철 옮김, 『놓치고 싶지 않은 나의 꿈 나의 인생 1』(국일미디어, 1937/2010), 104쪽.

26 플라세보 효과는 약효가 전혀 없는 거짓 약을 진짜 약으로 가장, 환자에게 복용토록 했을 때 환자의 병세가 호전되는 효과를 말한다.

27 자기암시의 가장 큰 방해물은 의지력(willpower)인데, 이게 자기암시가 어린이에게 더 잘 먹히는 이유다. 「Émile Coué」, 『Wikipedia』.

28 리처드 스텐걸(Richard Stengel), 임정근 옮김, 『아부의 기술: 전략적인 찬사, 아부에 대한 모든 것』(참솔, 2000/2006), 340쪽.

29 나폴레온 힐, 이지현 옮김, 『놓치고 싶지 않은 나의 꿈 나의 인생 3』(국일미디어, 1937/2010), 19쪽.

30   나폴레온 힐, 이지현 옮김, 『놓치고 싶지 않은 나의 꿈 나의 인생 3』(국일미디어, 1937/2010), 23쪽.

31   나폴레온 힐, 이지현 옮김, 『놓치고 싶지 않은 나의 꿈 나의 인생 3』(국일미디어, 1937/2010), 32쪽.

32   나폴레온 힐, 이지현 옮김, 『놓치고 싶지 않은 나의 꿈 나의 인생 3』(국일미디어, 1937/2010), 136쪽.

33   나폴레온 힐, 이지현 옮김, 『놓치고 싶지 않은 나의 꿈 나의 인생 3』(국일미디어, 1937/2010), 203쪽.

34   나폴레온 힐, 이지현 옮김, 『놓치고 싶지 않은 나의 꿈 나의 인생 3』(국일미디어, 1937/2010), 277~278쪽.

35   나폴레온 힐, 강주헌 옮김, 『당신 안의 기적을 일깨워라』(국일미디어, 1971/2002), 23~24쪽.

36   나폴레온 힐, 강주헌 옮김, 『당신 안의 기적을 일깨워라』(국일미디어, 1971/2002), 26~27쪽.

37   클레멘트 스톤(W. Clement Stone, 1902~2002)은 원래 힐의 인터뷰 대상자였는데, 카네기처럼 인터뷰를 통해 의기투합한 것으로 보인다. 힐보다 19년 연하인 스톤이 1937년 힐의 『생각하라! 그러면 부자가! 되리라(Think and Grow Rich)』를 읽은 게 인생의 전환점이 되었다는 점도 작용했다. 1902년 시카고에서 태어난 스톤은 3세 때 아버지를 잃고, 온 가족이 빈곤의 수렁에 빠지자 6세 때부터 신문 판매에 나섰다. 거리의 신문 판매 경쟁이 치열해지자 그는 거리가 아닌 레스토랑에서 신문 판매를 함으로써 남들의 예상을 뒤엎고 성공을 거두는 등 어려서부터 독보적인 사업 감각을 드러냈다. 그는 120여 편의 소년 취향 성공담식 소설을 발표한 허레이쇼 앨저(Horatio Alger, 1832~1899)의 이야기에 빠져 지내면서 고교 중퇴 후 보험 판매에 뛰어들어 입지전적인 성공을 거두었다. 1919년 컴바인드 인슈어런스(Combined Insurance Company of America)라는 보험회사를 설립한 스톤은 1930년경 미국 전역에 1,000명의 에이전트를 두었다. 스톤은 1960년 힐과 공저로 『긍정적 정신 자세에 의한 성공(Success Through a Positive Mental Attitude)』을 출간한 데 이어, 1962년엔 『실패하지 않는 성공 시스템(The Success System That Never Fails)』이란 자서전을 출간했다. 그는 『성경』이야말로 "세계에서 가장 위대한 자립 안내서(the world's greatest self-help book)"라고 주장하기도 했다. 컴바인드 인슈어런스는 1979년 자산 10억 달러를 돌파했으며, 1987년 다른 회사와 합병된 후 2008년 4월 ACE Limited에 25억 6,000만 달러에 매각되었다. 100세까지 산 스톤은 자신의 100세 기념으로 시카고에 있는 일리노이대학(University of Illinois at Chicago)에 10만 달러를 기부했으며, 모두 2억 7,5000만 달러를 자선단체에 기부했다. 그는 1968년 리처드 닉슨 선거 캠페인에 1,000만 달러를 기부해 화제가 되기도 했다. 자주 인용되는 그의 명언은 다음과 같다. "당신의 현재와 과거에 관계없이 당신은 여전히 당신이 꿈꾸는 사람이 될 수 있다(Regardless of what you are or what you have been, you can still become what you may want to be)." 『W. Clement Stone』, 『Wikipedia』.

38   바버라 에런라이크(Barbara Ehrenreich), 전미영 옮김, 『긍정의 배신: 긍정적 사고는 어떻게 우리의 발등을 찍는가』(부키, 2009/2011), 151쪽.

39   리처드 스텐걸(Richard Stengel), 임정근 옮김, 『아부의 기술: 전략적인 찬사, 아부에 대한 모든 것』(참솔, 2000/2006), 340쪽.

40   Christopher Lasch, 『Culture of Narcissism: American Life in an Age of Diminishing Expectations』(New York: Warner Books, 1979), p.115.

41   바버라 에런라이크(Barbara Ehrenreich), 전미영 옮김, 『긍정의 배신: 긍정적 사고는 어떻게 우리의 발등을 찍는가』(부키, 2009/2011), 101~102, 133~134, 151~152쪽.

자기계발과 PR의 선구자들

ⓒ 강준만, 2017

초판 1쇄 2017년 6월 20일 찍음
초판 1쇄 2017년 6월 23일 펴냄

지은이 ㅣ 강준만
펴낸이 ㅣ 강준우
기획·편집 ㅣ 박상문, 박효주, 김예진, 김환표
디자인 ㅣ 최진영, 최원영
마케팅 ㅣ 이태준
관리 ㅣ 최수향
인쇄·제본 ㅣ 대정인쇄공사

펴낸곳 ㅣ 인물과사상사
출판등록 ㅣ 제17-204호 1998년 3월 11일

주소 ㅣ 121-839 서울시 마포구 서교동 392-4 삼양E&R빌딩 2층
전화 ㅣ 02-325-6364
팩스 ㅣ 02-474-1413

www.inmul.co.kr ㅣ insa@inmul.co.kr

ISBN 978-89-5906-449-6 03300

값 15,000원

이 도서의 국립중앙도서관 출판시도서목록CIP은 서지정보유통지원시스템 홈페이지
(http://seoji.nl.go.kr)와 국가자료공동목록시스템(http://www.nl.go.kr/kolisnet)에서
이용하실 수 있습니다. (CIP제어번호: CIP2017013948)